Walther Zeitler

Bayerwald-Porträts

Walther Zeitler

Bayerwald-Porträts

Von Sängern, Sauschneidern, Schindelmachern, Schlangenfängern und anderen Menschen

Verlag Attenkofer

Die in Normalschrift gesetzten Porträts sind teilweise zeitlich geordnet, beginnend mit dem Jahr 1955. In den Kapitelüberschriften sind die Jahre des Erstinterviews in Klammern angegeben, z.B. (1955). Spätere Ergänzungen sind als Einleitung oder Schluss in Kursivschrift gedruckt. Die Fotos wurden vom Verfasser fast ausschließlich beim Erst-Interview gemacht.

ISBN 3-936511-26-8
2. Auflage 2007

Satz und Druck: Cl. Attenkofer'sche Buch- und Kunstdruckerei, 94315 Straubing
Titelbild: Der 84jährige Schindelmacher Alois Eckmüller aus Frauenberg. Er verbrannte am 21. Dezember 1981 in seinem alten, hölzernen Waldlerhaus, vor dessen Schindelwand ich ihn 1974 fotografierte. Siehe Bericht von S. 181 – 188.

Von einfachen und berühmten alten Waldlern!

Je älter man wird, desto schneller scheint die Zeit zu vergehen. Die Männer, die vor einem halben Jahrhundert noch vom Ersten Weltkrieg erzählten, sind längst gestorben. Nur wenige leben noch, die sich in Einzelheiten an die Inflation in den 20er Jahren erinnern können. Sie müßten alle über 90 Jahre alt sein. Täglich sterben Menschen, die den Zweiten Weltkrieg noch miterlebt und erlitten haben. Wie haben die Menschen im Bayerischen Wald vor hundert oder vor achtzig Jahren gelebt? Ich habe über zweihundert ältere Waldler über ihr Leben befragt, einfache und berühmte, Waldlerinnen und Waldler. Dieses Buch enthält einige der Erzählungen, die mir besonders interessant erschienen.

Im Jahre 1953 kam ich erstmals in den Bayerischen Wald und habe mich oft und gern mit den alten Menschen dort unterhalten, wie sie lebten, wie armselig sie aufwuchsen, wie schwer ihre Arbeit war, wie karg das Essen. Später habe ich darüber Reportagen geschrieben, habe Wort für Wort das niedergeschrieben, was sie mir anvertrauten.

Redakteur Dr. Rupert Sigl vom „Straubinger Tagblatt“ bat mich später, auch über bedeutende Waldler zu schreiben, über Maler, Bildhauer, Historiker, Musiker, Schriftsteller. Ich tat dies mit wachsender Freude. So hat sich mir in vielen Jahren das Bild gerundet, von den einfachen Leuten unten und deren Erlebnissen und Kenntnissen und von den Persönlichkeiten oben, durch die der Bayerische Wald herausgetreten ist von einer „Terra incognita“, einem unbekannten Land, in das Licht der allgemeinen Öffentlichkeit.

Diese Menschen soll dieses Buch in Erinnerung rufen und dem Leser ein Bild vermitteln, wie es einst, manchmal vor einem ganzen Jahrhundert im Bayerwald war. Keiner der aufgeführten Frauen und Männer lebt heute noch. Doch in Wort und Bild sollen sie hier unvergessen sein!

Regensburg/Kirchberg im Wald
im Mai 2006

Walther Zeitler

Von unglaublichen Grausamkeiten berichten die Pfarrmatrikel von Stallwang

Dienstag, der 12. Oktober 2004, war ein herrlicher Herbsttag im Vorwaldgebiet. Doch für die Pfarrei Stallwang im Landkreis Bogen war dieser Tag ein Trauertag. Unter großer Anteilnahme der Bevölkerung wurde ihr langjähriger Seelsorger, Geistlicher Rat Josef Scheuer, zu Grabe getragen. Am 8. Oktober war er nach kurzer Krankheit im St. Elisabeth-Krankenhaus in Straubing verstorben. Dekan Josef Ofenbeck mit einem Dutzend Konzelebranten, mehrere katholische Geistliche in Zivil, 41 Ministrantinnen und Ministranten, alle mit einer roten Rose, ein Dutzend Fahnen- und Vereinsabordnungen geleiteten den allseits beliebten Geistlichen zur letzten Ruhe auf den Stallwanger Friedhof.

Beim Requiem in der St. Michaelskirche würdigten Dekan Ofenbeck, Domkapitular Dr.

Pfarrer Josef Scheuer im Winter 1964 beim Studium der alten Matrikelbücher.

Franz Frühmorgen, Pfarrer Kilian Limbrunner, Bürgermeister Alfons Wolf und zahlreiche weitere Redner Leben und Verdienste des Verstorbenen. Josef Scheuer war von 1955 bis 1958 Benefiziat und dann bis 1996 Pfarrer in Stallwang. Noch im Ruhestand bis 2004 war er in der Seelsorge der Pfarrei aktiv.

Er selbst bezeichnete sich als den größten „Sitzenbleiber" in der Diözese Regensburg, denn 41 Jahre als Seelsorger in ein und derselben Pfarrei, das hatte bis dahin noch kein Pfarrer geschafft.

Mit Pfarrer Josef Scheuer war ich über ein halbes Jahrhundert herzlich verbunden. Er war Mitzelebrant bei unserer Hochzeit 1954 in Eschenbach und fuhr dann bei strömenden Regen mit seinem Schnauferl wieder zurück nach Teisnach, wo er Kaplan war. An diesem 7. Juli 1954 begann der große Regen, der zu dem verheerenden Hochwasser 1954 in Niederbayern führte.

Am Ende seiner Tätigkeit als Pfarrseelsorger sagte er mir einmal: „In Stallwang gibt's welche, die haben in ihrem Leben noch nie einen anderen Pfarrer als mich gebraucht. Deren Eltern habe ich getraut, ihre Kinder getauft und zur ersten Beichte und Kommunion geführt, wiederum getraut und deren Kinder getauft und so fort. Ich kannte jeden in der Pfarrei und die meisten von ganz klein an."

Josef Scheuer war an Kunst und Geschichte interessiert wie kaum jemand weitum. Im Jahre 1964 machte er sich einmal daran, die alten Pfarrmatrikelbücher zu sichten und diese vom Lateinischen ins Deutsche zu übersetzen

Tod und Schrecken in den Matrikelbüchern

Seit 1624 wurden in der Pfarrei Stallwang diese Matrikelbücher geführt, in denen alle Personenangaben wie Geburt, Heirat, Tod eingetragen wurden. Von 1624 bis 1964 hatten 32 Pfarrer in Stallwang kontinuierlich diese Matrikel geführt und Freud und Leid der Pfarrangehörigen gewissenhaft festgehalten. Die ältesten Matrikelbücher sind alle in Lateinisch abgefaßt. Sie werden jetzt im Regensburger Diözesanarchiv aufbewahrt. Den ersten Band legte 1624 Pfarrer Benediktus Bachmayer an. Insgesamt fünfzehn Taufen konnte Pfarrer Bachmayer im ersten Halbjahr 1624 beurkunden. Der erste Eintrag war die Taufe des „Georg Meßerschmid von Stolwang", ehelicher Sohn des Johannes Meßerschmid und seiner Frau Barbara. Pate war Georg Seuberl, Inwohner von Haslbach.

Dieses erste Matrikelbuch ist schon rein äußerlich sehenswert. Als Einbanddeckel dienten zwei Holzplatten, die mit geprägtem Leder überzogen waren. Zwei Metallschließen hielten die beiden Einbanddeckel vorn, ein Lederrücken hinten zusammen. Die Lederprägung war zweifarbig. Bis zum 14. April 1634 hat Pfarrer Bachmayer dieses erste Matrikelbuch geführt. Man muß sich vergegenwärtigen, daß damals der Dreißigjährige Krieg wütete. Auch gab es noch keine Standesämter in unserem heutigen Sinn, das Personenregister führte allein der Pfarrer.

Nachfolger von Pfarrer Bachmayer war Pfarrer Konrad Münsterer, welcher im Dezember 1634 die erste Eintragung in dem Matrikelbuch machte. Der Schrift nach muß es ein schon et-

Pfarrer Scheuer bei der Weihe eines Borgward-Feuerwehrautos der Freiwilligen Feuerwehr Landorf im Jahre 1968.

was älterer Herr gewesen sein. Damals war das Dorf Stallwang bei weitem noch nicht so groß wie heute, doch gehörten zur Pfarrei mehr Orte im weitem Umkreis als heute. Damals, also im Dreißigjährigen Krieg, gab es im Jahr etwa dreißig Geburten, in den 60er Jahren des vorigen Jahrhunderts waren es noch etwa zwanzig Geburten. Allerdings wurden diese nur noch zu etwa einem Drittel auch in der Pfarrei getauft, da viele Entbindungen jetzt nicht mehr zu Hause, sondern in den Krankenhäusern stattfinden. So sind auch nicht die Eintragungen über die Geburten, deren Eltern und Paten das heute Interessierende, sondern die Todesfälle. Und hier steht in den Matrikelbüchern Schauriges.

So lautet ein Eintrag vom 28. August 1633: „Johannes Auer aus Stallwang, der von Regensburg auf dem Heimweg war, in der Nähe der Brücke von Donaustauf von den Schweden ertränkt.“ Im November 1633 sind die ersten Eintragungen über Pestopfer zu lesen. Vier Männer aus der Pfarrei starben an der Pest in Böhmen. Sicher handelte es sich bei diesen um Fuhrleute, welche auf ihrer Fahrt von der Pest befallen wurden, daran starben und auch dort begraben wurden. Am 9. November 1633 erlag ein fünfter nach der Rückkehr aus Böhmen. Er hieß Simon Klais und hat wohl die Nachricht vom Tod seiner Landsleute nach Stallwang überbracht, um bald darauf ebenfalls „von der Pest hinweggerafft zu werden“, wie es der Pfarrer eintrug.

Pfarrer Konrad Münsterer, der das Matrikelbuch gewissenhaft und übersichtlich führte, versah im Jahre 1633 die ersten Sterbefälle mit dem Zusatz: „Verstorben an der Pest!“ Immer häufiger zogen auch wilde Haufen fremder Soldaten durch das Vorwaldgebiet, plünderten, raubten und mordeten. Das erste Opfer im Pfarreibereich mußte Pfarrer Münsterer am 22. Dezember 1633 eintragen. Schwedische Soldaten erstachen den Landorfer Bürger Georg Wiestl in der Nähe seines Wohnortes. Bereits am nächsten Tag fiel Johannes Trimpl aus Hof der schwedischen Soldadeska zum Opfer. Dann wurde es immer schlimmer. Am 29. Dezember 1633 brachten die Schweden die erste Frau um. Es war Katharina Hillmeier aus Stallwang und zwar wurde sie bei lebendigem Leibe verbrannt. Über die Gründe für diese unmenschliche Tat enthält das Matrikelbuch keine Angaben.

Das Jahr 1634 begann ähnlich schaurig. Am Neujahrstag wurde Wolfgang Mildorfer von Landorf von den Schweden mit Säbeln erstochen und Johannes Haimerl aus Reichersdorf lebendig verbrannt. Was müssen die Stallwanger damals für Angst gehabt haben, zumal das Morden am 2. Januar 1634 gleich weiterging. Die schwedischen Mordgesellen erstachen an diesem Tag Leonhart Prennbeckh von Reichersdorf. Am Tag darauf ertränkten sie Johannes Wanninger von Zirnberg. Am 5. Januar war Georg Wanninger von Landorf das Opfer. Er wurde gesengt und starb schließlich an den Brandwunden. Beim Sengen wurde das Opfer gefesselt über ein offenes Feuer gehalten, vielleicht, um von ihm eine Aussage über verstecktes Geld oder sonst etwas zu erhalten.

Dann war einige Tage Ruhe, anscheinend waren die Schweden weitergezogen.

Der Schwedentrunk

Doch Ende Januar 1634 müssen die Schweden wieder nach Stallwang zurückgekommen sein und begingen dann ein besonders abscheuliches Verbrechen. Ihr Opfer war Johann Lamprecht, den sie durch den Schwedentrunk umbrachten. Dazu mußte das Opfer so lange Jauche trinken, bis er nicht mehr konnte. Dann wurde er zu Boden geworfen und die Mordbuben traten und sprangen so lange auf den aufgeblähten Leib ihres Opfers, bis dieser starb. Und so geht es mit den schaurigen Eintragungen weiter: Am 9. Februar wurde in Stallwang Georg Preu erschossen, am 20. Februar Sebastian Maderer erstochen. Am 21. Februar mußte der Pfarrherr auch noch die beiden Söhne des erschossenen Georg Preu in die Liste der Toten eintragen und zwei Tage später auch noch dessen Tochter. Was war dies für unvorstellbares Leid für die Familien! Oft wurden jetzt in wenigen Tagen mehrere Mitglieder der gleichen Familie beerdigt, ein Beweis, daß die schwedischen Horden bei ihren Schandtaten gleich ganze Familien ausrotteten, wahrscheinlich bei Hausplünderungen oder dergleichen. Wie die Matrikelbücher zeigen, verstarben die Waisenkinder der Mordopfer oft kurz nach ihren Eltern. Sie sind wohl meist verhungert. Zu dieser Zeit hatte ein Bauernhof weniger Wert als eine lebende Kuh! Im Jahre 1634 sind in dem Matrikelbuch allein für Stallwang von Neujahr bis zum 21. April 128 Todesfälle vermerkt, häufig mit dem gleichen Familiennamen. Aus dieser Zeit stammt der heute noch bekannte Spruch:

„Die Schweden san kumma,
hob'n alles mitgnumma,
hom die Fensta eingschlogn,
homs Blei davotrogn,
hom Kugeln draus gossen,
hom d'Bauern daschossen!

Vom 21. April 1634 bis zum August 1636 setzte Pfarrer Münsterer eigenartigerweise im Sterberegister aus, nicht aber im Taufregister. Starb da niemand mehr? Die Zahl der Geburten lag ganz niedrig. Es lebten ja kaum noch Leute in Stallwang und diese bekamen auch kaum Kinder. Stallwang war zu dieser Zeit durch die Pest und durch die Schweden fast ausgestorben.

1636 übernahm Pfarrer Mauritius Schießl die Pfarrei bis 1655. Er hatte 1637 nur drei Todes-

Leichenzug vom Dorf Landorf nach Stallwang 1969. Damals hatte Stallwang noch kein Leichenhaus. Die Toten wurden zu Hause aufgebahrt, wo man auch die Sterbegebete verrichtete. Wenn der Sarg aus dem Hause getragen wurde, wurde er über der Hausschwelle noch dreimal abgesenkt. Hinter Pfarrer Scheuer gehen die Angehörigen, dann die Frauen und Männer des Dorfes. Der Leichenzug wurde vor jedem Haus erwartet, wo sich die Teilnehmer dann dem Leichenzug anschlossen.

fälle einzutragen, davon war eine durchziehende und hier verstorbene Bettlerin unbekannten Namens und unbekannter Herkunft. Stallwang hatte damals sicher nur noch wenig bewohnte und intakte Häuser.

Der nächste Pfarrherr, Pilmanus Blankenius, setzte 1665 ins Matrikelbuch einen Eintrag in eigener Sache. Er schrieb: „Ich bin ein sehr alter und sehr armer Priester!"

Von 1665 bis 1669 wurde die Pfarrei Stallwang zusammen mit der Pfarrei Aschach (Ascha) von dem Oberalteicher Benediktinerpater Bruno Spahn versehen. Er war nach den Büchern der fünfte namentlich bekannte Pfarrherr von Stallwang. Eine Normalisierung des Lebens in diesem Bayerwalddorf dürfte erst um etwa 1730 eingetreten sein. Der Dreißigjährige Krieg war nun bald hundert Jahre vorbei, man hatte das Dorf wieder aufgebaut und auch die Kirche, welche um 1730 neu erbaut wurde. Damals war Johann Jakobus Zobel Pfarrer in Stallwang, der drei Glocken für die ursprüngliche Marienkirche und ab da St. Michaelskirche stiftete.

Im 2. Band: Pfarrherrnverzeichnis

Der 2. Band der Stallwanger Kirchenbücher enthält gottlob viel weniger Aufregendes als der erste. Aufregung muß es nur von 1740 bis 1742 durch Trenck den Panduren gegeben haben, der bei seinen Raubzügen auch in die Stallwanger Gegend kam. Dieser Band 2 enthält als Einleitung ein Verzeichnis aller Stallwanger Pfarrer von 1622 bis 1874. Der Einband besteht aus Hartpappe mit einem Lederrücken. Das Einbinden hat, wie vermerkt ist, einen Gulden gekostet.

Auch der dritte Band in verziertem Schweinsleder ist in Latein geführt worden und enthält die Jahreseintragungen von 1752 bis 1802. Erst von Band vier an sind die Matrikelbücher der Pfarrei Stallwang in deutscher Sprache geführt worden, allerdings wurden die Eintragungen immer nüchterner und lassen kaum noch Rückschlüsse auf das Leben im Dorf zu. In Deutschland wurden 1876 die Standesämter eingeführt, welche jetzt für die Führung der amtlichen Personenregister zuständig waren. Bis dahin waren die Kirchenbücher die einzigen Quellen mit amtlichen Charakter über Geburt, Heirat und Tod. Der 1958 resignierende Geistliche Rat Gottfried Schmalzl hat in den 24 Jahren seiner Tätigkeit als Pfarrer in Stallwang große Teile der lateinisch geschriebenen Einträge in den Matrikelbüchern ins Deutsche übersetzt, was Pfarrer Josef Scheuer so lange fortsetzte, bis diese Kirchenbücher allgemein ins Diözesanarchiv nach Regensburg abgegeben werden mußten. Fürwahr: Pfarrer in einem Bayerwalddorf zu sein, war ganz früher ein hartes und bescheidenes Leben und erfordert noch heute viel Initiative und Gottvertrauen.

Als mir 1964 Pfarrer Josef Scheuer die alten Matrikelbücher zeigte, meinte er: „Was haben damals die arma Leit alles mitg'macht und wie schwer haben es damals die Pfarrer gehabt, wenn man bedenkt: 128 Tote in 111 Tagen, dazu Hungersnot, Pest, Mord und Totschlag durch die fremden Soldaten. Da haben die Pfarrer ein ganz festen Glauben gebraucht!"

„Für mich sang Benjamino Gigli ein Abschiedslied“

Im Juli 1953 wurde ich als junger Inspektor zum Bundesbahn-Verkehrsamt Passau versetzt. Ich bekam da ein zusammengewürfeltes Sachgebiet, wie es halt ist, wenn ein Junger zu lauter Alten kommt. Das Sachgebiet lautete: Personenverkehr, Gepäck- und Expreßgutverkehr, Leichen, Tierverkehr, Zoll, Marketing und Presse. Mir machte die ganze Sache Spaß und als „Pressebeauftragter“ schaute ich den Eisenbahnbetrieb bald mit anderen Augen an als bisher. Es gab fast keine Woche, wo ich nicht in der „Passauer Neuen Presse“ etwas über die Eisenbahn unterbrachte. Da flatterte mir eines Tages ein Telegramm auf den Schreibtisch: Am soundsovielten des Monats verkehrt am Schluß des F 52 „Ostende-Wien-Expreß“ ein Salonwagen, besetzt mit dem Startenor Benjamino Gigli und zwei Begleitern. Zum Schluß hieß es noch: „Achtung bei Rangierbewegungen!“

Die Nachricht elektrisierte mich. Der weltberühmte Tenor in Passau. Da muß ich ein Interview machen. Das war allerdings nicht einfach. Der Fernschnellzug F 52 hielt nur ganze zwanzig Minuten. Da war Lokomotivwechsel und Kontrolle durch die deutsche und österreichischen Zoll- und Grenzpolizeibeamten. In der Zeit war offiziell das Ein- und Aussteigen nicht erlaubt. Ich besprach mich mit den zuständigen Stellen. Nein, sie hätten nichts dagegen, wenn ich kurz mit Benjamino Gigli ein Interview mache. Aber das müsse schnell gehen und der Zug dürfe keine Verspätung bekommen. Zoll- und die Grenzpolizei waren damit einverstanden, daß ich noch vor Ende der Kontrollen den Salonwagen betrete. Ich verständigte auch den Lokalredakteur der „Passauer Neuen Pres-

Der weltbrühmte italienische Tenor Benjamino Gigli sang mir in Passau ein Abschiedslied!

se“, Alfred Heueck, den die Nachricht natürlich ebenfalls alarmierte. Er schickte als Reporter Friedrich Müller, ein ausgezeichneter Journalist, der später als Musikkritiker beim ZDF noch Karriere machte, nicht zuletzt durch seine Karajan-Interviews.

Also, wir standen gespannt am Bahnsteig 3, als der F 52 um 10.32 pünktlich im Passauer Hbf hielt. Der letzte Waggon war der vorgemeldete Salonwagen. Wir beide gingen sofort nach den Zoll- und Grenzbeamten hinein. Ein Herr, der Impresario des Maestros, überreichte die Pässe für die drei Insassen, der Dritte war der Butler des Meisters, und dann baten wir also um ein Kurzinterview. Da müsse er sich erst erkundigen, ob der Maestro dazu bereit sei. Schließlich kamen beide aus der First-Class-Kabine: Kein Zweifel, Bejamino Gigli war bereit.

Nachdem wir uns kurz als Journalisten vorgestellt hatten, ließen wir also unsere Fragen los. Benjamino antwortete in gutem Deutsch. Die Presse hatte bereits bundesweit bekannt gemacht, daß dies seine letzte Tournee in Deutschland gewesen ist. Ich machte schnell noch Blitz und Kamera fertig, fragte, ob ich fotografieren dürfte, der Maestro nickte, doch das verzögerte sich etwas, denn ich hatte noch um ein Autogramm auf meinem Stenoblock gebeten, doch dann klappte es: Ein Blitz, noch ein Blitz, der Meister hatte noch den Füller in der Hand, mit dem er mir ein Autogramm gab, da der Lautsprecher: „Zum Fernschnellzug Ostende-Wien-Expreß bitte einsteigen, der Zug fährt ab!“ Benjamino Gigli hatte uns gerade noch gesagt, daß er im Ausland am liebsten in Deutschland gesungen habe. Hier habe man großes Musikverständnis, aber er freue sich auf ein ruhigeres Leben zu Hause. Vorher gebe er noch in Wien ein Abschiedskonzert.

Ich stenografierte, fotografierte, steckte schließlich Stift und Block ein, da ertönte der Pfiff des österreichischen Aufsichtsbeamten zur Abfahrt. Doch da hatte ich vorgesorgt: Ihn hatte ich vorher eingeschärft: „Abgefahren wird erst, wenn ich ausgestiegen bin!“

Ich stand nur noch allein mit dem weltberühmten Tenor im Salonwagen. Ich gab ihm die Hand und bedankte mich für das Interview und dafür, daß er so vielen Musikfreunden in Deutschland solch unvergeßliche Stunden bereitet habe. Und als ich sagte: „Es wäre schön, wenn Sie wieder einmal nach Deutschland kämen!“, da stellte sich Benjamino Gigli in Positur, hob die Rechte und sang mit seiner einmaligen Stimme die beiden ersten Zeilen des damals weitverbreiteten Liedes „Auf Wiederseh'n!“ Dann sprang ich aus dem Zug, ein Pfiff, der Expreßzug glitt aus dem Bahnhof. Ich war der letzte Deutsche, den der weltberühmte Tenor auf deutschem Boden die Hand gedrückt und dem er ein Solo vorgesungen hatte. Es bleibt mir unvergeßlich, zumal der Sänger nie mehr nach Deutschland kam. Er starb 1964 in Italien.

Rudolf Prack

In den beinahe fünf Jahren in Passau habe ich etwa dreißig Prominente am Hauptbahnhof interviewt. Einige sind mir noch besonders in Erinnerung. Rudolf Prack kam am 24. März 1955 in einem 1.-Klasse-Abteil eines interna-

Rudolf Prack. Seine Lieblingsrolle war die eines Lokomotivführers.

tionalen Schlafwagens in Passau Hbf an. Am Vortag hatte er die Aufnahmen für den Film „Ball im Savoy“ in Hamburg beendet und reiste nach Wien, um dort sofort die Dreharbeiten für den Film „Krambambuli“ fortzusetzen. Nach seiner bisher besten Filmrolle befragt antwortete der damals sehr bekannte und beliebte Filmstar ohne langes Überlegen: „Eigentlich war es die Rolle des Lokomotivführers in dem Film ‘Leuchtende Sterne’. Das war eine Rolle, wie ich sie liebe. Charakterdarsteller, Menschen zu spielen, wie sie wirklich sind.“ Für diese Rolle hatte sich Rudolf Prack monatelang vorbereitet, er hatte Dienstvorschriften und Tätigkeiten der Lokomotivführer auf den Lokomotiven studiert und sich mit einigen geradezu angefreundet.

Und noch etwas sagte mir Rudolf Prack: „Ich bin zwar in Wien verheiratet, führe aber quasi das Leben eines Junggesellen, ich bin immer unterwegs!“ Da bleibt keine Zeit für Hobbies, höchstens das Wandern, und da am liebsten allein im Wald.

Leila Negra

Am 20. April 1955 saß ich im 1. Klasse-Abteil der Sängerin Leila Negra gegenüber. Damals kannten Millionen ihre weiche, manchmal etwas kindliche und wehmütige Stimme. Das kleine Persönchen war sofort zu einem Inter-

Leila Negra, eine weltberühmte schwarze Sängerin

view bereit und ich kam kaum nach, das alles mitzustenografieren.

„Ich bin Hamburgerin durch und durch." Sie habe zwar die französische Staatsangehörigkeit, sei aber in Deutschland geboren. Ursprünglich arbeitete sie als Zigarettenverkäuferin, bis sie in Wien in einer Revue eine Nebenrolle übernahm. Dazu mußte sie auch einige Takte singen. Das hörte ein Manager einer Schallplattenfirma in Wien und nahm sie unter Vertrag. „Mach' nicht so traurige Augen, weil Du ein Negerlein bist!" war ihr erster Schallplattentitel und es war gleich ein Erfolg. Jetzt hatten ihre Schallplatten schon Millionenauflagen erreicht, in einigen Filmen war sie erfolgreich aufgetreten. Nun wollte sie nach England, um ihre englischen Sprachkenntnisse zu verbessern, damit sie auch in englischer Sprache Schallplatten herausbringen könne. Was diese Sängerin mir wohl noch erzählt hätte, wäre der Zug nicht nur zwanzig Minuten in Passau gestanden!

Hans Moser

Unvergeßlich war mir der 2. Februar 1955. Ich hatte rechtzeitig Mitteilung über einen wahren Prominentenansturm bekommen. Im Schlafwagen aus Hamburg kamen gleich drei Filmgrößen im Passauer Hbf an: Hans Moser mit Ehefrau, O. E. Hasse und Hans Holt. Während Letzterer nach Wien weiterreiste, stiegen Moser und Hasse in Passau aus, um mit einem anderen Zug nach Schärding weiterzureisen. Beide wollten sich dort in der „Wasserheilanstalt" einer Kneippkur unterziehen. O. E. Hasse feierte auf Grund seiner grandiosen Leistung in dem Film „Canaris" gerade in deutschen Kinosälen Triumpfe.

Als Hans Moser durch den Zoll ging, wurde er natürlich sofort erkannt. Viele sausten zum Zeitungskiosk und kauften sich Ansichtskarten, auf denen Moser dann sein Autogramm schreiben sollte. Als ihm eine junge Dame ihre Karte hinhielt, drehte sie Hans Moser um und stellte fest, daß es eine Ansichtskarte mit dem Passauer Tölpel war. „Aba gö, Freilein, habn's denn gar kaa andre?" Darauf zog er seine Brieftasche und verteilte vorbereitete Autogrammkarten. Natürlich war das nun eine Riesengaudi. Hans Moser nuschelte, raunzte, lachte wie im Film, seine ihn begleitende Gattin versuchte mehrmals ihn aus dem Pulk von Menschen loszueisen. Natürlich war ich unter diesen Umständen nicht der Einzige, der an Hans Moser Fragen stellte.

Als das Ehepaar später nach Schärding weiterreiste, waren beide von Dutzenden von Eisenbahnern und Schaulustigen umringt. Zollsekretär Blaschke brachte ihm noch schnell ein Schalerl Kaffee an den Zug. Dann fuhr der Zug schließlich langsam los. Damals waren gerade Bauarbeiten im Bahnhof Passau und die Arbeiter standen neben dem Gleis und hatten den beliebten Schauspieler am offenen Abteilfenster auch schnell entdeckt. „Wos schaugt's denn da?" rief Hans Moser ihnen zu. Darauf erhielt er umgehende Antwort: „Du schaugst ja aa!" Alles lachte. Mein Bericht hierüber erschien am 5. Februar 1955 in der PNP.

Eine seltene Aufnahme: Der berühmte Schauspieler Hans Moser mit seiner Frau vor dem Personenzug nach Schärding. Kaum hatte sich die Anwesenheit herumgesprochen, war in Minutenschnelle der berühmte Schauspieler von zwei Dutzend Eisenbahnern und Zollbeamten umringt.

Ruth Leuwerik

Schwerarbeit gab es für die Journalisten im Juni 1957. Da drehte man im Passauer Hauptbahnhof entscheidende Szenen des Filmes „Auf Wiedersehen, Franziska!". Unter Regisseur Wolfgang Liebeneiner spielten Ruth Leuwerik und Alan Thomson die Hauptrollen. Da staunten selbst alte Eisenbahner. Ein Dutzend Mal mußte der Schnellzug mit dem abreisenden Alan Thomson aus dem Bahnhof fahren und die charmante Ruth Leuwerik ihm zu- und nachwinken, bis Regisseur, Kameramann und Beleuchter zufrieden waren. Mit dem Interviewen war es wie immer, wenn zu viele Reporter anwesend sind. Es wird zuviel gefragt und es kommt zu wenig heraus.

Drei Verweigerer

Es würde zu weit führen, wenn ich weitere Prominentenblitzinterviews hier anführen würde. Manche einstige Berühmtheiten sind heute kaum noch bekannt. Die Zeit ist schnelllebig. Doch das muß ich auch sagen: Dreimal gab es kein Interview. Das erste Mal war es ein Österreichischer Staatsminister, der wollte nicht befragt werden. Damals verständlich, die Bundesrepublik Deutschland und Österreich hatten noch keine diplomatischen Beziehungen aufgenommen.

Ein mittel-bekannter deutscher Schauspieler lehnte es ohne Diskussion ab, er habe gerade keine Lust, sich ausfragen zu lassen.

Und Nr. 3 bedauere ich heute noch. Ich hatte im Büro gerade telefoniert. Der „Ostende-Wien-Expreß" hatte etwas Verspätung bis endlich der Aufsichtsbeamte durchgeben konnte: „Die Sissi ist im F 52 im Schlafwagen!" Ich nahm Block, Blitz und Leica und raste los. Den Gang vor, die Treppe hinab, den Bahnsteig 1 vor, Treppe zum Bahnsteigtunnel hinunter, die Treppe wieder hinauf, und da höre ich schon den Aufsichtsbeamten pfeifen: Der Expresszug fuhr ab. Ich war zu spät daran und so fehlt mir die Romy Schneider in meiner Prominentengalerie, die ich mir in Passau zugelegt hatte. Sie stand sogar mit einer Dame am Fenster und hatte noch den zusammengeströmten Beamten zugewinkt, doch das war alles.

103 Jahre alt, drei Frauen, 30 Kinder

So überschrieb ich im Mai 1980 meinen Zeitungsbericht über einen der damals ältesten Einwohner der Bundesrepublik Deutschland. Gemeint war der Rentner Anton Pauli aus Sommersberg im Landkreis Regen. Und nach dem Interview habe ich manchem Bekannten von dem Interview mit dem alten Waldler erzählt und habe sie dann gefragt: „Wie glaubt Ihr, daß der ausgesehen hat?“ Da meinten manche, vielleicht wie ein Neunzigjähriger oder noch jünger? Da konnte ich antworten: Der sah aus, wie ein Einhundertdreijähriger! Denn wer hatte damals schon einen so alten Mann gesehen?

Kritisch schaut der 103jährige Pauli Toni, als er sich zu einem Foto hinsetzen soll.

Anton Pauli, der allgemein nur Pauli Toni genannt wurde, legte Wert darauf, rüstig und nicht gebrechlich auszusehen. Im Alter von 101 Jahren hat er noch das Holz für sein Haus selbst gehackt. Mit 103 Jahren hat er bei einem Seniorennachmittag noch mit einer Seniorin getanzt. Der Pauli Toni wurde am 29. Januar 1877 geboren. Als ich ihn im April 1980 interviewte, war er also 103 ½ Jahre alt. Beim Fotografieren wollte er nach Möglichkeit nicht sitzen, sondern stehen. Im Freien bat ich ihn dann, sich auf den Holzstoß beim Backofen hinzusetzen. Kaum saß er und ich hatte ein Foto gemacht, da sprang er schon wieder auf und lief weg. Als ich ihn nach acht Wochen wieder besuchte und ihm die Fotos mitbrachte, waren seine ersten Worte: „Wou host denn dös Bildl, wo i niedersitz'n hob miass'n?" Das wollte er zuerst sehen, ob er da vielleicht zu alt und gebrechlich aussah. Er war dann mit dem Ergebnis zufrieden, das auf der vorherigen Seite zu bewundern ist.
Im Mai 1980 schrieb ich dann über den Pauli Toni folgende Reportage:

In Sommersberg im Landkreis Regen im Bayerischen Wald lebt Anton Pauli, 103 Jahre alt, dreimal verwitwet und Vater von genau dreißig Kindern, von denen allerdings nur 16 das Säuglingsalter überlebten. Wer glaubt, der alte Mann würde krank und gebrechlich seine letzten Monate verbringen, der täuscht sich. Der Pauli Anton ist heute noch kreuzschnackerlfidel, raucht den ganzen Tag, meist Pfeife, macht Späße und ist auch sonst gut aufgelegt. Zum 100. Geburtstag am 29. Januar 1977 gratulierten Bundespräsident und Bayerischer Ministerpräsident und Anton Pauli feierte seinen Hundertsen zünftig. Er tanzte fleißig und trank auch sein Bier und seinen Wein. Zu der Zeit hat er noch das ganze Holz für das Kleinbauernanwesen selbst gehackt, doch unlängst überfiel ihn eine Lungenembolie und seither muß er etwas staader tun. Doch nur sechs Tage litt es ihn im Bett, dann stand er wieder auf und zündete sich seine unvermeidliche Pfeife an, denn „dös im Bett taugt nix!" sagt er mir.

Überhaupt ist der alte Waidler noch heute äußerst schlagfertig. Als ich ihn frage, wieso er so alt geworden sei, lautet die Antwort „Dös woas i a nöt, i muaß zum Weltabbramma dableib'n! Draht hot's sa sö eh scho!" Geboren ist der Anton Pauli also 1877 in Obernaglbach, wenige Kilometer von seinem jetzigen Wohnort entfernt. Aus diesem heimatlichen Umkreis hat er sich nur einmal für längere Zeit gelöst, das war im Ersten Weltkrieg von 1914 bis 1918.

Die bildsaubere Schwiegertochter Maria holt den Militärpaß hervor und darin ist es schriftlich festgehalten, und zwar gleich dreimal: Hat als Soldat des 8. Landwehr-Infantierregiments am Stellungskrieg in Lothringen und in den Vogesen teilgenommen, Führung sehr gut, Strafen keine! Und als Pfarrer Böhmisch von Kirchberg 1980 seinem ältesten Pfarrkind, das gleichzeitig auch der älteste lebende Waldler sein dürfte, besuchte, meinte der an Lungenembolie Erkrankte „Iarzt war i vier Johr im Kriag und nix hot g'fehlt und iarzt dös!"

1890, man kann sich das kaum vorstellen, kam er schon aus der Volksschule. Sieben Jahre sind genug. Er hat noch „das Deutsche ge-

Auf dem Tisch Wein- und Saftflaschen sowie sein Rauchzeug und dann der weite Blick hinaus in den Bayerwald, da lachte der Pauli Toni!

lernt", die Klasse hinter ihm schon vom neuen Lehrer das Lateinische, womit er natürlich das Schreiben meint. Jedenfalls hat er das Schreiben so gut gelernt, daß er noch heute eine passable Schrift hat.

Also, wie verläuft denn nun der Tag eines 103jährigen? Um 6 Uhr wird aufgestanden. Zimmer aufräumen, Feuer im Herd richten, rasieren, waschen und immer wieder dazwischen eine Pfeifchen rauchen, das ist der Tagesbeginn. Von den Zeitungen hält er in diesem Alter nicht mehr allzuviel. Das Lesen strengt an, obwohl es noch ohne Brille geht. Aber das Radio spielt den ganzen Tag und da der Ururopa etwas schwerhörig ist, muß er es so laut aufdrehen, daß gleich das ganze Haus mit dem gleichen Programm versorgt wird. Er wohnt im ersten Stock des Neubaus, den sein Sohn Michl aus 3. Ehe anstelle des ursprünglichen Holzhauses erbaut hat. Da kann er vom Zimmer aus weit hinausblicken. Auf den Tisch stehen Wein- und Saftflaschen, alles Geschenke seiner umfangreichen Nachkommenschaft. Die trinkt er auch selbst. Und ein halbes Tragerl Bier bringt das Brauereiauto auch noch jede Woche für den Alten. Gearbeitet hat Anton Pauli als Knecht, bis er mit 30 Jahren zum ersten Male heiratete, doch nach drei Jahren war er Witwer mit zwei Kleinkindern. Seine Frau starb bei der Entbindung von Zwillingen.

Natürlich mußte er gleich wieder heiraten. So folgte auf die Maria die Magdalena. Von dieser überlebten neun Kinder. Mehrere starben im Kindbett oder als Säuglinge. „Dö hab'n den Froas kriagt!“ Drei Tage dauerte der laute Froas, da schrieen die Kleinen unaufhörlich, dann meist noch drei Tage den stillen Froas, dann hatten sie ausgelitten. Ehefrau Nr. 2 starb wie Ehefrau Nr. 1 an Zwillingen im Mutterbett. Damals war das Kinderkriegen eine der natürlichsten Sachen der Welt. Man holte, wenn noch Zeit war, die Hebamme aus Kirchdorf, wenn es „hart herging“ noch den Bader vom gleichen Ort und die sahen zu, daß sie Mutter und Kind heil am Leben hielten oder ins Leben brachten.

So folgte auf die Magdalena Ehefrau Nr. 3, die Rosa. Mit ihr war Anton Pauli 52 Jahre verheiratet, bis sie vor zwei Jahren verstarb, „erst“ 78 Jahre alt. Nun haust der alte Mann eben allein, doch Sohn und Schwiegertöchter kümmern sich ebenso wie die anderen Kinder und Enkel aufmerksam um ihn. Er bekommt als Vater von im Krieg gefallenen Söhnen Elternrente, das sind zwar nur 150 DM rund, doch das meiste ist ihm geschrieben, was er so braucht: Das Wohnen, Essen, die Heizung und anderes mehr.

Als er 1907 auf diesem Platz ein kleines Holzhäuschen baute, war der Bayerische Wald noch weitgehend abgelegen. Man aß tagaus und tagein sauere Suppe oder Hirgstsuppe, Kartoffeln und Kraut. Fleisch gab es nur am Sonn- oder Feiertag, wenn es der Anton Pauli rechtzeitig von der Kirche und dem anschließenden Wirtshausbesuch mit nach Hause brachte. Manchmal hat er das Fleisch beim Schafkopf auch vergessen oder er brachte es erst am Abend, wenn man schon ins Bett ging. Das war meist mit den Hühnern, denn es gab damals kein Fließwasser, kein elektrisches Licht. Noch heute liegt Anton Pauli abends um 18 Uhr in seinem Federbett.

„Da is kloaweis obaganga“

Um seine große Familie zu ernähren, arbeitete er nebenbei im Wald oder half den Bauern. Doch viel brachte das auch nicht. Das meiste erzeugte er allerdings selbst: Kartoffeln, Korn, Hafer, Milch. Zwei Kühe standen im Stall und wenn es Hirsebrei gab, dann war es für den Anton schon bald ein Feiertag. Natürlich haben seine Frauen auch den selbstgebauten Flachs selbst verarbeitet. „Ja, da is kloaweis obaganga bei uns!“ meint der Alte. Und als ich wissen will, ob er denn nicht wildern gegangen sei, antwortete er: „Na, da hon i dös Bluat ned g'habt dazua! Mei Vatta und zwoa von meine Briada, dö hön's Bluat dazu g'habt!“

Heute hat das Paulianwesen durch Zukauf 15 Tagwerk Felder und Wiesen und 3 Tagwerk Wald, also ein typischer Nebenerwerbslandwirt. Sonst arbeitet Sohn Michl als Mauerer. Er ist übrigens schon im Zwieseler Krankenhaus zur Welt kommen, doch mußte man seine Mutter 1937 dorthin erst mit einem Pferdefuhrwerk auf schlechten Straßen hinfahren.

Einige Dinge sind dem alten Mann besonders genau im Gedächtnis. Da ist der Firmpate, der hat ihm einen neuen Hut geschenkt und einen ledernen Geldbeutel mit fünf Mark darin, das war damals etwas, im Jahre1889! Anton Paulis große Leidenschaft war das Tanzen und er wird heute noch ganz munter, wenn er davon erzählt. Zwiefache und alte Bayerische waren seine Lieblingstänze, „Triangeln", „Übern Fuaß" und „s'Stalltürl!" und wie sie alle hießen.

Ob er denn nie krank gewesen sei. Eigentlich nicht. Vor 21 Jahren hatte er einmal Schwierigkeiten mit dem Wasserlassen. Da wollten sie ihn im Krankenhaus Zwiesel gleich operieren, doch da machte der Anton nicht mit. Er stand auf und ging nach Hause und seither geht es auch so.

Sein großer Wunsch wäre es, einmal einen echten Tausendmarkschein in den Händen zu halten. Bisher hatte noch keiner seiner Besucher einen dabei. Es wäre einmal etwas: Tausend Mark, soviel hat er als Knecht in 6 ½ Jahren verdient und lange dauert es auch, bis er soviel Rente erhält. Daß es dem alten Mann gut geht, ist nicht zu bezweifeln. Alles im Hause redet nur von „unserem Opa" und er gibt sich besonders gerne mit dem Kleinsten ab. Doch das Pfeiferauchen hat er ihm noch nicht beibringen können. Der bläst immer nur hinein, meint er lächelnd, anstatt anzuziehen. Wie will er da wohl alt werden, scheint er zu fragen.

Anton Pauli hat ein karges, aber kein freudloses Leben geführt. Er war mit dem zufrieden, was ihm das Schicksal gab oder nahm. Ein paar Jahre will er schon noch mitmachen, dann kommt eh das große Abräumen, „der Mühlhiasl hot's scho vazählt!"

Zeit wird's, daß der Schnee oben auf die Berg weggeht, daß er wieder hinaus kann. Bei Sonnenschein leidets ihn nicht im Haus und sogar bei unserer Unterhaltung kann er nicht stillsitzen. Bei jeder Antwort springt er richtig auf, läuft auf mich zu und deutet mit dem Zeigefinger auf meine Brust, während er seine Antworten losläßt. „Ja ja," meint er, „dös mit meine drei Frauen is nöt schlecht ganga, mir hob'n guat g'haust miteinand!" Das ist ihm zu glauben, wenn auch zwei Frauen bei dieser Hauserei ihr Leben lassen mußten. Aber so war es eben im Bayerischen Wald in der „guten, alten Zeit", die für die meisten eine ungemein harte, manchmal fast unmenschliche Zeit war.

Anton Pauli starb am 25. November 1980, zwei Monate vor seinem 104. Geburtstag!

Hundertdrei Jahre sehen Dich an! Wasserklare Augen und noch ausreichend Haare auf dem Haupt, so blickte der nur 1,60 m große Waldler auf ein reiches und fruchtbares Leben zurück!

Der 93jährige J.B. Gerhardinger war einer der letzten großen Donaufischer

Am 25. Februar 1997 verstarb in Vilshofen der Fischermeister und Kapitän i.R. Johann Baptist Gerhardinger. Mit ihm ging, wie es der Geistliche bei der Beerdigung formulierte, ein Stück Vilshofener Stadtgeschichte zu Ende. Ich habe den greisen Donaufischer noch zu Lebzeiten interviewt.

Johann Baptist Gerhardinger wohnte standesgemäß in einem Haus unmittelbar an der Vils, die in Vilshofen von Süden her in die Donau mündet. 1890 hat es der Großvater an der Fischerzeile gekauft. Er war wie Gerhardingers Vater Fischer und Schiffer und ist auch noch mit Plätten donauabwärts gefahren. Überhaupt: Die Gerhardingers haben in Vilshofen nachweisbar seit rund 400 Jahren die Fischerei betrieben. In Vilshofen gab es seit jeher zwölf Fischermeister entsprechend den zwölf Aposteln. Sechs davon waren Fronfischer und durften auf Donau, Vils und Wolfach fischen, sechs waren nur Zufischer, welche nur auf der Donau ihre Netze auswerfen durften.

1905, also mit zwölf Jahren, fing Johann Baptist Gerhardinger als Fischerlehrling an. Die Fischerzillen waren damals die gleichen wie sie heute auch verwandt werden. Donauabwärts kamen sie bis nach Schalding, das waren rund sieben Kilometer. Dorthin fuhren sie oft auch mit kleinen Spezialkähnen. Die waren nur etwas über zwei Meter lang und wurden mit einem Stechruder gefahren. Gefischt wurde mit schwimmenden Netzen oder mit aus Weidenruten selbstgemachten Reußen. Mit den Reußen fing man Grundfische und Aale, mit den Netzen alle anderen Fische. Der Fang wurde meist nach München verkauft. Die Fische wurden in Körben, die innen mit Schilf ausgeschlagen wurden, mit der Bahn dorthin geschickt.

Die besten Fänge gab es im Frühjahr nach dem Eisgang. Bei Vilshofen gab es damals mehrere Donaualtwasser, die im Winter zufroren. Wenn dann der Eisstoß ging, wurden alle Männer zusammengetrommelt und da kamen oft 24 oder 36 Männer zusammen. Man schob den Eisgang oft zweimal zusammen, um alle Netze richtig aufzubauen. Dann wurde er durchgeschlagen. Bis zu hundert Zentner Fische wurden da an einem Tag gefangen.

Die Fische waren damals billig. Sie kosteten pro Pfund: Weißfische 20 Pfennige, Hechte 80 Pfennige und Waller eine Mark. Forellen gab es in der Donau nur bei Hochwasser, wenn es diese hinausgeschwemmt hat. Die Fische wurden in Vilshofen gleich am Vilsufer verkauft, allerdings weder ausgenommen noch abgeschuppt, das mußten die Hausfrauen zu Hause selbst machen.

Der alte Fischmeister Johann Baptist Gerhardinger im Jahre 1984 mit dem Fischer-Peterl.

Zum Fischen fuhren die Männer oft auch des nachts hinaus, doch nie bei Regen. Als Fischerlehrling bekam J. B. Gerhardinger von seinem Onkel, der auch Fischmeister war, drei Mark Lohn in der Woche. War es zu heiß zum Fischen, so fuhren sie mit ihren Zillen an Land, kippten sie um und legten sich darauf, bis es am Abend wieder kühler wurde und die Brachsen dann besser bissen.

1921 kam für die Vilshofener Donaufischer die große Zäsur: Kurz vor Passau wurde mit dem Bau des Kachletkraftwerkes begonnen. Johann Baptist Gerhardinger sah da auf Dauer keine Existenzmöglichkeit mehr als Fischer und

Bei der Eröffnungsfeier zur Elektrifizierung der Eisenbahnstrecke Regensburg – Passau am 26. Mai 1959 übergab Fischmeister Gerhardinger (rechts) dem Bundesverkehrsminister Dr.-Ing. Hans-Christoph Seebohm einen lebenden Waller, den er gerade in der Rechten hochhält. Als der Minister den Fisch übernehmen wollte, glitt ihm das glitschige Geschenk aus und fiel zu Boden, wurde aber sofort wieder eingefangen. Dr.-Ing. Seebohm stiftete den Waller einem Vilshofener Altenheim.

ging nach Regensburg zum Bayerischen Lloyd. Schnell erklomm er die Schiffspersonalleiter: Schlepplotse, dann 2. und nach entsprechender Prüfung 1. Steuermann und 1940 machte er noch die Kapitänsprüfung, bis er mit 66 Jahren in den offiziellen Ruhestand ging. Doch sofort zog es ihn wieder zu seiner Passion zurück, er begann wieder zu fischen. Er hatte noch das Fischrecht auf der Vils bis Grafenmühl, zwei Kilometer flußaufwärts.

Einmalige Zunftbräuche

Die Vilshofener Fischerzunft, eine der ältesten an der Donau, hatte natürlich auch uralte Zunftbräuche. So besaß die Fischerzunft natürlich eine eigene Fahne, die bei Prozessionen und Beerdigungen mitgetragen wurde. Dazu gehörten noch zwei Engelsfiguren mit Kerzen. Jedes Zunftmitglied, so erinnert sich der alte Fischermeister, mußte pro Monat 50 Pfennige bezahlen. Davon wurden dann die Ausgaben für das öffentliche Auftreten der Zunft bestritten. Neben der Fahne, die auf blauen Grund eine Christusfigur zeigte, wurde aber auch noch eine lange Stange mitgetragen, an deren oberen Ende ein 90 Zentimeter langer silberner Fisch an einer Kette hing. In sein geöffnetes Maul wurden, bei entsprechendem Anlaß, Blumen gesteckt.

Der Höhepunkt des Fischerjahres war der Fischerjahrtag. Da traf man sich zunächst beim Kirchenwirt und rechnete ab. Außer den Beiträgen gab es auch noch sonstige Einnahmen, wie z.B. jeweils drei Mark für jede ausgegebene Fischkarte. Dann ging man zur Kirche ins Fischeramt und dann wurde gegessen und ein Faß Bier bis zum letzten Tropfen ausgetrunken. Zu Mittag fuhr man dann mit der Zunftplätte vom alten Salzstadel die Donau herunter und in die Vilsmündung hinein. Körbe mit Semmeln und Knackwürsten wurden eingeladen und das Bier floß in Strömen.

Schließlich wurde ausgestiegen und man begab sich in den Wieninger-Saal. Der junge Gerhardinger mußte einstweilen die Fischerfrauen abholen und zum Saal begleiten. Dann wurde dort getanzt bis in die Frühe des nächsten Tages. Der Saal war dekoriert mit Netzen, Rudern und Schilf und, da der Tanz öffentlich war, gab es stets großes Gedränge.

Der Fischerpeterl

Nun hatte die Vilshofener Fischerzunft einen an der ganzen Donau einmaligen Brauch. Alle drei Jahre wurde der Zunftmeister gewechselt. Und wenn dies geschah, so mußte er eine alte Holzfigur eines hl. Petrus an den nächsten Zunftmeister übergeben. Diese 55 Zentimeter hohe Figur, der hl. Petrus hält in der Rechten ein Buch, in der Linken einen großen Schlüssel, zu seinen Füßen sind Fische eingeschnitzt und auf dem Haupt trägt die gefaßte, also bemalte Figur einen metallenen Heiligenschein, ist mit einem Gewebemantel umhängt. Und an diesem Mantel mußte der übergebende Fischermeister eine wertvolle Münze anhängen. Die Figur hieß allgemein nur der „Fischerpeterl“. Er wurde an Peter und Paul bis in unsere Tage in der Kirche aufgestellt und blieb nach der Übergabe drei Jahre lang im Haus des Zunftmeisters.

1922 hingen 109 Münzen am Fischerpeterl, 1929 waren es 120. Wie diese „außerplanmäßige Münzvermehrung“ zustande kam, ist unbekannt. Jedenfalls wurde 1928 der letzte Fischerjahrtag abgehalten, dann machte das Kachletkraftwerk der Zunft den Garaus. Wenn man annimmt, daß bis 1922 dem Fischer-Peterl wirklich nur alle drei Jahre eine neue Münze angehängt wurde, so ging also 1922 dieser Brauch bis ins Jahr 1595 zurück.

Natürlich hatte sich dieser Brauch längst bei Volkskundlern herumgesprochen und im Dritten Reich wollte man in Berlin eine Sammlung außergewöhnlicher Zeugnisse deutschen Volksgutes errichten und kam dabei auf den Gedanken, den Fischerpeterl in die Reichshauptstadt bringen zu lassen.

Doch welch ein Pech! Niemand wußte von den Fischern, wo er denn nun eigentlich sei. In Wirklichkeit hatte ihn Johann Baptist Gerhardinger so gut versteckt, daß man in Berlin notgedrungen auf dieses einmalige Zeugnis des Brauchtums der Donaufischer verzichten mußte.

Die Übergabe des Fischerpeter erfolgte nach einem genau festgelegten Ritual. Der älteste Fischer holte ihn im Haus des alten Zunftmeisters ab und trug ihn zur Zunftversammlung. Dort hängte der alte Zunftmeister seine Münze an und übergab den Fischerpeterl an den neugewählten Zunftmeister. Danach wurde er in den Straßen und zu den Häusern der Zunftmitglieder herumgetragen. Dazu wurde auch mit Böllern geschossen, „wenn mir mögn habn!“ Das jährliche Fischermahl gab es, auch für die Frauen, am Abend beim Fischerball. Wo der Fischer-Peter sich derzeit befindet, ist mir unbekannt. Angeblich soll er zu einem Verwandten von J.B. Gerhardinger nach München gekommen sein.

Mit 91 Jahren noch täglich hinter dem Ladentisch

Als ich 1972 Franziska Riedl in Kirchl im Bayerischen Wald besuchte, dürfte diese mit ihren 91 Jahren wohl die älteste aktive Kramerin im Bayern gewesen sein. Seit 50 Jahren stand sie Tag für Tag hinter ihrem Ladentisch in ihrem kleinen Kolonialwarengeschäft und bediente ihre Kundschaft mit Freundlichkeit und Sachkunde. Natürlich kannte sie alle ihre Stammkunden seit langem, jeder wurde mit „Du" oder gleich dem Vornamen angesprochen.

Mit so einer einfachen Kasse ist Franziska Riedl 50 Jahre ausgekommen!

Kaum habe ich mich bekannt gemacht, kommt ein älterer Mann, Hut auf, Schnurrbart, sagt kein Wort und holt die Geldbörse heraus. Die Kramerin schiebt ein Päckchen Schnupftabak über den Ladentisch, holt ein Schnapsglasel aus einem Regal, gießt aus einer Flasche, die sie unter dem Ladentisch hervorholt, einen Schnaps ein, der Mann trinkt es in einem Zug aus, legt zwei Mark auf den Ladentisch und geht mit einem „Pfüet di!".

Kirchl war damals und ist heute noch ein kleines Dorf zwischen Grafenau und Freyung. Wer gut zu Fuß ist, kann von hier aus den Lusen besteigen. Um das kleine Kirchlein auf dem Dorfanger gruppierten sich 1972 einige alte Häuser. Eines davon trug die schon etwas verwitterte Aufschrift: „Handlung des Franz Riedl".

Ich notierte mir 1972 über unsere Unterhaltung:
Das Geschäft ist genau so, wie man sich einen alten Dorfladen vorstellt: Große, offene Regale, einige Kisten und Kartons, ein Gestell mit Waschmitteln und Schuhcremeschachteln und auf dem Ladentisch noch die alten Bonbongläser, auf deren bunten Inhalt wir einst als Kin-

Franziska Riedl's Laden in Kirchl im Jahre 1972

der noch begehrliche Blicke warfen. Blitzsauber ist der Laden und ebenso die große Stube mit der dunklen Holzdecke und der umlaufenden Bank, wohin mich die freundliche Greisin schließlich einlädt. Als ich bemerke, daß sie einen schönen alten Laden habe, meint sie: „Der Laden ist fast unverändert, seit ich vor 50 Jahren hier eingeheiratet habe." Und seither steht sie jeden Tag an der Ladentheke, denn „Krank war ich no nia!" Sie will ihr Geschäft halt so lange weiter betreiben, so lange sie gehen und stehen kann. Und schreiben kann, fügt sie hinzu, denn so ein Geschäft ist auch mit allerhand Schreiberei verbunden: Rechnungen, Bestellungen, an Gemeinde oder Finanzamt. „Zum Schreib'n gibt's allaweil wos!" meint sie. Wie sie denn zu dem Geschäft gekommen sei, will ist schließlich wissen. Nun kommt eine längere Geschichte und ich hatte den Eindruck, daß Frau Riedl sie nicht ungern erzählt.

Also, geboren ist sie am 5. August 1881 in Haus, einem Dorf bei Grafenau. „Wir waren zehn Geschwister, ich war die Mittelste. Doch 1972 lebt nur noch ein Bruder in der Mauth und ich. Mein Vater war früher Bauernknecht und hat dann in das Anwesen bei dem Dorf Haus eingeheiratet. Zur Schule mußten wir nach Haus gehen. Da gab es einen Lehrer Seidl und einen Hilfslehrer Eder. Der Lehrer Seidl war ein ganz kleiner, der war kaum größer wie wir Erstkläßler. Ich hatte einen Schulranzen aus Leinen mit Griffel und Schiefertafel. Eine

Schultüte gab es zum Schulanfang nicht. Die Mutter gab mir ein paar Minzenkugeln und an Bärndreck. Sie hat mich auch nicht in die Schule gebracht, sondern meine Geschwister haben mich halt mitgenommen. In zwei Schulräumen wurden die sieben Klassen unterrichtet. Zu Hause mußten wir schon kräftig mithelfen. Die Brüder machten Hütbuben, wir Mädchen wurden von der Mutter beschäftigt. Wenn's finster wurde, mußten wir meist bald ins Bett.

Mein Vater hieß Mathias Drexler. Er war recht arbeitsam und geschäftstüchtig. Als ein Bäcker, wohin wir die Milch lieferten, auf die Gant kam, ersteigerte mein Vater die Bäckerei und bald darauf auch noch ein Wirtshaus. Nun mußten wir in die Dorfmitte von Haus umziehen. Zum Wirtshaus gehörte auch eine Metzgerei. Da kann man sich vorstellen, was es da an Arbeit gab. Im Sommer mußte ich schon um einhalb drei Uhr aufstehen und um vier Uhr ging es hinaus zum Gras- oder Getreidemähen, wenn es trocken genug war. Abends um 10 Uhr bin ich dann todmüd ins Bett gefallen."

„Sind da schon Touristen gekommen?" will ich schließlich wissen. „Na, Fremde san da no nöt komma!" erinnert sich Franziska Riedl. Der Vater hat aber im Wirtshaus sechs Fremdenzimmer ausgebaut. Die brauchten wir hauptsächlich im Winter für die Vertreter, wenn die bei hohem Schnee nicht mehr weiter kamen. Das waren meist Vertreter für Landwirtschaftsmaschinen, Gsottschneider, auch Nähmaschinen und ähnliches. Zur Unterhaltung hatten wir abends unser Grammophon spielen lassen oder unsere Spieluhr. Auch wurde des Öfteren gesungen. Die Vertreter fuhren meist mit einem Veloziped. Bei ihnen hatte es sich schnell herumgesprochen, daß man beim Drexler gut und reichlich essen konnte.

„Ja, wenn ich so drandenk: Um 1895 hat ein Mittagsessen mit Suppe und Braten 50 Pfennige gekostet und die Halbe Bier zehn Pfennige. Ein Pfund Schweinefleisch kostete im Laden 50 Pfennige und ein Pfund Kalbfleisch wurde für 45 Pfennige verkauft. Allerdings gab es im ganzen Dorf Haus nur drei Haushalte, die während der Woche Fleisch kauften: Der Pfarrer, der Lehrer und das Schulfräulein".

Am Wochenende war Fleisch lebhafter gefragt, auch noch am Sonntag Vormittag, wo nach der Kirche der Metzgerladen oft voll war. Es gab aber auch Feste wo es hoch her ging: Hochzeiten, Veteranentreffen oder Kindstaufen.

Bäckerei, Metzgerei und Fuhrgeschäft

Vater Mathias Drexler war nicht nur geschäftstüchtig, sondern als Geschäftsmann auch sehr erfolgreich mit einem Gespür für das Notwendige. So gründete er vor dem Ersten Weltkrieg auch ein regelrechtes Fuhrgeschäft. Im Stall standen jetzt vier Pferde und je fünf Ochsen und Kühe. Mit den Pferden und einem großen Planwagen fuhren er und später seine Söhne die Dörfer Haus, Perlesreut und Hohenau ab und brachten die Waren nach Passau. Am Tag darauf fuhren sie wieder mit Ware zurück. Schließlich kam der Erste Weltkrieg und alle Brüder mußten einrücken. Damit die Pferde wenigstens den Hafer verdienten, wie ihr Bruder meinte, übernahm Schwester Franziska das schwere Fuhrgeschäft nach Passau. Sie war damals 33 Jahre alt. „Wie ich fortgefahren bin, so bin ich angekommen“, meinte sie. Das heißt: Fuhr sie um 5 Uhr früh ab, so kam sie um 17 Uhr in Passau an. Am nächsten Tag war es umgekehrt genau so. 60 bis 80 Zentner hatte sie da oft geladen und es gehörte für eine Frau schon Schneid dazu, das schwere Gefährt mit den beiden Rössern durch Nacht und Nebel zu führen.

An ein Erlebnis denkt Franziska Riedl heute noch voller Schrecken. Wieder war sie mit einer großen Fuhre nach Passau unterwegs. Ein Bruder hatte einen militäruntauglichen Schimmelhengst gekauft, ein wundervolles Tier. Leider war er durch ein Kriegserlebnis gegen Blitz und Donner überempfindlich. Als sie in Neukirchen vorm Wald losfahren wollte, rief ihr der Wirt zu: „Drexler Dirndl, fahr net furt, da kimmt a Weda, dös werd nix kloans!“ Doch sie fuhr trotzdem los. Halbwegs zwischen Neukirchen und Ruderting, als sie gerade eine Bergkuppe erreicht hatte, ging ein fürchterliches Gewitter los: Blitz auf Blitz und Donner auf Donner. Der Schimmelhengst, der sich anscheinend in den Krieg geraten glaubte, stieg pausenlos hinten und vorne hoch, wollte ausbrechen und drohte so, die ganze schwere Ladung umzuwerfen. In ihrer Not kam Franziska auf einen guten Einfall. Sie zog dem Hengst die Pferdedecke über den Kopf, daß er das Blitzen nicht mehr sah, stellte sich vorne zwischen die zitternden und schäumenden Rösser, hielt sie am Zaumzeug und wartete so eine geschlagene Stunde, bis das fürchterliche Unwetter vorüber war.

Als ihre Schwester starb, siedelte Franziska Drexler 1918 nach Kirchl um, führte anfangs den Haushalt und heiratete schließlich ihren bisherigen Schwager, Franz Riedl. Sie führte mit ihm eine 53jährige glückliche Ehe, die aber leider kinderlos blieb. Mit ihrer Heirat begann ihre 50jährige Tätigkeit als Kramerin. Sie hatten auch Landwirtschaft dabei, fünf Ochsen und ebensoviele Kühe. Da gab es stets genug Arbeit. Viele Jahre war ihr Mann Bürgermeister. Jetzt macht es Franziska Riedl natürlich etwas langsamer als früher. Statt vier Uhr früh steht sie um acht Uhr auf. Aber auslassen tut sie noch lange nicht. Sie war nie in ihrem Leben krank und weiß im Laden über alles genau Bescheid.

„Kummst amal wieda?“ fragt mich Franziska Riedl zum Abschied. Ich hab’ die beeindruckende Frau leider nicht mehr gesehen!

Der Spiegelauer Holzbildhauer arbeitete im traditionellen Bayerwaldstil.

Der am 5. September 1894 in Großarmschlag geborene Holzbildhauer Hans Lentner war zu seiner Zeit der wohl bekannteste und fruchtbarste Holzschnitzer im Bayerischen Wald. Kurz vor seinem 80. Geburtstag besuchte ich ihn und ließ mir aus seinem Leben erzählen: „Ich fiel schon in der Volksschule durch mein Schnitztalent und meine Schnitzwut auf. Unentwegt schnitt ich mit dem Taschenmesser an einem Stück Holz herum. Ein Volksschullehrer in Grafenau sagte meinen Eltern: „Der Bub gehört auf die Schnitzschule nach Zwiesel". Doch der Vater war dagegen. Er sagte zu mir: „Schnitzer ist kein Beruf, Schreiner darfst werden, aber nicht Schnitzer!" Den Ausschlag gab schließlich die Mutter, die zum Vater sagte: „Laß ihn halt hinausfahren und einmal probieren, dann sehen wir zu, was wird." Und so geschah es.

Bildschnitzer Hans Lentner im 71. Lebensjahr

Zwei Jahre Weltkrieg und drei Jahre Kriegsgefangenschaft unterbrachen die Ausbildung. Doch von 1920 an war Hans Lentner schließlich wieder auf der Schnitzschule. Später ging er zu einem Unternehmer als Bildschnitzer. 1924 machte sich der junge Holzbildhauer in seinem Heimatort selbständig und zog nach seiner Heirat 1929 nach Spiegelau. Anfangs widmete sich Hans Lentner mehr der profanen Kunst. Er schnitzte Rehe, Hasen, Hirsche, Löwen, Tiger, aber auch Holzhauer und Handwerkertypen. Jetzt sind seine Arbeiten fast ausschließlich der sakralen Kunst zuzuschreiben. Seine Hauptthemen sind Madonnen und Kruzifixe, die er mit geübter Hand aus rohen Lindenholzklötzen entstehen läßt.

Hans Lentner hat schon in München und Passau ausgestellt. Da er aber mehr Aufträge hat, als er schaffen kann, legt er auf Ausstellungen wenig Wert. Seine Arbeiten sind zudem an mehreren Stellen ständig zu sehen; so in der neuen Kirche in Buchenau bei Zwiesel ein großes Kruzifix und eine große Figur des Waldapostels St. Gunther. Drei Monate arbeitete der Meister allein an diesen beiden Holzplastiken. Für die Kirche in Saldenburg bei Tittling schnitzte er eine heilige Familie, für die Kirche in Büchlberg die ganze Kircheneinrichtung, die beiden Seitenaltäre und ein großes Kruzifix. Am bekanntesten und augenfälligsten sind wohl die schönen Wegweiser und Ortstafeln in Spiegelau, die von dem Künstler stammen, dann das Kruzifix am Kriegerdenkmal und die Wegweiser in Waldhäuser, die Friedhofskreuze in Riedlhütte und Zwieselau.

Zu gerne wäre der junge Lentner auf die Akademie nach München gegangen. Er hatte aber leider nicht so viel Geld und sein damaliges Gesuch um einen Freiplatz wurde abgelehnt. Er ist deswegen aber nicht unglücklich. Im Gegenteil: er sagt selbst, und dabei leuchten seine blauen Augen über dem mächtigen, dunklen Vollbart: „Mein Lebenstraum ist in Erfüllung gegangen, ich bin Schnitzer geworden." Weiter erzählt der Holzbildhauer: „Professor Mauder in Zwiesel hat mich ausgebildet. Er lehrte uns eine derbe ausdrucksvolle Schnitzkunst, weil die Gegend auch so ist und die Arbeit zur Landschaft passen muß. Diesen Stil habe ich bis heute beibehalten.

Ich will mit meiner Kunst dem Menschen etwas geben, was ihn anspricht. Ich möchte das an sich tote Holz beleben, ihm Form und Gestalt geben, aus ihm einen Gegenstand für das

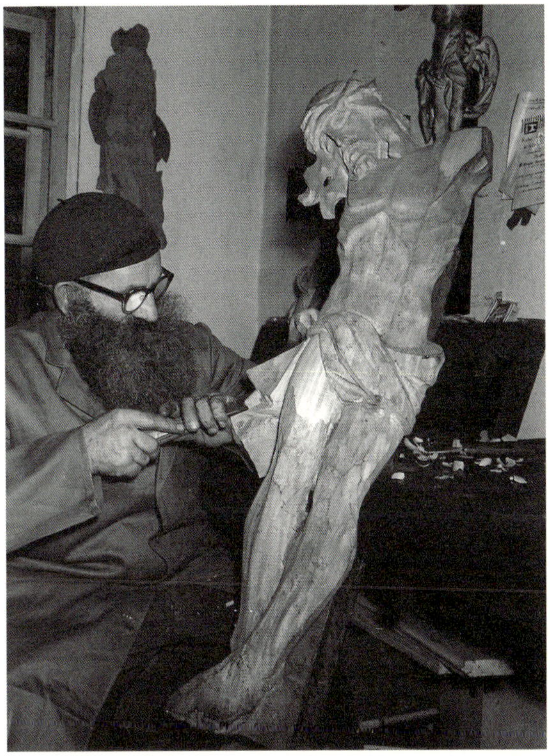

Johann Lentner bei der Arbeit an einem großen Kruzifix

Gebet und die Betrachtung schaffen. Ich glaube, daß mir das in den Lentner-Kreuzen gelungen ist und daß in ihnen ein Ausdruck enthalten ist. Ich habe nur den Wunsch, noch zehn Jahre schaffen zu können".

Hans Lentner bedauert es sehr, daß die Schnitzschule des Bayerischen Waldes in Zwiesel aufgelöst wurde. Übrigens wurde ihm während des letzten Krieges eine große Auszeichnung zuteil: Für zwei Jahre kam er als Aushilfslehrer an die Schnitzschule zurück, um an junge und an kriegsbeschädigte Menschen das weiterzugeben, was ihm seine heute noch so hochverehrten Lehrer einst vermittelt hatten.

Seinen Vollbart trug er früher übrigens nur im Winter, im Sommer ließ er sich ihn abnehmen.

Ein Wegweiser in Spiegelau, geschnitzt von Hans Lentner: Die Figuren von links: Sägewerksarbeiter, Glasbläser, Schnupftabakreiber.

Aber dann erkannten ihn die Kinder auf der Straße nicht mehr. So behielt er ihn halt ständig und gibt so das Bild eines Holzbildhauers, wie man es sich rein äußerlich vorstellt. Schon hunderte von Kruzifixen hat Hans Lentner an Urlauber verkauft, die diese in ihren modernen und eleganten Wohnungen aufhängen wollen, ein Zeichen, daß das Kreuz in unserer modernen Welt nach wie vor einen festen Platz auch in den Familien hat.

Hans Lentner ist noch ein Bildschnitzer alten Schlages. Vorgefertigte, durch Maschinen vorgefräste Teile lehnt er grundsätzlich ab. Er sucht jedes Stück Holz, das er bearbeitet, selbst aus und stellt sich dabei vor, was er aus ihm machen will. Dazu Hans Lentner: „Eine Madonna oder ein Kruzifix muß leben. Das ist nur möglich, wenn ich beim Schnitzen denke und mein Empfinden hineinlegen kann. Daher schnitzen wir hier im Wald anders als droben die Holzschnitzer in Oberbayern. Wir schnitzen markant und kraftvoll, wie halt die Waldler auch sind."

Das St. Oswalder Christkindl

In St. Oswald war in den 60er Jahren des vorigen Jahrhunderts Heinrich Hockgeiger als ka-

tholischer Pfarrer tätig. Als dieser bei den Vorbereitungen für Weihnachten feststellte, daß die Kirche nicht einmal ein Christkindl für die Weihnachtskrippe hatte, bestellte er bei Hans Lentner ein solches, nicht zu klein, daß man es vor dem Speisgitter in eine normale Krippe legen konnte und lieb sollte das hölzerne Christkindl halt sein, daß die Waldler richtige Freude daran hätten.

Trotz seiner vielen Arbeit sagte Meister Lentner zu, das St. Oswalder Christkindl bis Weihnachten zu schnitzen.

Am Tag vor dem Heiligen Abend stellte der Mesner nun fest, daß die neue Krippe zwar fertig sei, aber wo ist das Christkindl? Pfarrer Hockgeiger versprach, es gleich morgen vom Lentner abzuholen. Doch der Lentner Hans hatte eine besondere Arbeitsweise, wie er mir auch bestätigte. Er schnitzte an einem Stück eben so lange, so lange er Freude daran hatte. Das St. Oswalder Christkindl hatte er zwar angefangen, doch es dann wegen anderer Aufträge wieder in die Ecke gestellt.

„O mei, dös hob i ganz vergessen!“ sagte Hans Lentner dem Pfarrherrn, als dieser kurz vor Mittag des Heiligen Abends in die Schnitzstube kam. „Wissen's, Herr Pfarrer, sicher hams doch no was zu erledigen, ich mach's eana derweil fertig!“ Er holt aus einer Ecke ein klobiges Stück Holz hervor, aus dem an einem Ende grob herausgearbeitet ein Kinderkopf zu erkennen war, sowie der Ansatz zweier Kinderarme. Da meinte Pfarrer Hockgeiger: „Aber das bringens doch so schnell nicht mehr fertig!“

Doch der Bildhauer beruhigte den geistlichen Herrn. „Dös werd' scho no fertig!“ Er soll halt

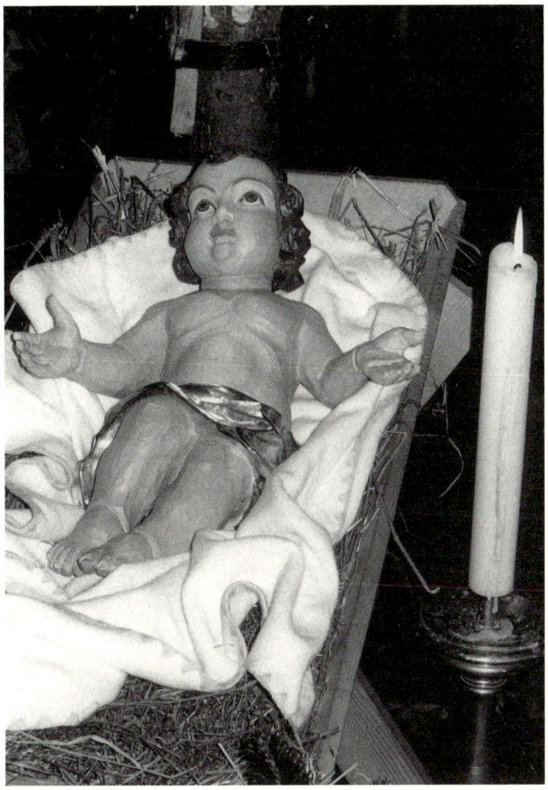

Das St. Oswalder Christkindl

am Nachmittag wiederkommen. Da bereits um 18 Uhr Christmette in St. Oswald war, erschien Pfarrer Hockgeiger bereits um 17 Uhr wieder in der Schnitzwerkstatt, um jetzt sein Christkindl abzuholen. Doch was sah er da in der niedrigen Schnitzstube des Lentner Hans? Der werkelte an einem Stück Holz herum, aus dem oben zwar ein allerliebstes Ckristkindlgesicht und zwei ausgestreckte Kinderarme herausschauten, aber sonst war es eben ein unbearbeiteter Holzklotz. Und nun gab der Schnitzer dem Pfarrer folgende Anweisung: „Da nehmens jetzt a grouß weiß Tuach, und wickeln dös Christkindl schö damit ei, wia ma halt a Christkindl einwickelt. Und nach dö Feiertäg da bringens mir dös Christkindl noch amal und dann mach ich's eahne fertig!" Und so geschah es.

Als im Jahr darauf der Pfarrer wieder in die Schnitzwerkstatt kam, um jetzt endlich das fertige Christkind abzuholen, da legte Hans Lentner gerade, wie man so schön sagt, „letzte Hand an".

Doch jetzt ließ Pfarrer Hockgeiger nicht mehr locker. Er setzte sich einfach neben den Schnitzer und erlebte hautnah, wie seinem Christkindl der entscheidende Hauch Leben eingehaucht wurde: Da noch eine Kleinigkeit weg, dort das Knie etwas runder, den einen Finger etwas schmäler und noch etwas mehr Freude ins Gesicht. Endlich konnte Pfarrer Hockgeiger das fertige Christkindl in seine Pfarrkirche bringen.

Nach den Feiertagen packte es Pfarrer Hockgeiger nochmals in eine Decke und brachte es zu einem Kirchenmaler nach Cham, der es jetzt fasste, also bemalte, und beim kommenden Weihnachtsfest war das St. Oswalder Christkindl nach drei Jahren endlich rundherum fertig und erfreut nun die Kirchenbesucher von Jahr zu Jahr aufs Neue.

Diese wahre Geschichte hat mir nicht Hans Lentner, sondern Pfarrer Hockgeiger erzählt.

Jedenfalls: Der Holzbildhauer Hans Lentner war ein wirklicher Könner auf seinem Gebiet. Er war ein echter Waldler, ein gläubiger Christ, und hat dies in seinen Werken auch glaubhaft wiedergegeben.

„Komm sofort, Kreuzotter mit drei Giftzähnen gefangen!“

Im Gebiet von Zwiesel, und zwar nacheinander in den Orten Waldmann, Zwiesel und Flanitz, lebte nach dem letzten Krieg Leopold Denk. Der ehemalige Gemeindediener von Dorf Eisenstein jenseits der Grenze kam durch die Vertreibung nach Bayern. Er wurde als der bekannteste und erfolgreichste Schlangenfänger des Bayerischen Waldes bekannt und auch berühmt. Über ihn schrieb ich 1967:

An der Straße von Langdorf nach Bodenmais im Bayerischen Wald liegt der Waldweiler „Waldmann“. In einem der wenigen Häuser führt Leopold Denk ein einsames Dasein. Aber das stört den Denk Poidl gar nicht, denn der

Das macht dem Denk Poidl so gleich keiner nach: Vier lebende Kreuzottern in einer Hand!

Da strahlt der Poidl: Eine über 130 Zentimeter lange abgestreifte Kreuzotterhaut. Die wird er sich noch fangen.

Name des Weilers paßt zu ihm wie zu keinem Zweiten, er ist nämlich der letzte Waldläufer des Bayerischen Waldes. Ein Waldläufer ist ein Mann, der die meiste Zeit im Wald herumläuft, Tiere beobachtet und fängt, Pflanzen und Pilze sammelt und der den Wald kennt, wie andere ihren Schreibtisch im Büro.

An einem der letzten Sonntage hatte ich mich mit Leopold Denk zusammenbestellt, um mit ihm auf Schlangenjagd zu gehen. Diese ist nämlich eine Spezialität von ihm und er hat in seinem beinahe sechzigjährigen Leben fast 2500 lebende Kreuzottern mit der bloßen Hand gefangen. Darüber führt der Poidl Buch. Allerdings war der vereinbarte Tag ungünstig. Es war plötzlich kalt geworden und ich war froh, im Auto noch einen Pullover zu haben. Obendrein regnete es leicht. Aber gerade das stimmte den Poidl optimistisch. „Da kommen's raus und loßn sich abregna!“ meinte er zu mir und so gingen wir los. In Gummistiefeln liefen wir durch das hohe Gras, durchstreiften Waldränder, Wiesenraine und kamen schließlich zu einem sumpfigen Moor. Schlangen hatten wir noch keine gesehen, wohl aber ein geludertes Reh, eine Birkhahnfeder, bald darauf einen abstreichenden Birkhahn und zwei am Boden sitzende Birkhennen, die Losung eines Fuchses, mehrere Bisamrattenhöhlen, eine Blindschleiche, ein Wildentennest. Ich kam aus dem Staunen nicht heraus, was dieser Mann alles sah und beobachtete, welche Tierstimmen und Vogelrufe er hörte, welche seltene Steine und Pflanzen ihm auffielen. Als wir an ein Gebüsch kamen, sagte er schon vorher: „Da sitzen zwei junge Hasen“, und tatsächlich, kaum hatte er die Zweige zur Seite gebogen, sausten sie hinaus auf die freie Wiese.

Langsam glaubte ich selbst nicht mehr an unser Jagdglück, als ich am Rande eines Moores auf einem verrosteten Blechstück eine große Kreuzotter liegen sah. Ich rief leise meinen Begleiter heran. Der duckte sich etwas nieder, denn die Schlange hatte ihn bereits bemerkt und hob den Kopf. Dann ein Sprung, ein kurzes Durcheinander von Menschenhänden und Schlangenleibern und Leopold Denk hielt mir zwei große Kreuzottern unter das Gesicht, die er mit geübtem Griff am Schwanz gepackt und hochgehoben hatte. Ich hatte die zweite Otter, das Männchen, im tiefen Gras gar nicht bemerkt gehabt. In aller Ruhe besah er sich dann seinen Fang, nahm beide Kreuzottern in eine Hand, holte eine Plastiktüte aus der Tasche. Schwierig war es, die beiden züngelnden Reptilien da hinein zu bringen, denn immer wieder versuchte besonders das Weibchen, die Hand oder wenigstens den Ärmel des Waldläufers zu erwischen.

Ein ganzes Schlangennest

Die Nachsuche in der Umgebung brachte ein richtiges Schlangennest zu Tage, wo noch eine schöne Schlangenhaut von der Frühjahrshäutung lag. Nicht weit von diesem Ort entdeckte der Denk Poidl nochmals ein Schlangenlager. Es war zwar verlassen, doch machten wir auch hier einen einmaligen Fund: Eine abgestreifte Haut einer riesigen Kreuzotter von genau 130 Zentimeter Länge. Das letzte Schwanzspitzchen fehlte uns noch, mit dem hätte diese Schlangenhaut leicht 140 Zentimeter Länge gehabt. Eine so große Kreuzotter hat der Denk Poidl bisher noch nicht gefangen. „Das muß ein herrliches Tier sein!“ schwärmte er immer wieder und versicherte, daß er sie bis zum Sommerende erwischt haben wird.

Bei der Heimfahrt im Auto legte der Denk Leopold die Plastiktüte mit den beiden Kreuzottern einfach auf seinen Schoß und anschließend im Gasthaus beim Mittagessen fand sie einen Platz auf dem Fensterbrett. Und dort erzählt mir dieser letzte Waldläufer des Bayerischen Waldes aus seinem Leben. Das Schlangenfangen habe ihm ein Ingenieur gelernt, als er siebenjährig einmal zu Hause im Dorf Eisenstein Kühe hüten mußte. Dieser Mann fragte ihn, was er denn barfuß mache, wenn eine Kreuzotter auftauche. Und dann zeigte er ihm an einem lebenden Objekt wie man Schlangen mit bloßer Hand fängt.

Über 2500mal hat dies Leopold Denk nachgemacht, dreimal wurde er dabei gebissen. Beim ersten Male nahm er einen Doktor in Anspruch, der ihm eine Spritze gab, die beiden anderen Male hat er sich die Bißwunde einfach ausgesaugt und viel Milch darauf getrunken. Milch spielt überhaupt eine große Rolle bei Leopold Denk. Er raucht nicht und wenn er auf Schlangenfang geht, so trinkt er oft einen oder zwei Tage vorher nur Milch. Dann ist sein Geruchsinn so empfindlich, daß er die Tiere direkt riecht. Einmal hat er einen Bekannten mitgenommen. „Du, i riach welche!“ meinte plötzlich der Poidl, da fing sein Begleiter schon zu schreien an, denn sie waren auf ganze Knäuel gestoßen. Der Poidl schnappte sich, was er erwischen konnte, als er aber seinem Begleiter eine Handvoll Kreuzotternschwänze in die Hand drücken wollte, damit dieser sie einstweilen halte, floh der nur laut schreiend aus dem Wald. „So hob i nur sieben Stück erwischt, obwohl es vielleicht guat dreißge waren!" meint Poidl heute.

Ringelnatter mit 151 cm Länge

Wenn es einer Kreuzotter kalt wird, so ringelt sie sich ein und reibt ihren Körper langsam aneinander, dadurch Wärme erzeugend. In dieser Stellung sind die Schlangen nur sehr schwer zu fangen, da man oft ihr Schwanzende nicht fassen kann. Für diesen Fall hat der Poidl seinen Sondergriff parat. Er faßt blitzschnell die Otter irgendwo am Körper und schleudert sie in die Luft. Sofort streckt sich der Schlangenleib und wenn dann die Kreuzotter auf dem Boden auftrifft, faßt er sie am Schwanzende und hebt sie hoch. Das geht so unwahrscheinlich schnell, daß das gefährliche Reptil nicht zum Zubeißen kommt.

Sein bisher schönstes und auch größtes Exemplar war fast einen Meter lang. Es war eine zitronengelbe Kreuzotter mit einer herrlichen schwarzen Zeichnung auf dem Rücken. Damit man ihm diesen Fang auch glaubte, nahm er sie mit zum Stammtisch und gab sie einem anderen Schlangenliebhaber, dem sie aber wieder auskam. Leopold Denk hat die Ottern und Schlangen des Bayerischen Waldes jahrelang beobachtet und richtig studiert. Er verpflanzte Kreuzottern aus Moorgegenden, wo sie tief braun sind, in andere Gegenden und stellte fest, daß sie in spätestens zwei Jahren die Farbe ihrer neuen Umgebung angenommer hatten.

Besonders interessant ist die Paarung der Kreuzottern. Sie geschieht im frühen Frühjahr. In diesem Jahr, wo der Schnee sehr lange liegen blieb, sind sie teilweise über den Schnee zu den Paarungsplätzen gekrochen. Diese sind im Bayerwald fast immer am Ufer eines Gebirgsbaches. In einiger Entfernung vom Bach lauern die Weibchen im Moos und Unterholz, während die Männchen, einem Urinstinkt folgend, bachaufwärts kriechen. Kleine und unansehnliche Männchen tun dies unbehelligt. Doch wehe, wenn sich ein schönes, großes Männchen sehen läßt. Sofort stürzen die Weibchen dutzendweise aus ihrem Versteck und bald bilden sie mit dem Männchen einen richtigen unentwirrbaren Schlangenknäuel. Ist aber ein Weibchen befruchtet, so löst es sich sofort aus der Verschlingung und verschwindet wieder im Walde. Kreuzottern setzen ihre Jungen im August und September. Diese werden von dem Weibchen einzeln lebend ausgepreßt. Um den Geburtsvorgang zu erleichtern, klettern die Ottern vor der Geburt gerne auf Baumäste, wo sie sich strecken und den Geburtsvorgang einleiten. So ist dem Denk Poidl einmal beim Pilzsuchen von einem Ast eine Kreuzotter direkt in den Hals gefallen.

Leopold Denk sagt: „Kreuzottern sind äußerst nützliche Tiere, wenn sie auch ab und zu Vogelnester ausnehmen. Ich fange sie nur für Schulen und Museen. Die meisten aber lasse ich wieder aus." Neben Kreuzottern hat er natürlich auch schon Blindschleichen, Ringelnattern, Schlingschlangen, Zornnattern, Würfelnattern und eine Viper gefangen. Seine größte Schlange war eine 151 Zentimeter lange Ringelnatter, die er am Hennenkobel fing

Ein Prachtexemplar einer allerdings sehr giftigen Sumpfviper.

und die in Gefangenschaft noch 23 etwa weinbeerengroße Eier legte.

Ein Zentner Steinpilze

Leopold Denk ist seit seiner Kindheit mit dem Wald verwachsen. Er konnte nach dem Kriege auf Grund einer fünfzigprozentigen Kriegsdienstbeschädigung nicht mehr arbeiten. Jetzt nahm man ihm diese Rente allerdings und der Poidl muß von der Fürsorge leben. Nach Abzug der Miete bleiben ihm 91 Mark im Monat. Das ist natürlich wenig und so muß er schauen, wie er sich noch einige Mark oder wenigstens etwas Essen dazuverdienen kann. Gelegenheit dazu gibt ihm jetzt die Pilzzeit. Seinen besten Tag hatte er vor drei Jahren, als er an einem Tage 101 Pfund Steinpilze fand. 27 Pfund waren etwas wurmig, die trocknete er für sich, die restlichen 74 Pfund waren einwandfreie und herrliche Steinpilze. Außer diesen sammelt er noch Frühjahrsmorcheln, Milchbrätlinge, Pfifferlinge und die Roten Reizker. Für sich nimmt er auch noch Stock- und Buchenschwammerl, die auf den Stämmen alter Ranen, also alten Baumstämmen, wachsen. Diese sind allerdings sehr hart. Um sie zu essen, muß man sie zuerst zerhacken wie ein Lüngerl, dann legt man sie auf ein Buchenbrett und läßt sie wieder zusammenwachsen. Dann werden sie nochmals zerhackt und schließlich in einer Soße gekocht. Dann sind sie allerdings eine Delikatesse, meint der genügsame Poidl.

Beeren sammelt der Waldläufer aus Waldmann nur noch selten. Das ist zu anstrengend. Ja, früher, da hat er mit einem selbstgebauten Spezialkamm einmal an einem Tag von früh 6.30 Uhr bis 2 Uhr nachmittags 134 Pfund Schwarzbeeren zusammengebracht. Damals kostete allerdings auch das Pfund nur wenige Pfennige.

Leopold Denk hat auch die Jagdprüfung und schon öfter Privatjagden auf längere Zeit betreut. Daher weiß er auch genau, wo Hasen und Rehe sind, wo Rotwild austritt und wo ein Dachsbau ist. Erst unlängst hat er einen Fischotter beim Mittagsschlaf überrascht. Er kennt alle Raub- und Waldvögel, hat schon manchen Fuchsbau ausgeräumt, einen Edelmarder gestellt und Schwarzwild beobachtet. Seit Sommer 1966 bis jetzt hat er in Fallen fast 120 Bisamratten gefangen, doch waren davon nur etwa zwanzig Prozent unverletzt. Die übrigen hatten Wanderratten in den Fallen bereits stückweise an- und aufgefressen.

Einziger Gefährte seines einschichtigen Lebens ist bisher ein kleiner Rauhhaardackel. Allerdings muß ein böser Mensch diesen geschlagen haben, denn als Leopold Denk vor wenigen Tagen nach Hause kam, konnte sein Dackel die Hinterfüße nicht mehr rühren und ist seither ganz verstört. Jetzt wird sich Leopold Denk noch einen Schäferhund zulegen. Denn fürchten tut sich der Poidl vor gar nichts, weder vor Schlangen noch vor anderem Getier. Höchstens vor mißgünstigen Menschen.

Kreuzottern sind nützlich

Kreuzottern sind an sich sehr nütztliche Tiere. Sie sind überwiegend nachtaktiv und ernähren sich von Kleinnagetieren wie Mäusen. Den Menschen werden die Kreuzottern nur gefährlich, wenn sie sich angegriffen fühlen. So wurde 1966 der Buchenauer Forstmeister Bruno Sponsel in der Nähe des Latschensees von einer Kreuzotter am Bein gebissen, welche unbemerkt im Moos gelegen hatte. Die sofortige Behandlung im Zwiesler Krankenhaus verhinderte schlimmere Folgen. Der Denk Poidl hat die meisten seiner wohl 3000 gefangenen Schlangen wieder in die Freiheit entlassen. Für das Museum „Wald – Heimat – Glas" in Zwiesel lieferte er allerdings die Exponate für die Reptilienschau. Ab und zu verkauft er auch Kreuzottern an Institute, Apotheken oder Schulen.

An diesen einfachen Mann habe ich noch manche interessante Erinnerung. Er hatte kein Telefon und hat mir nie geschrieben. Wollte er mir etwas mitteilen, so ging er zur Post und ließ ein Telegramm absenden. Und so erhielt ich eines Tages folgendes Telegramm: „Komm sofort, Kreuzotter mit drei Giftzähnen gefangen. Stop Poidl Denk." Wenn ich ihn zum Essen einlud, so ging er nicht in jedes Gasthaus mit. Da er viele mit Schwammerln belieferte, kannte er sich in den Küchen der meisten gut aus. So meinte er einmal: „Do göh i nöt mit! Dö werfen nöt alles wegga, wos aus dem Restaurant zruckkommt!"

Meine letzte Aufnahme vom Denk Poidl, wenige Monate vor seinem Tod. Er sah sich von der Höhe von Flanitz nochmals den Wald an, zusammen mit seinem Hund. Doch sprechen konnte er wegen seines Kehlkopfkrebses nur noch ganz mühsam.

Feste Jagdreviere.

Zwei Jagdreviere hatten es dem Denk Poidl besonders angetan: Der Hennenkobel und der Bahndamm bei der Deffernikbrücke bei Ludwigsthal. Besonders letzterer war sehr ergiebig. Ein westdeutscher Feriengast bat ihn einmal, zur Schlangenjagd mitgehen zu dürfen, er selbst habe noch nie Kreuzottern gesehen. Der Mann fuhr ihn also zur Deffernikbrücke und dann stiegen beide den Damm hinauf. Der Poidl hatte bald Witterung aufgenommen und schon sah er ganze Bündel von Schlangenleibern. Er bat den Feriengast, die große Plastiktüte zu halten und dann griff er in die Schlangenbündel hinein und warf die gefangenen Ottern einfach in die aufgehaltene Plastiktüte. Als der Feriengast die schlängelnden und züngelnden Schlangen sah, warf er die Tüte mit einem Schrei weg und rannte davon. Der Poidl war enttäuscht, denn anstatt der 30 oder 40 Kreuzottern, die er aufgespürt hatte, konnte er nur fünf Stück fangen.

Der Schlangenfangtrick

Und an einem lebenden Exemplar zeigte mir Dr. h.c. Georg Priehäußer einmal auf einem

Schachten, wie man Kreuzottern fängt. Die Reptilien hätten eine durchgehende Wirbelsäule, die aber etwa fünf Zentimeter vor dem Schwanzende endet. Packt man eine Kreuzotter davor, so kann sie hochschlagen und zubeißen. Packt man sie jedoch an dem kurzen Schwanzende, so ist sie wehrlos, man muß die Kreuzotter nur schnell nach hinten und nach oben wegziehen.

Kein eigenes Grab

Mit dem Denk Poidl bin ich wohl zehnmal zusammengetroffen. Das letzte Mal traf ich ihn am Dorfausgang von Flanitz wenige Monate vor seinem Tod 1982. Er saß, begleitet von seinem Schäferhund auf einem Langholzstamm und war traurig. „I hob solchane Mog'nschmerzen“, erzählte er mir. Als ich später hörte, daß er verstorben war, wollte ich sein Grab auf dem Frauenauer Friedhof besuchen, doch ich fand keines. Da erfuhr ich, daß man den toten Waldläufer auf Gemeindekosten in ein fremdes, aufgelassenes Grab dazu bestattet hatte, dessen Grabstein aber nicht den Namen des Denk Poidls trug.

Der Denk Poidl hatte die Erde verlassen, wie es sich für einen echten Waldläufer geziemt: Ohne irgendeine Spur zu hinterlassen.

Mittel gegen den Frais

Der Frais oder waldlerisch „Froas“ war früher eine der gefürchtesten Kleinkinderkrankheiten. Frais ist eine Kalkmangelkrankheit und heute kommt bei uns kein Säugling auf die Welt, ohne nicht von der Hebamme bald nach der Geburt ein Mittel gegen diese Krankheit verabreicht zu bekommen.

Im Bayerischen Wald, wo früher Kinder häufig am „Froas“ erkrankten, versuchte man wenigstens das ständige Schreien der Säuglinge, wenn sie daran erkrankt waren, zu unterbinden bzw. zu unterdrücken: Man nahm eine tote Kreuzotter, legte sie in einen Ameisenhaufen, bis diese die Otter bis auf die fast den ganzen Schlangenleib durchziehende Wirbelsäule abgefressen hatten. Diese blanke, meist schneeweiße Wirbelsäule war im Querschnitt dreieckig, wobei die Spitzen ganz scharf und spitz waren. Aus dieser blanken Wirbelsäule formte man eine Halskette, die man den Säuglingen umband. Wenn diese nun dauernd husteten und dabei zwangsläufig den Hals aufblähten, drückten sich die scharfen Knochenspitzen in den Hals der armen Kleinkinder, die wegen des dabei verspürten Schmerzes instinktiv das ständige Husten einschränkten oder unterließen. Erzählt hat mir dies Dr. h.c. Georg Priehäußer aus Zwiesel, der mir auch eine solche Fraiskette neben anderen Fraisketten mit verschiedenen Anhängern zeigte.

Im Winter barfuß aufs Häusl!

Der Meininger Albert aus Waldhäuser ist noch einer von den alten Waldlern, die ihr ganzes Leben praktisch im Walde verbrachten. Schon mit vierzehn Jahren, gleich nach der Volksschule, ging er 1913 erstmals zur Kulturarbeit in den Wald, mit zwanzig Jahren war er Waldarbeiter, ein Jahrzehnt später Haumeister und wichtigster Mitarbeiter des Försters bei der Waldarbeit.

Die Unterhaltung mit so einem alten Waldler ist ein Vergnügen. Albert Meininger weiß noch gut, wie sie im Sommer 13 Stunden, im Winter 12 Stunden im Walde arbeiteten. Oft mußten sie schon um ½ 3 Uhr von zu Hause fortgehen, um rechtzeitig zu ihrem entfernten Arbeitsplatz zu gelangen. So lange es hell war, wurde auch gearbeitet. Stunden wurden keine aufgeschrieben, sie bekamen lediglich einen Strich in der Arbeiterliste, wenn sie zur Arbeit erschienen waren. Wenn es dämmerte, begegneten ihnen oft maskierte Wilderer, die böse sagten: „Iarzt göts hoam, iarzt is unsa Zeit."

Mehrmals mußten die Waldhäuserer auf der Rachelseite arbeiten. Von dort gingen sie während der Woche kaum nach Hause. Sie bauten sich aus Ästen und Baumrinden kleine Hütten, worin die schliefen und wohnten. Allerdings brauchte man zu einem solchen Leben eine eiserne Gesundheit. Schon damals nahmen sie im Winter zum Holzziehen ihre Hunde mit in den Wald, die dann ebenfalls eine Zwölfstundenschicht leisten mußten, wie ihre Herren. Der Tagesverdienst bei soviel Arbeit betrug 3,76 Mark, daran kann sich der jetzt pensionierte Haumeister noch gut erinnern. Später, im Zweiten Weltkrieg, mußte er häufig den Revierbeamten vertreten, da die Stelle wegen Einberufung nicht besetzt war.

Haumeister Albert Meiniger vor seinem Haus. Das Graffito in der Hauswand zeigt den Waldhausmann.

Gerne denkt Albert Meininger daran zurück, wie er Jagdgäste zur Hirschbrunft zu bekannten Brunftplätzen geführt hat. „Dös war ja grod lusti, da ganze Wold hallte wieda vom G´schrei der Hirsche!“ meint er in freudiger Erinnerung.

In den zwanziger Jahren war es auch mit dem Schmuggel ganz schlimm. Ganze Viehherden wurden damals über die Grenze getrieben, auch Saccharin war ein beliebter Schmuggelartikel. Allerdings durfte man hierbei nicht aufkommen. So mancher wurde erwischt und verschwand dann aus der Gegend, einige wanderten sogar aus.

Das Elektrische erst ab 1940

Albert Meininger weiß noch aus seiner Jugendzeit, daß bis zum Jahre 1928 über einem offenen Feuer gekocht wurde. Elektrisches Licht bekamen die Waldhäuserer erst im Jahre 1940 von einem kleinen Kraftwerk in Ortsnähe, allerdings war im ganzen Haus anfangs nur eine Glühbirne angeschlossen. Eltern und alle neun Geschwister schliefen direkt unter dem Dach. Da war es natürlich im Winter eisig kalt und oft blies der Böhmwind ganze Schneehaufen unter den Dachschindeln durch, der sich dann auf die Zudecke legte. Federbetten gab es damals für die Kinder nicht. Beim Aufwachen mußte man erst einmal den Schnee von den Betten räumen und sich die Eiszapfen aus dem Gesicht wischen. Allerdings waren die Leute damals noch viel abgehärteter als heute. Albert Meininger erinnert sich noch gut daran, daß sein Vater auch im Winter bei hohem Schnee barfuß über den Hof auf das „Häusl“ ging. Auch nachts lief er barfuß im bloßen Hemd hinaus und wischte lediglich mit einer Hand den Schnee vom Sitzbrett, wenn es eilte. Wer würde das heute noch aushalten?

Beim Aufstehen wurde dann mit Feuerstein und Zunder Feuer geschlagen. Als Zunder verwendete man die alten, getrockneten Baumschwämme, die der Waldler „Hadernsau“ nennt und die an der Rachelseewand heute noch massenhaft zu finden sind. Mancher lange, schwere Winter ist dem alten Haumeister noch besonders in Erinnerung. Der letzte schwere war im Jahre 1943/44. Damals lagen in Waldhäuser vier Meter Schnee, auf der Grenze fünf Meter. Am 9. Juli 1944 ging Albert Meininger längs der jetzigen Grenze zum Lusen, da lag der Schnee noch stubenhoch. Am 15. Mai war im ganzen Wald noch soviel Schnee, daß die Holzhauer noch mit ihren Schlitten Holz zogen. Viele Waldler mußten in diesem Winter vom Schrot, vom Hausbalkon also, herunterspringen und die Haustüre von außen freischaufeln.

Albert Meiningers Großmutter mütterlicherseits war eine geborene Muckenschnabl. Sein Urgroßvater, oder Urähl, wie er sagt, war der Berg- und Waldbauer Wunibald Muckenschnabl, der im Jahre 1819 den großen Ameishof baute, der jetzt Jugendherberge in Waldhäuser ist. Seine Großmutter hatte bei ihrer Heirat zehn Tagwerk Grund mitbekommen, mußte aber auch gleichzeitig eine Grundschuld von 700 Gulden übernehmen, die Meiningers Vater erst im Jahre 1922 zurückzahlen konnte. Von seiner Großmutter weiß nun Albert Meininger manche Geschichte aus der

Das Meiningerhaus im Winter 1962/63.

Vergangenheit zu erzählen. Eine der interessantesten ist die vom „Waldhausmann“.

Der Waldhausmann.

Früher hatten die Bauern in Waldhäuser und an anderen Orten ein Weiderecht für ihr Vieh in den umliegenden Wäldern. Zur Beaufsichtigung des Viehs nahmen sie jeweils einen Hüter in Dienst. Der Grafenauer Hüter hieß im Jahre 1630 Jakob Mautner. Als solcher ist er allerdings heute kaum noch bekannt, um so eher kennen ihn die Waldler unter dem Namen Waldhausmann. Der war ein Mensch mit wahren Bärenkräften, ein Riese von Statur. Er hütete das Grafenauer Vieh auf den Wiesen am Lusenhang. Kurz vor der „Waldhausreiben“, einige hundert Meter vor dem jetzigen Parkplatz am Fuße des Lusen, hatte er sich eine Hütte mit einem Brunnen und einem Backofen gebaut. Nun hausten damals in den Lusenwäldern noch allerhand Bären. Manchmal wurde dem Hüter ein Stück seiner Herde von diesen Raubtieren gerissen. Er nahm dann die Keule oder das Schulterstück des gerissenen Tieres, woran man die Spuren der Bärentatzen noch besonders gut sehen konnte, ging nach Grafenau und meldete den Vorfall dem Magistrat. Als sich aber die Überfälle der Bären häuften, ließ der Magistrat den Waldhausmann einmal kontrollieren. Was fand man unter dem Lager des Waldhüters? Eine getrocknete Bärentatze. Die Sache war ganz einfach: Der Waldhausmann schlachtete manchmal selbst ein Stück Vieh, ritzte es mit seiner getrockneten Bärentatze und zeigte dieses Stück dann dem Magistrat.

Der Waldhausmann war so stark, daß er selbst den Kampf mit einem Bären aufnahm. Er hat auch mehrere im Zweikampf erschlagen. Einmal ging er an einem alten, innen hohlen Baumstamm entlang, denn die Waldler „Rana" nennen. Wie üblich trug er einen gewaltigen, armstarken Knüppel bei sich. Als er aus Zeitvertreib auf den hohlen Baumstamm schlug, kroch aus dessen einem Ende plötzlich ein Bär heraus. Der Waldhausmann hob sofort seinen Knüppel und stellte sich zum Kampf. Da bekam es der Bär mit der Angst zu tun und kroch wieder zurück in sein Versteck.

Wahr soll auch sein, daß der Waldhausmann einmal einen jungen, widerspenstigen Stier einfach bei den Hörnern packte, den Kopf des Tieres zu Boden drückte und ein Horn so lang unter eine Wurzel klemmte, bis der Stier lammfromm geworden war.

Der Waldhausmann war übrigens auch ein großer Kegler und ein gefürchteter Raufer, der Unmengen Alkohol vertragen konnte.

Du, Teufl!

Zum Abschluß weiß der alte Haumeister noch etwas Lustiges: In Waldhäuser war früher ein Lehrer namens Teufl im alten Schulhaus, dem späteren Wohnhaus des berühmten Bayerwaldmalers Köppel. Dieser Lehrer Teufl ärgerte sich nun ständig über seinen Namen. Besonders störte es ihn, daß ihn seine Schulkinder, wie damals im Wald allgemein üblich, mit „Du, Teufl ..." anredeten. Er ließ sich also eines Tages in Eichinger umtaufen. Aber damit war es nicht viel besser geworden, denn jetzt nannten ihn die Waldhäuserer einfach den „Eichinger-Teufl". Da gab es der Lehrer auf und ließ sich an einen anderen Ort versetzen.

Ja, so warns, die oiden Waldlerleit!

Ein Haus für 50 Millionen gekauft

Der Bogenberg östlich der Stadt Bogen ist eines der beliebtesten Wallfahrtsziele Niederbayerns. Zehntausende besuchen jährlich den steil vom Donauufer ansteigenden Pilgerberg mit seinem uralten Marienheiligtum. Besonders an Pfingsten, wenn die Hofkirchener mit ihrer Riesenkerze ein altes Gelübde einlösen, strömt Jung und Alt in Scharen auf den Bogenberg. Wandert man von Osten her zur Wallfahrtskirche empor, so fällt sofort das kleine, saubere Häuschen auf, das an der Ostseite der Friedhofsmauer außen direkt an diese angebaut ist. Hier wohnt Otto Wiesmeier, 86 Jahre alt, mit mächtigem Schnurrbart und weithin als Original bekannt.

Otto Wiesmeiers Wiege stand ebenfalls auf dem Bogenberg, allerdings auf der anderen, der westlichen Bergseite. Das schmucke Häuschen an der Kirchhofmauer kaufte er im Jahre 1923, als die Inflation ihren Höhepunkt erreicht hatte. Ganze 50 Millionen Mark mußte er damals an die 23 Erben seiner Frau zahlen, die das jetzt 150 Jahre alte Haus vorher besessen und bewohnt hatten. Mehrmals hat er, zuletzt zusammen mit seinem Schwiegersohn, das Haus Nr. 78 renoviert, doch hat es dadurch nichts von seinem malerischen Aussehen eingebüßt. Dies und die einmalige herrliche Aussicht auf die Donau und den Gäuboden sind wohl der Grund dafür, daß immer wieder Freunde kommen, die dem Wiesmeier Otto das Häuschen

Otto Wiesmeier wohnt zuhöchst auf dem Bogenberg.

abkaufen wollen, als Wochenendhaus oder Ferienwohnung. Doch der Alte hat in solchen Fällen ein besonderes Rezept. Er zeigt sich sofort „verkaufsbereit". Und wenn dann einer fragt, was denn das Haus kosten solle, antwortet Otto Wiesmeier: „Genau so viel, wie ich dafür bezahlt habe: 50 Millionen Mark!" Und damit ist dann das Gespräch meist beendet.

Otto Wiesmeier ist eine lebende Bogenbergchronik. Er war 38 Jahre lang auf dem Bogen-

Das kleine Haus vor der Wallfahrtskirche kaufte er in der Inflation für 50 Millionen Mark.

berg Hilfsmesner und Totengräber, gehörte 67 Jahre der FFW an, arbeitete 22 Jahre in den Dachziegelwerken Bogen, ist Ehrenmitglied des Trachtenvereins und vieles andere mehr. Nicht immer war der 86jährige so gesund, daß man ihm ein so langes Leben vorausgesagt hätte. Im Jahre 1944 erkrankte er an einer Magensache lebensgefährlich. Der Arzt gab ihm noch drei Tage. Als das eine Frau hörte, riet sie dem Schwerkranken, nur noch die den Waldlern wohlbekannte „Saure Suppe" zu essen. Otto Wiesmeier klammerte sich an diesen Strohhalm und aß die Suppe. Er wurde wieder gesund und hatte auch bald seinen alten Humor wieder.

Otto Wiesmeier hört zwar nicht mehr allzugut und benützt gelegentlich auch eine Brille, aber sonst ist er für seine Jahre noch gut beisammen. Den Haushalt führt ihm Tochter Angela Link, die mit ihrem Mann und einem Sohn ebenfalls in dem Haus wohnt. Sie weiß auch einige der lustigen Streiche ihres Vaters zu erzählen. Kam da vor vielen Jahren einmal ein wohlbeleibter Pilger mit einigen Begleitern den Berg herauf. Unterwegs war ihm aber der Hosenträger abgerissen, und so erkundigte er sich nach einem Schuster, der ihm diesen wieder zusammenflicken könne. Otto Wiesmeier sagte nur: „Da sind Sie richtig, kommens nur herein, den Hosenträger werden wir bald geflickt haben!" Erst am nächsten Morgen, vier Uhr, zogen die „Pilger" wieder ab, so lange waren sie bei Otto Wiesmeier gesessen und hatten mit Bier, Wein und Schnaps den Hosenträger geflickt...

Aber auch von traurigen Ereignissen weiß Otto Wiesmeier zu berichten. Um diese Zeit hatten die Bogenbergpilger ja noch einen ganz anderen Durst als die Wallfahrer heute. Von weit her waren sie oft gepilgert, und bei der Sommerhitze hing ihnen in den Wortes wahrster Bedeutung die Zunge heraus. So war es auch am Pfingstsonntag des Jahres 1899. Von jenseits der Donau war eine Wallfahrergruppe auf den Bogenberg gestiegen, und als sie nach Andacht und Brotzeit wieder den Berg hinabstiegen, da wackelten schon einige der Wackeren ganz bedenklich. Siebzehn bestiegen eine Zille, um überzusetzen. Da geschah das Unglück: Die Zille kippte um und vierzehn der Wallfahrer ertranken.

Otto Wiesmeiers Vater hat noch beim Bahnbau von Straubing nach Bogen und Steinburg 1894 bis 1896 mitgearbeitet. Trotzdem wurde von den Wiesmaiers die fertige Bahn kaum benützt. Das war zu teuer. Nach Straubing und Deggendorf konnte man schließlich auch laufen. Nach Straubing brauchte man zwei Stunden, nach Deggendorf fünf. Selbstverständlich ging man am gleichen Tag auch wieder zurück.

Für Frau Link sind die Eisstöße in jedem Jahr ein besonderes Erlebnis. „Das braust, tost und dröhnt, wie beim argsten Sturm!" meint sie. Große Hochwasser seien jetzt allerdings selten, seitdem das Land durch einen Damm vor der Donau geschützt wurde. 1941 wäre der Fluß bis jenseits an den Waldrand über die Ufer getreten, und auch noch 1954 sei das Dorf Hermannsdorf am rechten Ufer völlig überschwemmt gewesen.

Der besondere Stolz von Otto Wiesmeier ist sein prächtiger Schnurrbart, den er auch täglich pflegt. „Da nimmt er sogar die Brennscher!" sagt seine Tochter. Wenn er auch nicht schnupft – er ist auch heute noch starker Raucher – so soll er doch zusammen mit dem Schnupftabak im Heimatmuseum verewigt werden. Ein Foto von ihm, wie er gerade Schmalzler reibt, wird die Erinnerung an diesen humorvollen Mann und an die inzwischen außer Mode gekommene Tätigkeit des Tabakreibens aufrechterhalten. Aber vorerst kann man den Wiesmaier Otto noch lebendig auf dem Bogenberg bewundern – und das hoffentlich noch recht viele Jahre lang...

Otto Wiesmeier ist am 18. März 1975 gestorben. Er war damals 89 1/2 Jahre alt. Die Sauere Suppe hat ihm also ein langes Leben beschert. Um ihn trauerten besonders seine Tochter Angela Link mit ihrem Ehemann Karl, die das Haus wunderschön herausgeputzt haben und nun die herrliche Aussicht auf Fluß und Gäu von da oben genießen.

Jeden Tag nur sechs Schläge für jeden Schüler!

Im Jahre 1973 machte ich mich an einem Samstag im Februar auf, um Franz Xaver Siebzehnriebl zu interviewen. Er wohnte in Neukirchen b. Hl. Blut in der Marktstraße 16. Da ich auf mein Schreiben keine Antwort bekommen hatte, klingelte ich einfach einmal. Und ich bin sofort hochwillkommen. Und dann sitze ich dem im 83. Lebensjahr stehenden pensionierten Hauptlehrer gegenüber und lausche seinen lebhaften Erzählungen. Also:

Franz Xaver Siebzehnriebl wurde am 8. Juli 1891 in Neukirchen b. Hl. Blut geboren, und zwar als elftes Kind von zwölfen. Der alte Herr blieb Zeit seines Lebens unverheiratet wie auch seine Schwester Anna. Sie war das zwölfte Kind und führt ihm jetzt den Haushalt. Vater Siebzehnriebl war Schuhmachermeister und betrieb gleichzeitig auch ein Hutgeschäft. Das verpflichtete natürlich. So kam es, daß in ganz Neukirchen alle Kinder entweder barfuß oder mit Holzschuhen herumliefen, die Siebzehnrieblkinder dagegen bereits Lederschuhe trugen. Schließlich mußte der Vater aufs Geschäft schauen. In der Schusterstube arbeiteten meist fünf böhmische Schustergesellen. „Das waren die besten Schuster", meint mein Gesprächspartner, „die hatten in Wien gelernt und hatten in ihrer Arbeit Schwung und Schick!" Selbstverständlich gab es um die Jahrhundertwende keine Konfektionsschuhe, sondern alle wurden nach Maß gemacht, für Herren wie für Damen. Als für den kleinen Franz Xaver der erste Schultag kam, da nahm ihn einfach seine ältere Schwester mit und damit hatte sich die Sache. Schultüte oder ähnliches war unbekannt. Der Vater hatte seinem jüngsten Sohn allerdings eine lederne Schultasche gemacht, die man auch umhängen konnte. Die anderen Kinder hatten entweder einen Schulranzen aus Holz oder einen groben Leinensack, den sie an einer Schnur quer über die Schulter hängten. Schiefertafel, Griffel und Schwamm waren die wichtigsten Schulutensilien.

Sieben Jahre dauerte damals der Volksschulpflichtbesuch. Als ihn Franz Xaver Siebzehnriebl absolviert hatte, schickte ihn der Vater nach Amberg auf die dortige Lehrerbildungsanstalt. Fünf Jahre währte dort die Ausbildung zum Lehrer. Das war eine harte Zeit und oft dachte der junge Waldbub an seine schöne Heimat voller Sehnsucht. Nur viermal im Jahr durfte er heimfahren, zu Ostern, Pfingsten, den großen Ferien und an Weihnachten.

Damals mußte jeder Volksschullehrer noch ein Instrument soweit beherrschen, daß er den Kindern auch Musikunterricht erteilen konnte. Das nahm der musikalische Lehramtsstudent sehr ernst und besuchte während seines

Der Pädagoge, Komponist und Dichter F.X.Siebzehnriebl

Studiums in Amberg auch noch privat die Kirchenmusikschule Regensburg, um die Geheimnisse des Kontrapunkts bei Dr. Karl Thiel zu erlernen.

Zur Fahrt nach Amberg lieh sich der Vater bei einem guten Bekannten bis zum Bahnhof Furth im Wald ein Pferd und dann fuhr er seinen Sohn mit dem Wagen oder im Winter mit dem Schlitten dorthin. Oft ging nach Weihnachten das Wetter auf und dann gab die Mutter ihrem Sohn ein weiteres Paar Socken und Schuhe mit, damit dieser in Furth nochmals Schuhe und Strümpfe wechseln konnte, die bis dorthin meist pietschnaß waren.

Im Juli 1909 kam die Abschlußprüfung und zum 1. Oktober des gleichen Jahres trat Siebzehnriebl seine erste Schulstelle in Konzell als Aushilfslehrer an. Das „fürstliche Monatsgehalt" betrug genau 65 Mark. Davon erhielt aber der Hauptlehrer noch 30 Mark, weil dieser den jungen Kollegen im eigenen Haus verköstigen mußte, allerdings nur mittags und abends. Die Unterbringung mußte die Gemeinde regeln. Sie war für den Aushilfslehrer kostenlos. So waren die gemeindlichen Lehrerunterkünfte beinahe überall gleich einfach: Bett, Tisch, Stuhl, Waschtisch mit Krug und Schüssel, ein Schrank für Bücher und Kleider. Seinen ersten

Unterricht erteilte Franz Xaver Siebzehnriebl in der 3. und 4. Klasse. Die Klassen waren gemischt, der Unterricht dauerte täglich außer Sonntags von 8 – 11 Uhr und von 12 – 14 Uhr. Da es beispielsweise Weihnachten keine besonderen Ferien gab, mußte der junge Lehrer bereits wieder am 2. Weihnachtsfeiertag von Neukirchen nach Konzell zurückfahren.

Dem Lehrer juckt der Kopf

Nach den ersten 14 Tagen bekam Junglehrer Siebzehnriebl ein komisches Kopfjucken. Als er sein Haupt vor dem Spiegel einer genauen Untersuchung unterzog, stellte er bestürzt fest, daß es auf seinem Kopf nur so von Läusen wimmelte. Am nächsten Tag ergab eine Nachschau bei den Kindern, daß fast keines ohne diese lästigen Koptbewohner war. Selbstverständlich gab es damals im Klassenzimmer noch kein elektrisches Licht. Wenn es im Winter früh noch dunkel war, so wurde eben solange mündlicher Unterricht erteilt, bis es hell wurde. In der Schule und in der gemeindlichen Lehrerunterkunft gab es jedoch Petroleumlampen. Gedichte aufsagen und Lieder lernen waren beliebte Fächer, wenn der Unterricht bei Dunkelheit erteilt werden mußte. Man sollte es kaum glauben: Bereits damals begann man im Bayerischen Wald mit dem Turnen an Volksschulen. Das spielte sich so ab: Die Kinder mußten sich im Klassenzimmer bei offenem Fenster in den Gängen aufstellen und dann wurden die Arme gebeugt und gestreckt, die Knie gebeugt und tief ein- und ausgeatmet. Fertig war der Turnunterricht.

Doch ansonsten war der Stundenplan bereits ganz ansehnlich. Er enthielt für die etwa Zehnjährigen: Sprachlehre, Aufsatz, Rechtschreiben, Schönschreiben, Rechnen, Zeichnen, Singen und Religion. Gezeichnet wurde mit Kohle und Feuerschwamm auf einem Spezialpapier.

Ein Schüler mit Revolver

Zwei Ereignisse blieben dem Pädagogen noch bis heute lebendig. Zur Erläuterung muß ich anfügen, daß den angehenden Lehrern auf der Lehrerbildungsanstalt immer eingeredet wurde, daß Strenge mit die beste Erziehungsmethode sei. Kein Wunder, daß sich der frischgebackene Lehrer auch an diese Devise hielt. Das war natürlich ein anderer Unterricht als der, den vor ihm ein älterer, pensionsreifer Kollege gegeben hatte. Kein Wunder, daß die Kinder gegen den Lehrer hetzten und die Eltern, die zu Hause gerne ihre Kinder noch zur Arbeit einspannten, wegen der vielen Hausaufgaben murrten. Als Franz Siebzehnriebl eines abends sein Haus verließ, um etwas spazieren zu gehen und frische Luft zu schöpfen, kam eine Frau und sagte ihm: „Herr Lehrer, könnens nöt am Nachmittog spazieren geh? Dö wolln Eana auflauern und wolln Sie schlogn. Gengans doch glei nach der Schul, da san die Leut am Feld und es passiert Eana nix!“

Wenig später kam zu ihm ein Bub vor dem Unterricht und flüsterte ihm zu, daß ein bestimmter Schüler einen Revolver bei sich trage und ihn erschießen wolle. Als die beiden Klassen versammelt waren, ließ der Lehrer die Kinder aufstehen und begann mit dem gemeinsamen Gebet. Während des Betens trat er langsam hinter den fraglichen „Attentäter“ und faßte blitzschnell in dessen Gesäßtasche. Und wirklich, der Knirps hatte einen richtigen Revolver darin. Noch heute kann sich hierüber der alte Mann erregen: „Ich zeigte den Revolver allen Kindern und trug ihn hoch in der Hand ins Lehrerzimmer, wo ich ihn in einem Schub einschloß. Dann begann ich den Unterricht, als wenn nichts gewesen wäre. Selbstverständlich verbreitete sich die Nachricht im Dorf wie ein Lauffeuer. Am späten Abend kam der Vater und bat mich auf den Knien, ihn als Vater und seinen Buben ja nicht anzuzeigen. Im ganzen Dorf hätte man es gehört, wie er ihn eben geschlagen habe, als er von der Sache erfuhr. Ich gab dem erregten Mann den Revolver und sagte ihm, daß damit die Sache für mich erledigt sei.“ Von diesem Tage an war schlagartig Schluß mit den Feindseligkeiten gegen den Aushilfslehrer.

Der Musiker Siebzehnriebl

Schon im Elternhaus in Neukirchen wurde gerne musiziert und das alte Brauchtum wurde gepflegt und hoch in Ehren gehalten. Der junge Lehrer konnte Orgel spielen, Geige und noch manches andere Instrument. Nun bestand damals eine Vorschrift, die besagte folgendes: „Die Aushilfslehrer sind an Sonn- und Feiertagen zur unentgeltlichen Choraushilfe verpflichtet!“ Chorleiter war an sich in Konzell der Hauptlehrer, als dieser jedoch merkte, daß sein neuer Lehrer auch ganz gut auf der Orgel war, durfte er ihn während der halben Ferien vertreten. Das hieß vier Wochen weniger Ferien als sonst üblich ohne jegliche weitere Bezahlung. Immerhin, beim Staatskonkurs nach vier Jahren bestand Franz Xaver Siebzehnriebl unter 65 Kandidaten als Zehntbester. Besonders begeistert waren die Prüfenden von Siebzehnriebls Geigenkunst, denn nur er und noch ein anderer Kandidat konnten Volkslieder zweistimmig auf der Geige vortragen, die er zudem noch durch einige eigene Kompositionen ergänzte.

Geisenhausen bei Landshut war sein nächster Dienstort. Selbstverständlich mußte der jetzige Junglehrer wieder kostenlos die Orgel spielen. Aber nicht im Ort selbst, sondern in einer nahen Wallfahrtskirche und in einem Nachbardorf. Da kam bereits früh um 5 Uhr die Hausmagd und weckte den jungen Mann, damit er pünktlich um sechs Uhr an der Orgel saß. Der Hauptlehrer, ein sehr gütiger Mann, war aber gerecht und zahlte dem jungen Kollegen für jedes Amt, daß dieser vor Schulbeginn orgelte, siebzig Pfennige. Bei Grämessen, daß war die abgekürzte Bezeichnung für Gräbermesse, wurde der Lehrer selbstverständlich auch zum Leichentrunk eingeladen. Bei Hochzeiten war dies schon seltener der Fall, da wollten die großkopferten Bauern meist unter sich sein.

Der Unterricht damals wurde natürlich nach ganz anderen Grundsätzen erteilt als heute. Die Klassenstärke betrug meist 45 bis 50 Schüler. Bei zwei Klassen in einem Klassenzimmer hatte eine Lehrkraft demnach rund hundert Kinder zu unterrichten. Da war natürlich ohne Strenge und manchmal auch ohne Schläge nichts auszurichten. Aber auch hierfür gab es feste Regeln. Sie besagten, daß kein Schüler am Tage mehr als sechs Schläge bekommen durfte. Ohrfeigen oder Maulschellen waren grundsätzlich verboten. Die Strafe wurde also mit einem „Spanischen“ als Tatze oder auf den Hintern vollstreckt.

Freyung war die nächste Station dieses Lehrerlebens, wo es dem jungen Lehrer schon allein aus der Nähe zur Heimat sehr gut gefiel. Doch nach einem Jahr wurde er schon wieder nach Geisenhausen zurückbeordert. Nicht lange und die Versetzung nach Pilsting traf ein. Hier traf Franz Siebzehnriebl auf die bravsten Kinder seines Lehrerlebens. Noch heute kann er sich garnicht beruhigen, wie ausgesprochen ruhig, fleißig, sauber und zuvorkommend die Kinder dort waren. Allerdings hatte es der Lehrer alles andere als gut. Der Erste Weltkrieg tobte und der junge Lehrer hatte neben dem Unterricht an der Volksschule auch den an der Fortbildungsschule zu geben, war Organist, Gemeindeschreiber und noch einiges dazu. Keine Nacht kam er vor Mitternacht ins Bett und früh um sechs Uhr saß er wieder an der Kirchenorgel. Das hielt er nicht lange aus. Seine Nerven versagten und er mußte aussetzen. Die Krankheit ersparte ihm aber auch den Militärdienst. Am 1. Januar 1919 kam er, immer noch krank, nach Rittsteig unmittelbar an der böhmischen Grenze nahe seines Geburtsortes. Vier Jahre hat Franz Xaver Siebzehnriebl dort Schule gehalten und zum ersten Male auch einen Versuch als Schriftsteller gewagt. Es war ein voller Erfolg. Seine „Grenzwald-Sagen“ werden wohl zum dritten Male aufgelegt.

Junglehrer als Sagenforscher

Jeden Abend ging Franz Xaver Siebzehnriebl in ein anderes Haus, zu Bauern und Holzhauern, Drechslern und Totengräbern, Schmugglern und Leichenbittern und ließ sich von Geistern und Gespenstern, über Vergangenes und über den Aberglauben erzählen. Die Leute waren damals unbeschreiblich arm. Nicht jedes Kind hatte zur Pause auch ein Stück trockenes Brot oder gar eine altbackene Rohrnudel dabei. Doch die Kinder waren willig. Nicht ganz so, wie in Pilsting oder 1917 in Heiligenberg bei Arnstorf, wo er auch kurz unterrichtete. Zum 1. Januar 1923 wurde ein Jugendtraum wahr: Lehrer Siebzehnriebl wurde nach Neukirchen b. Hl. Blut versetzt, seinem Geburts- und Heimatort.

Vierzehn Jahre hat er hier Schule gehalten. Es waren nicht immer die schönsten, wie er rückblickend meint. 1937 zwang ihn dann sein Nervenleiden endgültig, den Schuldienst aufzugeben. Schweren Herzens, denn ihm war die Schule wirklich ans Herz gewachsen. Wenn er sich heute an die ersten Jahre in Neukirchen erinnert, so fällt ihm ein, daß damals eine ganze Reihe von Kindern den Unterricht einfach schwänzte. Dann wurde der Schulhausmeister losgeschickt und mußte die Säumigen holen. Doch nicht immer hatte er Erfolg. Oft saßen die Lausbuben irgendwo auf einem hohen Baum und lachten den Hausmeister höhnisch aus, wenn er sie aufforderte, zur Schule zu kommen. Da waren natürlich auch Kinder darunter, die das Klassenziel niemals nach strengen Maßstäben erreicht hätten. Doch der Schulrat sagte immer: Lassen Sie die Kinder

Der bekannte Wallfahrtsort Neukirchen beim Hl. Blut, Geburtsort und letzter Dienstort von F.X. Siebzehnriebl.

ruhig weiterkommen, etwas Neues hören sie wenigstens in der nächsthöheren Klasse! Einer war in der siebten Klasse noch praktisch ein Analphabet. Sonderschulen gab es keine. So nahm ihn Hauptlehrer Siebsehnriebl nachmittags immer mit nach Hause und brachte ihm im Einzelunterricht wenigstens das Schreiben seines Namens bei. Das konnte er jedenfalls bei seiner Schulentlassung ganz anständig.

Das Strafsystem war damals schon etwas verfeinerter. Es stufte sich so ab: Am Platz aufstehen, aus der Bank heraustreten, hinter die Tafel stellen, eine schriftliche Strafarbeit, Nachsitzen nach der Schule, was aber natürlich auch für den Lehrer eine Strafe war, weil er auch dableiben mußte.

Ja, so war es einst im Schuldienst in unserer Heimat. Wer spricht da noch von der guten alten Zeit? Hauptlehrer Franz Xaver Siebzehnriebl hat den Ruhestand übrigens bisher gut überstanden. Er studierte noch ein Jahr an der Kirchenmusikschule Regensburg Kontrapunkt und hat inzwischen mehrere Messen, Lieder und andere Musikstücke komponiert, aber auch einige Volksschauspiele gedichtet. Auf seinem Tisch lagen bei meinem Besuch ganze Stapel von Notenmanuskripten und wenn man vom Tisch aufblickte, so konnte man die schöne Marktstraße hinunterschauen, wo der kleine Franz Xaver vor 75 Jahren zum ersten Male als Schüler und vor 36 Jahren zum letzten Male als Lehrer zur Schule gegangen war.

Wie ein Kammerwagen aussehen mußte!

„Am 29. April 1903 bin ich zum ersten Mal an der Hobelbank gestanden'" beginnt Johann Bachl die Erzählung über seine nunmehr 73jährige Tätigkeit als Schreiner. Am 1. März 1890 wurde er in Rimbach geboren und noch heute arbeitet er Tag für Tag zehn Stunden in seiner Werkstatt, eine kaum glaubliche Leistung für einen 86jährigen. Die Lehre absolvierte Johann Bachl bei seinem Vater, einem bekannten Schreinermeister. Dann ging es aber als Geselle erstmals aus dem Haus. In Hohenwarth hatte er einen guten Meister gefunden. „G'arbat hob'n wir von fünfe bis abends sieben, Mittag hat ma kurz Pause g'macht. Do hat der Spruch noch golten: Es hat alles an guaten Grund, dös Essen dauert gar nöt lang und die Arbat 14 Stund'!" erinnert sich Meister Bachl. Natürlich ging die Arbeitswoche vom Montag bis Samstag, und am Sonntag war auch nur halb frei, da wurden schnell noch ein paar Kastln angestrichen, eine Schrankverzierung geschnitzt oder ähnliches. Auch das Farbanrühren war eine Sonntagsarbeit, den Farben mahlen und anrühren machten die Schreiner damals vor dem Ersten Weltkrieg noch selbst.
1906 hatte er als Gesellenstück einen Stuhl mit eingeschnitztem Namen machen müssen, zur Meisterprüfung wurde ein kunstvoller Nähtisch mit Schubladeln und Verzierungen verlangt. 1918 baute sich Johann Bachl sein eigenes Eheschlafzimmer und bemalte es kunstvoll. Mit seiner Rosa schläft er noch heute darin. Sie ist schon 87 Jahre alt, erledigt aber immer noch das Wichtigste im Haushalt. Neun Kinder hat das Ehepaar. Zwei der sieben Söhne sind Schreiner, einer ist sogar Bürgermeister von Rimbach am Hohenbogen, doch das elterliche Anwesen hinter einem kleinen Wald wollte keiner. Die dazugehörige Landwirtschaft schreckte sie oder zumindest die Schwiegertöchter.

Früher kam der Schreiner noch auf die Stöhr, das heißt, er kam zum arbeiten ins Haus. Selbstverständlich wurden Fußböden, Türen und Fenster nicht zu Hause in der Werkstatt, sondern an Ort und Stelle nach Maß gemacht. Auch Truhen und Kästen machte man bei dieser Gelegenheit gleich mit. Ein besonderer Auftrag war die Anfertigung der Möbel für eine Braut. „Die hot an Kammerwag'n bestellt'" sagte man dazu im Dorf, und das ging so vor sich:

Die ganze Möbelausstattung machte der Schreiner im Haus der Braut! Drei Wochen vor der Hochzeit, an einem Samstag, bestellte das Brautpaar beim Pfarrer das Aufgebot. Gleichzeitig ging man zum Schreiner wegen des Kammerwagens. Meist kam dann bereits am Sonntag ein Fuhrwerk, das die Hobelbank und das Werkzeug zum Haus der Braut fuhr. Da alle Bauern im Bayerischen Wald etwas Wald besaßen, lag schon ein Stapel Bretter bereit. Am Montag früh fünf Uhr ging es dann los, meist mit zwei Helfern. Gearbeitet wurde oft bis abends um elf Uhr, denn in drei Wochen mußte die ganze Möbelausstattung fertig und angestrichen sein. Dazu gehörten normalerweise eine zwieschläfrige Bettstatt, zwei oder vier weitere Betten. Ein normales Bett war 85 Zentimeter breit, das zwieschläfrige Ehebett je nach Größe des Paares 110 bis 120 Zentimeter, also um rund ein Drittel breiter als ein einfaches Bett. Dann ein oder zwei Kleiderkästen, einen Milchkasten für die Lebensmittel, Mehltruhe, Gewändertruhe, Tische, darunter einen quadratischen für die Stube als Eßtisch, Stühle, eine umlaufende Bank und ein Kanapee, das war natürlich vor dem Ersten Weltkrieg noch nicht mit Sprungfedern ausgestattet. Je nach finanziellen Möglichkeiten wurde es entweder mit Stroh oder mit Seegras gepolstert. Jede Braut brauchte noch einen Gläserkasten, in größeren Häusern einen mit Aufsatz und natürlich einen Kommodkasten. Oft wußte die Braut selbst nicht genau, welche Möbel sie brauchte. Sie sagte dann nur dem Schreiner, daß sie beispielsweise acht Ballen Leinen mitbekomme, dann wußte der schon, daß er dafür zwei Kästen machen mußte.

Je näher der Tag der Hochzeit, desto hektischer wurde das Leben im Bauernhof. Da kamen

Schreinermeister Johann Bachl 1976 vor einigen der von ihm gefertigten Totenbretter. Die Figur des Hl. Sebastian im Hintergrund hat er selbst geschnitzt.

noch die Stöhrschneiderinnen, um das Brautkleid und für die Altbäuerin ein neues Kleid zu machen, der Hochzeitslader um Einzelheiten zu besprechen, die Verwandtschaft und die Kranzeljungfern sprachen vor, und in all dem Trubel werkten die Schreiner an den neuen Möbeln. „Wir mußten jedes Brett mit der Hand glatthobeln, besonders bei den dicken Tischplatten gab dös Blos'n!“ meint Johann Bachl. Doch dann war es soweit. Alles stand schön angestrichen zur Verladung bereit.

Ladevorschrift für den Kammerwagen

Eine einfache Braut hatte nur einen Kammerwagen, manche hatten aber deren zwei und noch mehr. Einmal hat Johann Bachl für eine Braut sechs Kammerwagen gemacht, darunter allein dreißig Betten! Am wichtigsten war natürlich der erste Wagen. Dafür nahm man einen Plattformwagen oder einen großen Bauernwagen mit Leiterwänden. Die Beladung ging genau nach Vorschrift. Ganz vorne wurde das Spinnrad mit der Haspel aufgestellt. Dahinter kam ein Kommodkastel, bei wohlhabenderen Bräuten mit Gläseraufsatz. Dieses mußte man von vorne betrachten können. An die Rückwand wurde das Ehebett gestellt, an dessen Ende ein großer Kleiderkasten mit der Tür nach hinten. An ihn schlossen sich weitere Kästen, also Schränke an, an die Seiten kamen Stühle, Tisch, Schüsselkörbe, in denen an der Wand das Geschirr aufbewahrt wurde, Bänke, Krautfässer, Stiefelknecht und anderes.

War alles aufgeladen, so brachte die Bäuerin eine Heukirb'n voller Kücheln. Bei kleineren Häuslleuten war der Korb vielleicht auch bloß halb voll. Den hängte man an die hinten herausragende Wagenstange. Die Möbel wurden nun nicht angebunden, sondern lediglich von unten her durch das Ladebrett angenagelt, damit sie beim Fahren nicht umfielen. Über alles band man das große Heuseil, das man auch über den Heuwagen spannte. Jetzt hätte es eigentlich losgehen können. Doch es ging nicht. Selbst wenn vier Pferde vorgespannt waren, brachten sie den Kammerwagen nicht weiter. Der Fuhrmann hatte vorsorglich die Bremse ganz fest angezogen. Da wußte der Bauer Bescheid. Er mußte erst einmal den Geldbeutel zücken und für alle Trinkgeld geben. Wenn es ein großer Bauer war, dann waren da manchmal schon fünf Mark fällig für den Schreinermeister. Dann ging es endlich los. Aber nicht lange, denn überall, wo der Kammerwagen vorbeikam, wurde er von Kindern und oft auch von den Erwachsenen aufgehalten. Man spannte ein Seil oder hielt eine Stange über die Straße. Da mußte der Wagen anhalten und der Schreiner gab jedem der Aufhaltenden ein Küchl aus dem Korb.

Vor dem Hof, in den die Braut einheiratete, gab es wieder Schwierigkeiten. Die Pferde wollten schon wieder nicht die letzten paar Meter ziehen. Doch auch hier half ein Trinkgeld Pferden und Kutscher wieder auf die Beine. Jetzt wurde abgeladen. Alles griff zu. Der Schreiner ordnete an, wo die Möbel hinkamen, wie sie aufgestellt wurden. Er hing auch die Vorhänge, Spiegel und Bilder auf. Oft gingen die Kästen nicht die steilen Stiegen hoch, dann wurde das Großmobiliar gleich über den Schrot ins Haus transportiert. Bei der meist am nächsten Tag stattfindenden Hochzeit hatte der Schreiner einen guten Platz an der Hochzeitstafel gleich nach den Verwandten. Wenn es ans Schenken ging, übergab er meist eine kleine, etwa 30 Zentimeter große Wiege mit einem langen Band an den jungen Ehemann mit den Worten: „Mein lieber Hochzeiter, Du wirst es scho g'spürn, Du kriagst a lang's Bandl in die Hand und mußt die ganze Nacht wiag'n!" Erwartete die Braut bereits Nachwuchs, so unterließ man diesen Brauch. Als Johann Bachls Vater einmal seine kleine Wiege mit einer kleinen Dogga, einer Puppe, an den Bräutigam übergab, warf dieser die Wiege mit Schwung an die nächste Wand. Niemand hatte gewußt, daß die junge Bäuerin bereits ein Kind erwartete. Übrigens: Eigenartigerweise gehörte eine Wiege niemals zur Ausstattung eines Kammerwagens.

Särge nach Maß

Stundenlang kann Altmeister Bachl von früheren Zeiten erzählen, und man wird nicht müde, ihm zuzuhören und sich über sein ausgezeichnetes Gedächtnis zu wundern. Natürlich war ein Schreiner auch beim Sterben gefragt. Damals gab es noch keine Konfektionssärge. War jemand gestorben, so holte man den Schreiner, der sich den Toten ansah, ihn maß und danach den Sarg schreinerte. Lange Zeit wären im Bayerischen Wald ganz schwarz gestrichene Särge in Mode gewesen, meint Johann Bachl. Der Tote wurde nach dem Ableben mit dem Leintuch aus dem Bett herausgehoben und auf ein Brett gelegt, etwa zwei Meter lang und 30 Zentimeter breit, wie es in jedem Bauernhof vorhanden war. Das legte man über die Lehnen des Kanapees, zündete die Totenkerzen an, und abends kamen die Nachbarn und Verwandten, um die Sterbegebete zu verrichten: Einen Rosenkranz, eine Litanei. Dann gab es noch zu Essen und zu Trinken. Vor der Beerdigung brachte der Schreiner den Sarg und man hob den Toten hinein. Am nächsten oder übernächsten Tag brachten dann die Angehörigen das Brett auf dem der Tote gelegen hatte, zum Schreiner. Der hobelte es glatt, sägte es zu, verzierte es, schrieb Namen und Lebensdaten und meist noch einen einfachen Spruch darauf. Dann wurde das bemalte Totenbrett irgendwo am Wege oder an einer Scheune aufgestellt, wo der Tote zu Lebzeiten häufig vorbeikam. Niemals wurde es erneuert. Es verfiel mit der Erinnerung an den Verstorbenen. Johann Bachl macht noch heute Totenbretter, wie sie in großen Teilen des Bayerischen Waldes üblich waren und wieder sind. Er hatte früher ein ganzes Büchl voller frommer Sprüche. Jemand hat es ihm entführt. Doch der alte Mann hat noch ein beachtliches Repertoire im Kopf. Ein gutes Totenbrett kostet bei ihm heute einen Hunderter. Doch den modernen Totenbrettern fehlt das Wichtigste: Niemals hat auf ihnen der Tote auch wirklich gelegen.

Barockschnitzereien für die Kirche in Rimbach

Die Pfarrkirche in Rimbach wurde im letzten Jahr ganz erheblich vergrößert. Man hat dabei die alte Einrichtung sehr gut mitverwendet:

Der neuen Liturgie entsprechend brauchte man auch einen neuen freistehenden Altar. In der Allerseelenkapelle stand ein Altar mit einem herrlichen Barockantependium. Doch was mit den anderen drei Seiten des Altares machen? Johann Bachl übernahm den Auftrag und schuf einen Großteil des herrlichen neuen Altars. Er schnitzte Verzierungen für die Seitenaltäre, 16 neue Altarleuchter, den Ambo und manches andere. Wenn man es nicht gesagt bekommt, so würde man nicht merken, daß diese Gegenstände nicht aus der Barockzeit sind, sondern von Meister Bachl im vorigen Jahr geschaffen wurden. Täglich werkt er noch seine zehn Stunden: Schießscheiben, alte Regulator stilecht nachgemacht, Schüsselkörbe, Brotzeitbretter mit kunstvollen Schnitzereien, hölzerne Bierhumpen und vieles andere mehr. Johann Bachl hat soviele Aufträge, daß er am letzten Heiligen Abend erst um einhalb acht aus seiner Werkstatt kam. Einmal in der Woche gönnt er sich eine Pause, da geht er zum Schafkopfen. „Gestern war ich wieder, um zwoa heut früh bin ich heimgekommen!“ meint er lachend. Und am anderen Morgen stand er wieder an der Hobelbank, wie 73 Jahre lang Tag für Tag vorher.

Für die 1975 restaurierte Rimbacher Pfarrkirche schnitzte Johann Bachl diese beiden Barockleuchter und die herrlichen Barockverzierungen für das Altarantependium.

Im Bodenmaiser Bergwerk wird kein Erz mehr gebrochen

Am Rande des Marktplatzes von Bodenmais steht ein wuchtiges, beinahe quadratisches Gebäude, von den Einwohnern allgemein als „Schloß von Bodenmais" bezeichnet. Hier hatte lange Jahre das Berg- und Hüttenamt Bodenmais seinen Sitz. Allerdings nennt es sich jetzt nur mehr „Bergwerk Bodenmais", denn seit 1962 ruht der Bergbau in dem nahen Silberberg. Die charakteristische Silhouette dieses 955 Meter hohen Berges beherrscht weithin das Bodenmaiser Hochtal. Seine Bewohner bezeichnen diesen Berg wegen seiner Form auch als Bischofshaube. Hier trat das wertvolle Erz zum Teil direkt an der Erdoberfläche zutage und wurde bereits im 14. Jahrhundert ausgebeutet. Von den verschiedenen Bergwerksstollen ist heute nur noch der Barbarastollen frei. Der Johannesstollen war mit einer Länge von rund 3,5 Kilometern der längste. Die Namen der einzelnen Stollen waren: Unterhandstollen, Ludwigsstollen, Sebastianstollen, Johannesstollen, Barbarastollen, Weite Zechstollen, Gießüberstollen, Wolfgangstollen, Gottesgabstollen, Christofstollen, Helenenstollen und Neustollen.

Diese waren meist durch Schächte miteinander verbunden. Sie hatten eine Höhe von zwei bis drei Metern. In guten Zeiten arbeiteten im Bergwerk bis zu 230 Bergleute. Einen von ihnen, den ehemaligen Hauer Oskar Hutterer, habe ich besucht und uns über die einstige Arbeit unter Tage erzählen lassen. Oskar Hutterer fing im Jahre 1947 als Förderer an und wurde nach einigen Jahren Lehrhauer, dann Hauer und schließlich Schießhauer. Als solcher durfte er Sprengungen vornehmen.

Der ehemalige Bergmann Oskar Hutterer aus Bodenmais in seiner schmucken Uniform. Vor ihm auf dem Tisch das Bergmannsbeil und die Bergmannslampe.

Die Arbeit unter Tage war schwer. Die Erzadern verlaufen nicht waagrecht, sondern haben eine

Steigung von etwa 50 Prozent. Gearbeitet wurde in zwei Schichten. Zur Beleuchtung dienten Karbidlampen, lediglich in einem Kompressorraum brannte elektrisches Licht. In den Schächten selbst war es kalt und feucht. Das Erz wurde mit Preßlufthämmern und durch Sprengungen aus dem Berg herausgearbeitet und dann mit Förderhunden abgefahren. Die Schichtleistung zweier jeweils zusammenarbeitender Bergleute schwankte je nach den Verhältnissen zwischen drei und zehn Tonnen. Einer von ihnen brach das Erz, der andere lud auf. Die Bezahlung für diese schwere Arbeit war nicht zu hoch und entsprach nicht den hohen Bergarbeiterlöhnen in der übrigen Bundesrepublik.

Eine eigentliche Arbeitskleidung gab es für die Bergleute nicht. Sie erhielten zwar sämtliche einen Schutzhelm, doch sonst trug jeder seine eigene ihm passend erscheinende Arbeitskleidung. Jahrhundertelang arbeiteten die Bergleute im Bodenmaiser Silberberg in Holzschuhen, zuletzt jedoch hauptsächlich in Gummistiefeln.

Viele Bergleute sind leider nach einigen Arbeitsjahren an der Silikose oder Staublunge erkrankt, so daß das durchschnittliche Lebensalter nicht hoch war. Der Vater von Oskar Hutterer war ebenfalls Bergmann und starb mit 63 Jahren an dieser heimtückischen Krankheit. Besonders schlecht war das Trockenbohren, das später bergpolizeilich verboten wurde. Dadurch gab es viel trockenen Staub. Besonders der Quarzstaub legte sich auf die Lungen und führte zur Staublunge. Diese Gefahr wurde später beim Naßbohren zwar geringer, dafür waren die Bergleute ständiger Nässe ausgesetzt.

Damit es in den Stollen und Schächten nicht zu sehr zog, ordnete die Bergpolizei an, daß diese durch Wettertüren abgeschlossen wurden. Bei Sprengungen blieben die Bergleute im allgemeinen vor Ort. Sie stellten sich höchstens hinter einen Felsvorsprung und hielten sich die Ohren zu.

Viele eigentümlich ausgerundete Löcher in dem Berg zeugen noch heute von einer alten, aber lange geübten Art des Erzabbaus. Man bezeichnete diesen als den „feuergesetzten Erzabbau". In einer Grube des Berges zündete man ein großes Holzfeuer an, das man dann schlagartig mit Wasser ablöschte, wenn es am heißesten brannte. Durch den raschen Temperatursturz gab es Risse im Gestein und an diesen begann man mit dem Erzabbau.

Doch zurück zum neuzeitlichen Abbau: War das Erz gebrochen und aufgeladen, so wurde es mit den Erzhunden, das sind kleine Rollwagen, aus dem Stollen gefahren. Bis zu einer Tonne Erz konnte auf einen Hund aufgeladen werden. Über eine Bremsbahn liefen die Grubenwagen dann den steilen Berg zur Aufbereitung. Die Gleise und Schwellen dieser Bremsbahn sind zum Teil noch heute zu sehen. Dort wurden die Erzstücke in einem Steinbrecher zerkleinert. Sie kamen dann auf den sogenannten Klaubtisch. Dieser drehte sich ständig und an ihm arbeiteten die jüngsten Lehrlinge, von den Bergleuten kurz „Klaubbuam" genannt. Sie sortierten das tote Gestein aus. Vom Klaubtisch kam das Erz in Kugelmühlen. Das waren große Trommeln mit schweren Eisenkugeln, die das Erz zermahlten. Allerdings war auch da noch Sand dazwischen, der dann in Setzmaschinen ausgesondert wurde. In diesen Setzmaschinen befand sich Wasser. Da das Erz schwerer als der Gesteinssand war, konnte man beides gut voneinander trennen. Anschließend wurde das Erz auf große Haufen im Freien geschüttet, wo es zwei bis drei Jahre liegen blieb. Hier in der sogenannten „Verwitterung“ wurde es an der Luft einer natürlichen Oxydation unterzogen. Dadurch verlor es weitgehend den Schwefel, der für das angestrebte Endprodukt ein Gift war. Hackte man nach etwa drei Jahren die harte Kruste eines solchen Erzhaufens auf, so entzündete die einströmende Luft den darunter liegenden weichen Erzhaufen. Allerdings durfte dieser nicht hell brennen, sonst gab es Schlacke. Dieses Erzabbrennen fand im allgemeinen nur im Herbst statt, damit die Umgebung durch die Abgase und den Rauch nicht zu sehr in Mitleidenschaft gezogen wurde. Durch das Abbrennen nahm das Erz die unterschiedlichsten Farben an.

War der Erzbrand gelöscht, so kam es in die Erzhallen zum Rösten. Dabei wurde das Erz rot, nachdem es ursprünglich mehr grün und gelb war. In den großen Röstöfen wurde dem Erz auch noch der letzte Schwefel entzogen.

Nun kam es ins Tal, wo es wiederum geschlemmt wurde. Durch das Wasser wurde der Kiesabbrand ausgeschieden. Dieser wurde, da er eisenhaltig war, an Eisenhütten verkauft. Der abgesetzte Schlamm wurde getrocknet, kam wiederum in eine Mühle und dann war endlich das Endprodukt des Bodenmaiser Bergwerks fertig: Das sogenannte Polierrot,

An mehreren Stellen kann man den sogenannten feuergesetzten Erzabbau noch gut sehen. Hier wurde das Erz durch ein großes Holzfeuer erhitzt, beim Ablöschen des Feuers bekam es Risse und konnte so gewonnen werden.

das in vielen optischen Werken zum Polieren des Glases verwendet wurde. Es gab dem Glas einen tiefschwarzen, diamantenen Glanz und wurde vor allem beim Spiegelschleifen verwendet. Weitere Abfallprodukte verkaufte man als Erdfarben. Als der IG-Farbenkonzern nach dem Ersten Weltkrieg das Polierrot billiger herstellte und obendrein frachtgünstiger liefern konnte, flaute der Bergbau in Bodenmais immer mehr ab und wurde im Jahre 1962 schließlich ganz eingestellt. In diesem Jahrhundert wurden bis dorthin etwa 250 000 Tonnen Erz gefördert.

An großen Feiertagen erschienen die Bergleute in ihrer schönen Uniform. An Fronleichnam, dem Prangertag, gingen sie selbstverständlich in der Prozession in Uniform mit. Zu dieser gehörten auch das Bergmannsbeil und die Berglampe. Eine schöne alte Barbarafigur wurde in der Prozession von den Bergleuten mitgetragen. Sie befindet sich jetzt im Dienstzimmer des derzeitigen Bergwerkleiters Erwin Wölfl.

Der größte Feiertag war für die Bergleute der Barbaratag. Am Namenstag ihrer Schutzpatronin hatten die Bergleute frei. Sie versammelten sich in Uniform zusammen mit ihren Frauen und der Bergwerksleitung in einem großen Saal zu einem gemeinsamen Mahl. Anschließend war Tanz und dann klangen die Bergmannslieder aus oft rauhen Kehlen durch den Saal. Aber die Zeiten sind in Bodenmais endgültig vorbei, wo man „Glück auf, der Bergmann kommt“ mit voller Berechtigung singen konnte.

Die Geschichte von Bodenmais ist bis vor etwa zehn Jahren aufs Engste mit dem Bergbau verknüpft. Ging der Bergbau gut, ging es auch dem Ort gut und umgekehrt. Die erste Urkunde, in der Bodenmais erwähnt wurde, stammt aus dem Jahre 1364. Sie berichtet, daß Herzog Albrecht I. dem Amberger Münzmeister Alhart ein Eisenhammerwerk in Bodenmais an der Böbrach verlieh. Im Böbrachtal, das sich westlich von Bodenmais hinzieht, haben sich offenbar schon vorher einige Eisenhämmer befunden. Noch heute kann man dort Spuren von Erzhalden antreffen und die Ortsnamen Kottinghammer, Sternhammer, Karlhammer und Kronhammer erinnern noch an die Eisengewinnung und -bearbeitung in diesem Tal in früherer Zeit.

Auf dem Bodenmaiser Silberberg war es nicht schwer, Erz zu finden. Es tritt zum Teil offen zu Tage. Deshalb nannten die Bergleute den Silberberg auch den „Eisernen Hut“. Dieses Erz war durch Regen, Schnee, Sonne und Wind schon weitgehend entschwefelt und bestand beinahe aus reinem Eisenerz.

1463 bekam der Regensburger Schultheiß Lanhart Gravenreuther von den Herzögen Johann und Sigismund von Bayern die Genehmigung, Gold- und Silbererz bei Bodenmais zu graben. Der erste Stollen war wohl der Stollen „Allmächtige Gottesgabe“, auf späteren Karten als „Gottesgabstollen“ bezeichnet.

Damals dachte man in erster Linie an die Gewinnung von Silber, woher auch der Name „Silberberg“ herrührt. Eigenartigerweise kam Silber an der Oberfläche mit dem Bleiglanz viel häufiger vor, als mit dem Erz im Berginnern. 1475 forderte Herzog Albrecht I. seine Untertanen auf, sich an der Arbeit in diesem Bergwerk zu beteiligen und sicherte ihnen freies und sicheres Geleit und eigenen Gerichtszwang zu.

Die Herzöge Wilhelm und Ludwig von Bayern förderten der Bergbau noch stärker. Sie ernannten Bodenmais zur „gefreiten Bergstatt“ nach dem St. Annaberger Bergrecht und erließen am 29. März 1522 einen großen Freibrief, der mit folgenden Freiheiten und Rechten verbunden war: Freies Zu- und Abzugsrecht, freies Holz für den Wohnbau und für den Bergwerksbetrieb, steuer- und scharwerksfreies Neubruchland, Wildbann und Fischrecht, Erlaß der Schulden innerhalb des Herzogtums Bayern, freie Wahl für Bürgermeister, Richter und Rat und schließlich ein Marktrecht mit einem täglichen Lebensmittelmarkt und einem samstäglichen Wochenmarkt.

Auf diesem Foto vom Februar 1966 sieht man noch das Gleis, auf dem das Erz in Grubenwagen zur Aufbereitung unten gefahren wurde. Im Hintergrund der Markt Bodenmais.

1551 übergab Herzog Albrecht V. das Bergwerk seinem Kammerherrn Karl Keck, nachdem wenige Jahre vorher Eisenvitriol und erstmals auch die rote Farbe, das Potee gewonnen wurde. Auch die Silbergewinnung war für die damalige Zeit noch bedeutungsvoll. So wird berichtet, daß im Jahre 1535 genau 85,5 Kilogramm Silber gewonnen wurden. Der Kammerherr Keck erhielt schließlich einige umliegende Anwesen geschenkt, wodurch die Hofmark entstand, deren Bezeichnung sich bis in die heutige Zeit erhalten hat.

Zwischen 1522 und 1578 wurde der beinahe städtisch wirkende schöne Bodenmaiser Marktplatz angelegt, an dem auch das 1475 erbaute Bergamt zu liegen kam. 1611 erwarb Kurfürst Maximilian II. die Hofmark Bodenmais wieder zurück, da man damals gerade edle Metalle unter dem Erz gefunden hatte. Doch die Hoffnungen trügten, und so kam der Kammerherr 1625 wiederum in den Besitz der Hofmark und vererbte sie später seinen Nachkommen. Während des Dreißigjährigen Krieges ruhte der Bergbau vorübergehend, die Hofmark erlitt schwere Schäden. 1693 nahm Kurfürst Max II. auf Grund eines Landesvertrages, wonach edle Metalle dem Landesherrn gehörten, den Bergbau wieder auf. 1697 verkaufte der damalige Bergwerksbesitzer, ein Herr von Schönhut, das ganze Bergwerk mitsamt der Hofmark, dem Vitriolwerk und 5 000 Tagwerk Wald für 18 250 Gulden an die kurfürstlich-bayerische Regierung. So kam es zum dritten Mal in Staatsbesitz und ist seither im Staatsbesitz geblieben. Die Fürsten legten immer dann Wert auf das Bergwerk, wenn es rentabel erschien.

Die größte Blütezeit dürfte das Bergwerk Bodenmais zwischen 1870 und 1914 erlebt haben, als man in vielen Ländern das Bodenmaiser Polierrot bezog. Nach dem Ersten Weltkrieg ging aber dessen Absatz langsam immer mehr zurück und schließlich konnte das Bergwerk der chemischen Industrie nicht mehr konkurrieren und so wurde der Bergbau 1962 ganz eingestellt. Die Bergwerksverwaltung ist dadurch aber nicht arbeitslos geworden. Der Barbarastollen wird jedes Jahr gegen ein geringes Eintrittsgeld den Fremden gezeigt, wobei der ehemalige Bergmann Johann Schreil aus Bodenmais den Bergwerkführer macht. Dem Bergwerk gehören weiter noch ganz schöne Land- und Waldflächen, mehrere Gebäude und als Hauptsache das Bodenmaiser Elektrizitätswerk.

Der ehemalige Hauer Oskar Hutterer, der von der schweren Arbeit unter Tage erzählte, arbeitet jetzt in einem Sägewerk. Er antwortete auf die Frage, ob er wieder in den Berg ginge, wenn man den Bergbau wieder aufnahmen würde, nur mit einem Wort: „Sofort!“

Im Jahre 1997 kauften die ehemaligen Bergleute Martin Schreiner und weitere vier Kollegen den Silberberg mitsamt dem Bergwerk und seither finden regelmäßig Führungen durch die unterirdische Welt der über 30 Kilometer langen Bergwerksstollen statt, soweit sie zugänglich sind. Daneben hat sich bei dem heilklimatischen Kurort Bodenmais die Stollentherapie sehr gut entwickelt. Kurgäste mit Atembeschwerden suchen und finden hier in den Stollen bei 5 Grad Celsius, fest eingepackt in Wolldecken, Erleicherung und Heilung.

Der Klassiker unter den Mundartdichtern des Bayerwaldes

Einer der bekanntesten Dichter und Schriftsteller des Bayerischen Waldes ist Max Matheis in Passau. Als ich an der Gartentüre vor Max Matheis Wohnung in Passau-Hacklberg klingelte, öffnete mir der Hausherr gleich selbst. Mein erster Eindruck war: Jawohl, genau so hatte ich mir den bekannten Dichter und Schriftsteller vorgestellt, den ich bis dorthin leider nur von Fotos, Gedichten und Romanen kannte: Nicht allzu groß, aufrechter Gang, eine energische Stimme, kräftiger Händedruck, das unvermeidliche „Matheis-Schleiferl", ohne das er nach Angaben seiner Freunde selbst im heißesten Sommer nicht ausgeht, korrekt gebunden. Die Wohnung mit viel Geschmack und Stilgefühl, aber ohne jede Übertreibung, eingerichtet. An den Wänden hängen Gemälde guter Freunde.

Max Matheis ist ein Mensch, der im Guten und Hergebrachten verwurzelt ist und seine Heimat über alles liebt. Er ist mit seinen 72 Jahren selbstverständlich kein Moderner, vergleicht man sein Schaffen mit dem der jetzigen Schriftstellergeneration. Er lehnt auch das Moderne nicht ab, er registriert, wägt und kommentiert es. Für ihn hat das Leben noch Ideale. Die Heimat ist hiervon eines der höchsten.

Die Hauptfront des Dichterhauses kurz hinter der Schönblickkurve an der Straße Passau – Regen geht nach Südwesten. Ein kleiner Park, einige Gärten und verstreut stehende Wohnhäuser erblickt man vom Fenster des Arbeitszimmers. Über dem Schreibtischsessel hängt ein Landschaftsbild: „Blick vom Lusen über das Waldmeer zum Rachel" von seinem Freund Hans Neudecker aus Regensburg. Diese Landschaft ist der geographische Raum, in dem ei-

Der Dichter Max Matheis an seinem Schreibtisch.

nes der berühmtesten Werke des Dichters spielt, der Roman „Die Falkin".

Aber fangen wir von vorne an. Max Matheis wurde als Lehrerssohn am 28. Juni 1894 in Triftern im Rottal geboren. Während der Vater aus dem Bayerischen Wald, und zwar aus Neukirchen vorm Wald stammte, war die Mutter in einem Kaufmannshause in Frontenhausen aufgewachsen. Als der kleine Max sechs Jahre alt war, wurde der Vater nach Passau versetzt. Also besuchte der Max in Passau die Volks- und später die Präparandenschule, nach deren Abschluß er nach Straubing aufs Lehrerseminar ging. 1913 machte er als einer der Letzten das „Einjährige". Sein Vater meinte dabei zweifelnd: „Wenn aber nun einmal Krieg kommt?" Mit Überzeugung antwortete der junge Soldat da nur: „Krieg, niemals!"

Kurze Zeit später war der Erste Weltkrieg da und Max Matheis tat seine Pflicht im Westen. 1919 begann endlich das Berufsleben. Max Matheis wurde Hilfslehrer in Holzkirchen bei Sandbach an der Donau. 1924 meldete er sich freiwillig an die Schule in Nottau im Landkreis Wegscheid. Dieses kleine Dorf, zwischen Erlau und Untergriesbach hoch über der Donau gelegen, wurde zur bestimmenden Station in Max Matheis' Leben. Allerdings meinte erst einmal der Schulrat, warum er denn unbedingt nach Nottau wolle, das wäre doch die schlechteste Schule im ganzen Bezirk. „Ja, gerade das reizt mich!" meinte der junge Lehrer, verschwieg aber wohlweislich, daß er in der Gemeinde Ederlsdorf eine Jagd gepachtet hatte

Die Schulverhältnisse waren damals in Nottau wirklich katastrophal. Hundert Kinder besuchten die Volksschule, die im Schichtunterricht vormittags und nachmittags unterrichtet wurden. Freizeit war da anfangs nicht viel übrig. Aber ganze elf Jahre blieb Max Matheis in Nottau. 1925 heiratete er seine liebenswerte Gattin Käthe, eine Tochter des Kirchenmalers Hans Kellberger aus Passau. Mit ihr zogen viel Kunstsinn und künstlerisches Urteilsvermögen in die Lehrerswohnung ein. 1929 wurde in Nottau ein Lehrerhaus gebaut und ein Jahr später wurde die Schule endlich zweiklassig.

Lehrer Matheis gründete damals in Nottau für den „Verband der freien Volksbildung" eine Gruppe, um den der Schule Entwachsenen die Sonntage wertvoller zu gestalten. Schließlich gab es damals noch kein Radio, vom Fernsehen ganz zu schweigen. Das Betätigungsfeld dieser Gruppe war weit gespannt. Frau Matheis hielt für die Mädchen Koch- und Haushaltskurse und jeweils zwei Wochen lang mußten einige Mädchen die Suppe für die Schulspeisung kochen. Max Matheis widmete sich hauptsächlich den jungen Burschen, mit denen er Volkstumspflege trieb, altes Brauchtum auffrischte und überliefertes Liedgut sammelte. Zusammen mit den Mädchen wurden Tänze geübt, Theater gespielt und Scherz- und Foppspiele getrieben. Mit einem vierstimmigen Mundharmonikaorchester ging die Gruppe sogar auf Tournee nach München, Berchtesgaden und Regensburg. Max Matheis wurde so zu einem der Pioniere der Volkstumspflege im Bayerischen Wald.

Aus dieser Zeit weiß Max Matheis noch manches lustige Stückchen zu erzählen. So zeichnete er besonders tüchtige Schüler dadurch aus, daß er sie zum Ritter schlug und ihnen einen Namen aus der Geschichts- und Sagenwelt verlieh. Hierzu holte er seinen alten Offiziersdegen aus der Wohnung, ließ den Schüler vortreten und hielt eine kleine Anerkennungsansprache, die dann mit dem Ritterschlag endete. Das war natürlich ein großer Ansporn für die Kinder. Selbstverständlich redeten sich die „Ritter" untereinander nur noch mit ihren Ritternamen an und tun das zum Teil heute noch.

Übrigens: Ein Roman über das Leben des Schullehrers Max Matheis liegt fertig in des Dichters Schreibtischlade. Aber er hat noch keinen Schneid oder auch keinen mehr, um ihn der Öffentlichkeit vorzulegen. „Wissen Sie", meint er dazu, „wir sahen damals halt das Leben noch viel idealistischer als heute". 1935 ging Max Matheis als Lehrer an die Nikola-Schule nach Passau, kaufte sich sein Haus in Hacklberg und beruflich änderte sich nichts mehr, bis zur Pensionierung des Oberlehrers Max Matheis im Jahre 1959.

Der Dichter Max Matheis

Über sein dichterisches Werk erzählt Max Matheis: „Schon als Kind habe ich kleine Gedichte gemacht. Als ich 15 Jahre alt war, erschien in der „Passauer Donau-Zeitung" mein erstes Gedicht gedruckt. Ich brachte es einem Redakteur und fragte harmlos an, was ich bezahlen müsse, wenn man es veröffentliche. „Ja, aber Maxerl", sagte der Gewaltige, nachdem er es gelesen hatte, „da kriagst ja was!" Schließlich kam, wie bei jedem Jungen, die Zeit der Liebesgedichte. Als ich diese überwunden hatte, war ich richtig froh. Gedichte zu schreiben, erschien mir längere Zeit zu unmännlich und so unterließ ich es.

Für meine Jugendgruppe in Nottau brauchte ich einmal einige Mundartgedichte, die ich in wenigen Wochen zusammenschrieb und die dann in Wuppertal beim „Kampf um den goldenen Spatz" einen sehr beachteten 2. Preis erhielten. Der 1. Preis ging nach Wuppertal, der 3. nach Lübeck. Das war 1939 und damit war der Anfang gemacht". Diese Mundartgedichte erschienen unter dem Titel „Bayerisches Bauernbrot" als Band. Bescheiden meint der Dichter, daß er diesem Erstlingswerk die größten Chancen einräume, ihn einmal zu überleben. „Durch diesen Erfolg bekam ich Mut", fährt der Dichter fort. „Ich schrieb meinen ersten Roman „Nachbarn", der in einer Auflage von 35 000 Stück im Verlag Cotta in Stuttgart 1943 herauskam.

Jetzt ging es in kurzen Abständen weiter. Als nächstes erschien eine Burleske „Der Zinken Zacherl" und dann kam 1950 der nächste große Roman „Die Falkin", den Bertelsmann in Gütersloh mit 35 000 Exemplaren verlegte. Als „Die Falkin" und die „Nachbarn" vergriffen waren, entschloß sich ein Passauer Verlag zur Herausgabe je einer dritten Auflage.

Dann erschien eine Novelle aus der Zeit des Investiturstreits „Ihm wird kein Kranz geflochten", die seit 1954 vergriffen ist. „Sankt Engelmar und der Knecht"', eine Legende, und Erzählungen mit dem Titel „Das stärkere Gebot" folgten bis 1958. 1966 erschien schließlich im Verlag ostbayerische Heimatforschung in Passau ein Band lyrischer Gedichte und die Erzählung „Dem Abend zu". Fertig im Schreibtisch liegt, wie bereits angedeutet, ein Roman über ein Lehrerleben, aus der Zeit, als der Lehrer noch wenig galt im Volk. Es trägt den Titel „Macht der Bedrängnis". Damit meint Max Matheis allerdings nicht seine Zeit in Nottau, denn damals war er unbestreitbar der kulturelle Mittelpunkt der Gemeinde. Aber dazu wurde er nur durch eigene Initiative.

Als entscheidendes Werk bezeichnet der Dichter selbst das „Bayerische Bauernbrot", von dem jetzt über 25 000 Stück verkauft sind und das als Standartwerk bayerischer Dialektdichtung aus dem Bayerischen Wald gilt. Mit ihm hat sich Max Matheis den Ehrentitel „Klassiker der Bayerwaldmundart" verdient.

Ich brauche den Dichter nicht zu bitten, von sich aus trägt er mir einige Strophen vor. Und da spürt man, wie diese Sprache lebt, wie sie tiefstes Empfinden und Vertrautsein mit den Menschen im Waldland wiedergibt. Wilderer und Schmuggler, Steinhauer und Holzleut, Kirta und Schlachtfest, Tanz und Fasching, Wiege und Bahre, sie alle werden im „Bauernbrot" geschildert und erfahren genaue Deutung, wo es nötig ist. Die herrliche Waldlandschaft an der hohen Warte oberhalb der Donau und weiter waldeinwärts findet hier dichterische Gestaltung. Bürgermeister Franz Sterl meint zu mir: „Es ist merkwürdig, man hört's immer wieder gern!" Es ist wie mit einem Volkslied, daß man immer wieder singen kann, es wird einem immer wieder gefallen. Von Romanen sind die „Nachbarn" das freundlichere Werk. Es spielt im Vorwald, während „Die Falkin" düsterer ist. Die Minna Lindner hat fast das Format einer germanischen Sagenheldin, wozu auch die düstere Lusenlandschaft gut paßt. Die Intuition zu diesem Roman erhielt der Dichter übrigens durch einen einzigen Sonnenstrahl in einem alten Obstgarten, der spät durch die Wolken brach.

Schließlich sagt Max Matheis zu seinen Gedichten: „Ich habe aus innerem Muß gedichtet. Dichten ist mir, nachdem ich damit begonnen hatte, ein Bedürfnis geworden. Ich habe noch viel Unveröffentlichtes liegen, aber ich werde nur noch wenig Neues schaffen. Man läßt eben im Alter etwas nach. Alles was ich geschaffen habe, kommt aus dem Naturerleben heraus. Und aus der Natur stammt auch meine Lyrik!"

Max Matheis hat viele Ehrungen erfahren. Er erhielt das Bundesverdienstkreuz, wurde Ehrenmitglied des Bayerischen Waldvereins und bekam andere Ehrungen und Auszeichnungen. Eine der schönsten ist die Benennung einer Höhe bei Nottau in „Max-Matheis-Höhe". Ein Granitstein mit entsprechender Aufschrift und einige Bänke zur Rast stehen dort. Hier auf dieser Höhe hoch über der Donau führte der Lehrer Max Matheis oft seine Schulkinder und zeigte ihnen ihre schöne Heimat, weckte in ihnen die Liebe zu diesem herrlichen Land zwischen Wald und Strom und sang mit ihnen die Lieder zum Preise dieser Erde. Dr. h.c. Hans Vogt, der Erfinder des Tonfilms und Fabrikbesitzer in Erlau bei Passau, mit dem Max Matheis eine langjährige Freundschaft verbindet, war der Initiator dieses Platzes.

Mit dem Maler Wilhelm Niedermayer, den Dichtern Billinger und Hans Carossa war Max

Max Matheis (r.) mit Bürgermeister Franz Sterl bei der Diskussion über eine Zeichnung von Josef Fruth.

Matheis eng befreundet. Ein Bündel Briefe von Hans Carossa zeigen, daß sich Dichterarzt und Lehrerdichter ausgezeichnet verstanden. Von einem der vielen Bekannten des Dichters hörte ich, daß Max Matheis nicht mit leichter Feder spielend Verse niederschreibt. Der Gedanke ist im Kopf fest fixiert, aber die Worte werden lange geformt. Tagelang kann er über einem Vers brüten. Immer wieder wird umgestellt, werden neue Wortkombinationen gewählt, bessere Ausdrücke gesucht, wird gekürzt und gestrichen. Wenn aber dann der Punkt gesetzt ist, dann ist die scheinbare Mühelosigkeit in Matheisscher Lyrik der Lohn all der Mühe. An diesen Versen kann man nichts mehr verbessern. Das ist höchste Sprachkunst und gerade darum erscheint sie so einfach, so schlicht. Wie heißt es in dem Gedicht „Sonntagsruhe überm Bauernhof“: „Irgendwo im nahen Dorfe serfelt eine Mundharmonika durch den Stundentrödel“. Oder die Beschreibung des Feuers in der kalten Hirtenhütte beim „Waldhirt“: „Gar net warm mags wern herinnand, zag verglosen die grean Stöck, kaam daß aufiliachteln kinnan auf die schwarzveräuchert Deck“. Wer kann sich bei diesen Worten nicht das Feuer des Waldhirten vorstellen? Oder dann der Schluß dieses Gedichtes:

Wenn ma schier a halberts Jahr lang
allweil weg is von dö Leut,
lernt ma's Schaun und 's Außilusen
in die große Ewigkeit.

Da wern redad Stoa und Waldbaam,
und die Sterndln ohne Zahl,
die am weiten Himmi wandern,
san so hoamli auf amal.

Da woaßt nimmer, daß d'alloa bist,
s' möcht dir glei ganz seltsam wern.
Grad is, als wenn's Herz dir aufgang
wia a so a schöner Stern.

Ja, der Matheis Max kennt den Wald und die Waldler und er ist selbst einer der ihren geworden. So will ich zum Abschluß nur noch eine kleine Geschichte erzählen, die mir der Dichter als lustiges Erlebnis erzählte:

„Einmal ging ich in der späten Dämmerung von der Jagd heim. Vor dem Gugelholz begegnet mir ein Weiberl und sagt: „Ja, Herr Lehrer gengan Sie jetzt durchs Gugelholz?" Es lag tiefer Schnee. „Wissens, heit is nämli a Lousnachtl" Als ich fragte, warum ich denn Angst haben solle, da meint sie: „Ich kons nur sagen von mein Vata, heint in der Lousnacht kummts wilde Gjoad! Der kommt auf an Schimmel daher, und wen er dann daherkimmt, dann is gfeilt". Ich ging weiter und als ich mitten im Gugelholz bin, kracht es plötzlich und die Funken stieben über mir. Es war ein Kurzschluß in der Starkstromleitung, deren Drähte gegeneinander geschlagen waren".

Diesen Bericht schrieb ich 1967 für das „Straubinger Tagblatt". Max Matheis ist am 3. August 1984 im 90. Lebensjahr verstorben. Bis zu seinem Tode erhielt er noch zahlreiche Ehrungen: Benennung einer Straße in Triftern, Ehrenbürgerschaft von Passau und Obernzell und anderes mehr. Max Matheis war ein Dichter, dessen Mundartschaffen weit über seine eigentliche Heimat hinaus gewirkt hat.

Zur Mittagszeit wurde der Strom abgeschaltet

Unternaglbach ist ein kleines Dorf im Landkreis Regen und gehört zur Gemeinde Kirchberg im Wald. Dort lebte Baptist Kramhöller von 1900 bis 1985. Kramhöller war ein echter Waldler. Von Beruf Landwirt baute er in den 20er Jahren des vorigen Jahrhunderts ein kleines Elektrizitätswerk auf, mit dem er erstmals die Dörfer Unter- und Obernaglbach, Groß- und Kleinloitzenried sowie Sommersberg mit elektrischem Strom versorgte. Auch nach der Übergabe seines Anwesens blieb er nicht untätig. Er betätigte sich als Holzschnitzer und auch als Korbflechter. Zum Korbflechten braucht er astfreie Haselnußstecken. Die wurden im Dampf weich gemacht, notfalls aufgeschlissen und dann zu Körben, Schwingen und sonstigem geflochtenem Hausrat verarbeitet.
Als Schnitzer fertigte er hauptsächlich Arbeitsgeräte, aber auch Tiere und Menschen aus seiner ländlichen Umgebung, natürlich im stark verkleinerten Maßstab. Noch heute steht bei mir ein Miniaturschubkarren, Bauart Kramhöller, und an der Wand hängt ein Rundbrett mit allem, was ein Bauer einst brauchte: Sichel, Sense, Schwingel und sogar ein Kumpf für den Wetzstein.
Als ich ihn 1981 das erste Mal besuchte, war er gerade am 4. August 80 Jahre alt geworden, doch ein Hände-in-den-Schoß-legen kannte er nicht. Er schnitzte und bitzelte in seiner blitzsauberen Austragsstube in Unternaglbach. Gerade war ein Bauer in Arbeit, den seine Schwiegertochter noch anmalen mußte. Ein Feriengast aus Bremen hatte ihm ein tönernes Ochsengespann geschickt und dazu schnitzte er den Bauern. Aber er mußte halt langsam tun, das Herz machte nicht mehr so recht mit. Doch was mich interessierte, war sein Kraftwerk und darüber erzählte er mir:

„Ja, früher, da hob i den ganzen Tag g'werkelt!" fängt er mit dem Erzählen an und bald sind wir bei seinem Kraftwerk, mit dem er hier in diesem Teil des südlichen Bezirksamts Regen, wie es damals hieß, wahre Pionierarbeit auf dem Gebiet der Elektrizität leistete. Also, das kam so, fängt er bedächtig an, überlegt sich immer wieder einmal ein Datum, einen besonderen Fachausdruck, doch alle fallen ihm noch ein und dann ist er mit sich selbst zufrieden. Sein Vater, der mit Vornamen auch Baptist hieß, betrieb am Naglbach unterhalb von Unternaglbach eine kleine Mühle. Der Naglbach ist ein kleines Bacherl, das vom Mühlbauer Berg herunterkommt, an Klein- und Großloitzenried sowie an Ober- und Unternaglbach vorbeifließt, um sich im Tal hinter Unternaglbach mit der Rinchnacher Ohe zu vereinigen.

Der 80 Jahre alte Baptist Kramhöller aus Unternaglbach, der als Landwirt seinem Dorf die erste Stromversorgung ausbaute und 32 Jahre erfolgreich betrieb.

Als nun nach dem Ersten Weltkrieg die Elektrizität langsam im Bayerischen Wald Einzug hielt, da dachte sich Vater Baptist, warum soll ich die Wasserkraft nicht auch zur Stromerzeugung nutzen? Sohn Baptist war von diesem Plan begeistert und so bauten sie zuerst für Unter- und Obernaglbach ein Kleinkraftwerk. Der Naglbach lieferte pro Sekunde im Durchschnitt 30 Liter Wasser. Etwa 300 m südlich des Dorfes wurde das kleine E-Werk errichtet, in dem eine Francis-Turbine einen Generator antrieb, der 4 Kilowatt lieferte, und zwar 220 Volt Gleichstrom. Damit hatten die beiden Dörfer nun zum ersten Mal elektrisches Licht.

Den Zulaufkanal für das Wasser hat der Baptist natürlich selbst gegraben und auch die elektrische Installation eingebaut. Ja, haben Sie denn etwas vom Elektrischen verstanden? will ich wissen. „Vom Elektrischen habe ich nichts verstanden. Aber ich habe ein paar Mal bei Monteuren mitgearbeitet, die in der Nähe arbeiteten und da habe ich einige Kenntnisse bekommen!“ meint der Baptist.

Da aber das Wasser nicht immer gleich reichlich floß und an manchen Tagesstunden die Stromabgabe mit der Stromabnahme nicht übereinstimmte, kaufte der Vater einen großen Akku mit 120 Zellen und 22 Volt, mit dem sie dann bei Bedarf dazuspeisen konnten. „Ja, da haben wir ein Licht im Dorf gehabt, heller wie vom Überlandnetz!“ erinnert sich der alte Mann. Als ich erstaunt frage, wie er sich denn dies alles so genau und so lange gemerkt habe, da meint er, daß er noch heute von seinem Elektrizitätwerk träume, beinahe jede Nacht, und daß er damit soviel erlebt habe, daß man ein ganzes Buch schreiben könne.

Bauern mußten Lichtmaste liefern

„Wir hatten unser Kraftwerk direkt neben einer kleinen Mahlmühle gebaut, die mein Vater dort errichtet hatte. Doch die Mühle erwies sich für den Kraftwerksbetrieb als recht hinderlich. Insgesamt sechs Bauern hatten Wasserrechte am Naglbach. Die brauchten den Bach auch zur Wiesenbewässerung.“ So wurde vereinbart, daß an jedem Tag um zwölf Uhr die

Wasserrechtler ihre Wiesen bewässern durften, am Samstag und Sonntag der Dorfälteste, an den übrigen Werktagen jeweils einer der restlichen fünf Wasserrechtler. Das dauerte dann mindestens eine halbe Stunde, oft aber auch länger und in dieser Zeit stand das Kraftwerk eben still. Schließlich verkaufte Vater Baptist die Mahlmühle, denn wenn die in Betrieb war, konnten die Bauern ihre Wiesen nicht bewässern, denn beides, Stromerzeugen und Mühltreiben, das schaffte der kleine Bach nicht.

Man kann es kaum glauben, aber schriftliche Vereinbarungen zwischen den Kraftwerksbesitzern und den stromabnehmenden Bauern gab es nicht. Wer Strom wollte, mußte die entsprechenden Maste liefern. Das war meist nicht schwer, denn die Bauern hatten eigenen Wald. Aber mancher meinte, ein alter Baum tut es auch. Aber der Baptist ließ sich so leicht nicht hinters Licht führen. Immer hatte er einen Schraubenzieher dabei, mit dem stach er in das Holz des als Lichtmast ausersehenen Baumes. Drang der Schraubenzieher ein, so war der Baum morsch und nicht zu gebrauchen. Auch Stämme mit weniger als zwölf Zentimeter Durchmesser oben nahm er nicht, die waren zu dünn und man konnte auf sie nicht mit den Steigeisen hinaufsteigen. Das Mastaufstellen und Leitungsziehen erledigte der Baptist jr. ganz allein. Dafür hatte er Steigeisen und einen Flaschenzug, mit dem er das Drahtseil spannte. Draht und Isolatoren kaufte der Baptist zentral ein und stellte dies den Bauern in Rechnung. Der Strom war verhältnismäßig teuer, die Kilowattstunde kostete 50 Pfennige. So kam es, daß die Bauern trotz des Lichtanschlusses noch kaum Strom verbrauchten. Es gab Landwirte, wo der Baptist bei seinen Inkassogängen für zwei Monate gerade eine Kilowattstunde kassieren konnte.

Die brannten das Elektrische nur über dem Küchentisch, über dem Herd und im Fletz wurde meist weiter eine Petroleumlampe angezündet.

Unter diesen Umständen machte der Baptist natürlich kaum einen Gewinn, obwohl er Tag für Tag mit seinem E-Werk zu tun hatte. Da mußte der Werkskanal ständig gereinigt, der Zulauf von Wurzeln, Steinen und Erdreich gesäubert werden. Im Winter war der Zulauf manchmal so gefroren, daß kein Tropfen Wasser mehr in ihm lief. „Da mußte ich dann das Eis herausschlagen. Meist arbeitete ich nur in Schnürschuhen, da hat es mir die Zehen in den Schuhen angefroren. Erst beim längeren Gehen sind sie wieder aufgetaut durch Körperwärme." meinte der Baptist. Zur Verbesserung des Zulaufs wurden auch manchmal Felsen herausgeschossen. Ja, ein echter Waldler kann sich eben immer helfen!

Doch nach und nach bekamen die Bauern Geschmack am Elektrischen und nun wollten sie, wie woanders auch, Maschinen anschließen. So kaufte Vater Baptist Kramhöller einen Dieselmotor mit 22 PS und nun konnten sie auch Kraftstrom erzeugen. Über zwanzig Motoren waren bei den Bauern an das E-Werk angeschlossen, als der Baptist es schließlich 1954 aufgegeben hat. Aber im Jahre 1926 hat der Baptist erst einmal das E-Werk von seinem Vater übernommen und geheiratet. Die Landwirtschaft des Vaters hat er natürlich ebenfalls weiterbetrieben. Damit er nicht immer vom Haus zum Kraftwerk hinunterlaufen mußte, es stand etwa 400 m entfernt, hatte er einen Seilzug montiert, mit dessen Hilfe er von der Stube aus die Turbine regulieren konnte. An dem Seil war ein schwerer Anhang, daß es auf diese Entfernung immer Spannung hatte.

Als immer mehr Strom verbraucht wurde, mußte der Kramhöller Baptist auch den Dieselmotor immer länger laufen lassen. Doch er bekam das Dieselöl nicht zum verbilligten Preis wie die Bauern, sondern zum Normalpreis. Deshalb führte er eine Dieselölzugabe auf den Strompreis ein, je nachdem, ob einer viel oder weniger Strom brauchte. Das paßte nicht allen und es kam sogar zum Prozeß. Doch vor dem Amtsgericht trat der damalige Landrat energisch für den Kramhöller Baptist ein und bestätigte ihm als Sachverständiger, daß er das Möglichste tue und den Strom wirklich beinahe unter den Selbstkosten abgebe. Da zogen die Bauern die Klage wieder zurück.

Ein Problem waren auch die Zähler. Die gehörten den Bauern und wenn einer kaputt ging, so wollten die meist eine Pauschalierung, um die Anschaffung eines neuen Zählers zu umgehen. Doch kaum hatte der Baptist dem zugestimmt, da stieg der Stromverbrauch bei diesen Bauern ganz rapide an. Jetzt registrierte ihn ja kein Zähler mehr. Leute, die bisher nur eine 15-Wattbirne brannten, kauften sich jetzt sofort zwei 50-Wattbirnen und richteten weitere Brennstellen ein. So stellte er einmal fest, daß in einem Anwesen zwar wenig Strom bezahlt, aber dort sehr viel verbraucht wurde. Als er der Sache nachging, sah er den Grund schon von außen: Der Bauer hatte die Leitung vor den Isolatoren am Haus angezapft und drei Drähte führten in drei verschiedene Zimmer, die somit ihren Strom kostenlos unter Umgehung des Zählers bezogen.

Ein andermal forschte er nach einem Stromgroßverbraucher, als ihn ein Bub anrief, wie er gerade oben auf einem Mast eine Strommessung vornahm. „Wos tuast denn da?“ wollte der wissen. „I suach oan, der zuviel Strom verbraucht!“ antwortete der Baptist. Der Bub meinte nur: „Da brauchst nöt weit suachen, den woaß i!“ Und wirklich, in dem angegeben Haus hatte man die Leitungen angezapft und betrieb damit eine elektrische Kochgelegenheit folgender Bauart: In eine große Emailschüssel hatte man Lehm hineingeschmiert, darin eine Heizspirale hineingedrückt, und durch die entstehende Hitze war der Lehm dann gebrannt. Auf diesen umgestürzten Lehmbatzen kochte man nun. Da wurde der Baptist aber grantig und hat diesen Spezialkocher sofort auf dem Boden zertrümmert.

Nach dem letzten Krieg klagten einige Bauern über die miserable Stromversorgung. Als der Kramhöller Baptist der Sache nachging, stellte er fest, daß jemand den starken, siebenadrigen Aluminiumdraht an einer Stelle entfernt und das fehlende Stück durch ein Stück Kupferdraht ersetzt hatte, das aber lediglich mit einem Knoten an den Aludraht angebunden war. An der Verbindungsstelle war der Kupferdraht schon so oxydiert, daß nur noch ein Strang die Leitung zusammenhielt.

„Die Leitungsreparaturen habe allzam i gmacht!“ meint der Kraftwerksbesitzer. Mit

den Masten gab es anfangs öfter Streit, weil viele behaupteten: „Dös san die mein!“ auch wenn diese es nicht waren. Umgekehrt: War einer kaputt, so lehnten sie einen Ersatz ab: „Dös is nöt der meine!“ Das kam öfter vor, besonders, wenn ein Sturm Maste geknickt oder umgeworfen hatte.

Baptist Kramhöller wußte sich auch da zu helfen. Alle 50 Meter kam ein Mast. Von Obernaglbach nach Unternaglbach waren es 1000 Meter, bis Kleinloitzenried 1,5 km, von der Abzweigung A-Mast bis Großloitzenried 1 km. Sein Leitungsnetz war also beinahe vier Kilometer lang. Die 80 Maste numerierte er und teilte sie den jeweiligen Abnehmern zu. Kaum war das geschehen, kam ein Sturm und brach sieben Maste ab und die Leitung riß an zwei Stellen. Für zwei Tage gab es keinen Strom, bis der Baptist alles wieder in Ordnung gebracht hatte. „Ich hatte keine einschlägige Ausbildung, aber genügend Erfahrung mit der Zeit!“ konstatiert der findige Kraftwerksbesitzer. Sogar Blitzableiter hat er auf manches Haus gesetzt.

Trotz des späteren Anschlusses von Sommersberg kam Baptist Kramhöller mit dem Kraftwerk nicht auf seine Rechnung. Im Gegenteil, hätte er nicht noch seinen 30-Tagwerk-Bauernhof gehabt, aus dessen Ertrag er noch ständig zuschießen mußte, so hätte er den Betrieb noch früher aufgeben müssen. Als er schließlich Sommersberg wieder abklemmen wollte, kam ein Bauer und sagte nur: „Daschlogn tua i Di, wannst den Strom nöt sofort wieder anschliaßt!“ So blieb ihm schließlich nichts anderes übrig, als 1954 alles an die Energieversorgung Ostbayern zu verkaufen. 1500 DM bekam er für das Ganze und nochmals 1500 DM Anschlußkosten für sein Anwesen schenkte ihm die OBAG. Diese baute dann das Elektrizitätsnetz modern aus und jetzt meuterten die Bauern wieder, denn nun mußten sie ein Mehrfaches für den Strom bezahlen, als beim Baptist.

32 Jahre war Baptist Kramhöller als Kraftwerksbesitzer, Ingeneur, Monteur, Kassier und vieles andere mehr tätig. Er hat die fünf Ortschaften an sein Kleinkraftwerk selbst angeschlossen, hat Leitungen gezogen und Blitzableiter verlegt. Zähler ein- und ausgebaut, mehrmals seine kaputten Maschinen ausgewechselt, und das alles, obwohl er kein gelernter Elektriker war. Er hat das Tal des Naglbachs zusammen mit seinem Vater der Elektrizität erschlossen, ein wahrlich findiger und unternehmungslustiger Bayerwaldler.

Mit 83 Jahren noch täglich am Eisenhammer

Dröhnend fällt der über drei Zentner schwere Hammerbär auf das hellglühende Eisen, das Schmiedemeister Nepomuk Blössl in seinem Eisenhammer in Breitenberg an einer Zange auf den Ambos hält. Nach jedem Schlag dreht oder verschiebt er es, denn aus dem Vierkanteisen soll ein waldlerisches Schnitzmesser werden. Nochmals kommt das Eisen in die Feuersglut und wieder dröhnt der Hammerbär auf das langsam breiter werdende Eisenstück, daß der Boden zittert.

Nepomuk Blössl wurde am 6. August 1903 geboren und so lange der jetzt 83jährige zurückdenken kann, spielt sich sein leben zwischen den Granitmauern dieses ältesten Hammerwerks des Bayerischen Waldes und den beiden jeweils über mehrere Zentner schweren Eisenhämmern ab. Das Hammerwerk Blössl bei Breitenberg ist seit fünf Generationen im Familienbesitz und Sohn Anton ist längst auch schon Schmiedemeister und zusätzlich Kraftfahrzeugmechanikermeister.

Als Meister Nepomuk Blössl noch im Ersten Weltkrieg zur Schule ging, arbeiteten die beiden Hämmer Tag für Tag so lange es hell genug war. Vater Nepomuk Blössl sen. hatte einen Großauftrag Torfmesser erhalten. Die wurden zum Torfstechen in Oberbayern bei Kolbermoor benötigt. „Wir hatten damals Ganztagsschule, aber ich wurde von 12 bis 14 Uhr befreit und mußte mit zwölf Jahren dann immer den Hammer regeln. Mein Vater wurde wegen dieses Großauftrags an Torfmessern sogar vom Militärdienst freigestellt."

Natürlich blieb Nepomuk Blössl in der Familientradition und lernte ebenfalls das Schmiedehandwerk. Man fing früh um 5 Uhr an und arbeitete mit einer Stunde Mittag bis 19 Uhr. Als Berufskleidung trugen alle einen großen Lederschurz und natürlich hölzerne Böhmschuhe, die in Waldkirchen gemacht wurden. Angetrieben werden die Hämmer von zwei großen Wasserrädern. Auf einer gewaltigen Holzachse sind hölzerne Keile aufgesetzt, die den Hammerbalken mitnehmen und, wenn er niedergedrückt ist und der Hammer hoch steht, wieder fallen lassen. Eine einfache Vorrichtung erlaubt eine unwahrscheinliche Feinregulierung. Da kann man beinahe sanft den Hammer aufschlagen lassen, ihn aber auch schnell und mit voller Macht auf die glühenden Eisen dreschen.

Nepomuk Blössl stellt mit seinem Eisenhammer eigentlich alle Geräte her, die in der Landwirtschaft, beim Forst und im Handwerk seit altersher gebraucht werden. Er erinnert sich noch an seine Lehrzeit. „Da hat eine Kartoffelhaue 75 Pfennige gekostet, eine Axt drei Mark, eine Schaufel ebensoviel und ein Häckselschneidmesser vier Mark."

1942 hat Nepomuk Blössl die Schmiedemeisterprüfung in Passau gemacht und seither steht er ununterbrochen in seinem Hammerwerk. Ganz stolz holt er ein großes Metzgerbeil hervor, das er gerade auf Bestellung aus einem Eisenstück herausgeschmiedet hat. 50.- DM wird es wohl kosten. Aber die Klinge ist so geschmiedet und gehärtet, daß sie wie Stahl ist. Drei Stunden hat er daran hingearbeitet!

Ja, Nepomuk Blössl ist eine Berühmtheit. Feriengäste, Schulklassen und natürlich auch das Fernsehen waren schon da und haben ihn bei der Arbeit bestaunt und aufgehalten, wie er lachend meint.

Das Hammerwerk wurde 1778 von einem Ludwig Schuster errichtet. Damals haben die Schmiede hier ihre Holzkohle für das Feuer noch selbst gewonnen. Über dem granitenen Hammerwerk ist die Jahreszahl 1840 eingemeißelt sowie die Initialen AP. Letztere bedeuteten Anton Plössl, denn damals schrieb man den Familiennamen noch mit „P". Seither ist der Hammer in Familienbesitz. Früher betrieb man auch noch drei Wasserräder, jetzt nur noch zwei, die aber auch noch Strom erzeugen können.

Die beiden Hämmer haben unterschiedliche Aufschlagsspitzen, schmale und breite, je nachdem, ob Meister Blössl ein schmales Messer oder eine breite Schaufel aus einem Eisen-

Schmiedemeister Nepomuk Blössl beim Hammerschmieden.

stück formen will. Allein drei Arbeitsgänge sind nötig, bis eine Schaufel geschmiedet ist. Daneben arbeitet auch noch ein elektrischer Hammer mit 65 kg Schlagkraft, der ein besonders modifiziertes Arbeiten erlaubt. Zu den ganz großen Raritäten gehören die überbreiten Zimmermannsbeile, mit denen früher Baumstämme abgeflacht wurden. „In meinem ganzen Leben habe ich nur drei solche Zimmermannsbeile gemacht!" antwortet Nepomuk Blössl, als wir ihn nach Besonderheiten fragen. An einem gebogenen Holz, an dem man die Kette für die Schlagkraft des Hammers regulieren kann, befand sich früher ein sehr schöner geschnitzter Türkenkopf. Als er einmal einigen Urlaubern erlaubte, den Hammer zu besichtigen, er selbst aber keine Zeit hatte, verschwand dieser Kopf. Nun hat ihm ein Bekannter einen nachgeschnitzt. Er ist zwar nicht genau so, aber fast. Denn ohne den Türken hatte ihm die Arbeit in seinem Eisenhammer keinen rechten Spaß mehr gemacht. Jetzt hat er wieder die alte Arbeitslust und er hofft, daß sie ihn die nächsten zehn Jahre nicht verläßt.

Drei Stunden harte Schmiedearbeit brauchte der alte Meister für dieses Metzgerbeil.

Der Schmiedemeister Nepomuk Blössl, geboren am 6. August 1903, starb am 10. Februar 1992 im Alter von 89 Jahren. Die Hammerschmiede ging dann an seinen Sohn Johann Baptist über. Da dieser aber unverheiratet war und keine Erben hatte, übernahm 1998 dessen Neffe Norbert Blössl den Betrieb. Mit sechs Mann Belegschaft führt er auch 2005 dieses älteste Hammerwerk des Bayerischen Waldes weiter. Er hat erst jetzt den Betrieb für 200 000 Euro modernisiert. Neben Sanitär und Spenglerei als neue Betriebszweige schlägt der drei Zentner schwere Hammerbär in der Schmiede noch immer wuchtig und dröhnend auf die glühenden Schmiedeeisen.

Grosse Kunst im Kleinen

Im Sommer 1968 lud mich der Gemmenschneider Martin Seitz aus Passau zu einem „Atelierbesuch" ein. Es wurde für mich ein eindrucksvoller Tag. Ich hatte schon Gemmen gesehen. Aber ich hatte noch nie gesehen, wie man in harte Edelsteine so winzig kleine Kunstwerke hineinschneidet. Nach dem Lexikon sind Gemmen Edelsteine oder Halbedelsteine mit vertieft oder erhaben eingeschnittenen Bildern. Den erhaben geschnittenen Edelstein nennt man eine Kamee. Sie dient meist reinen Schmuckzwecken, während die vertieft geschnittene Gemme ursprünglich meist als Siegel verwandt wurde. Martin Seitz war damals einer der ganz wenigen Künstler nicht nur in Deutschland, ja in ganz Europa, welcher die Kunst des Gemmenschneidens meisterlich beherrschte. Martin Seitz war damals 73 Jahre alt. Er wurde 1895 in Passau geboren, wo er auch 1988 beinahe 93jährig verstarb. Über meinen Besuch schrieb ich damals folgende, hier in Auszügen wiedergegebene Reportage:

„Martin Seitz ist ein freundlicher und bescheidener Mann, dem man seine 73 Jahre nicht ansieht. Natürlich wollte ich wissen, wie er zu dieser sehr seltenen Kunst kam. Hierfür seien verschiedene Umstände maßgeblich gewesen. In seinem Elternhaus – der Vater war Stadtrechtsrat in Passau – war man wohl an der Kunst interessiert, man übte sie aber nicht aus. Lediglich ein Bruder der Mutter hatte als Künstler einen Namen und betätigte sich in der Malerei, der Bildhauerei und der dekorativen Architektur. Der junge Gymnasialabsolvent Martin Seitz rückte als Fahnenjunker im Ersten Weltkrieg ein. Offizier wollte er werden! Doch zwei Dinge machten ihm einen Strich durch diesen Plan. Er wurde schwer verwundet und zudem ging der Krieg verloren und man brauchte keine Offiziere mehr. Nun wollte der junge Passauer Zeichenlehrer werden. Er studierte in München an der Technischen Hochschule und an der Kunstgewerbeschule.

Mit Bernstein fing es an.

Fünf Jahre lang war er Assistent an der TH für Architekturplastik. In dieser Zeit arbeitete Martin Seitz einmal am Gustav-Britsch-Institut in Starnberg. Dessen Leiter regte den jungen Mann an, es doch einmal mit Bernsteinplastiken zu versuchen. Dazu Martin Seitz: „Ich habe eine Liebe fürs Detail. So habe ich also mit Bernstein angefangen und hatte auch gleich bei Ausstellungen im Münchner Glaspalast Erfolg damit. Das war 1925. Nun ist Bernstein verhältnismäßig weich. Er wird mit Stahl schichtweise geschabt. Ich machte meist Tiere und kleine Figuren." Nun gab es damals in München einen Professor Dasio an der Kunst-

Martin Seitz beim Betrachten einer Gemme

gewerbeschule, der die Begabung des jungen Künstlers erkannte. Er schickte ihn zu Julius Schneider, einem Goldschmied an der Kunstgewerbeschule, der eine komplette Steinschleif- und Steinschneidewerkstätte besaß. Kaum hatte sich Martin Seitz dort etwas umgesehen und mit der Technik vertraut gemacht, kam seine Berufung in den höheren Schuldienst nach Passau als Zeichenlehrer. Um es gleich vorwegzunehmen: Martin Seitz blieb bis 1948 im Schuldienst, wo er dann als Studienprofessor ausschied.

Nach Passau brachte er eine alte Steinschneidemaschine mit, die ihm sein Lehrer Schneider verkauft hatte, und mit dieser fing er in Passau als Gemmenschneider oder Glyptiker an. Das Steinschneiden ist an sich eine uralte Kunst aus dem Orient. Sie erlebte in Griechenland im 6. und 5. Jahrhundert vor Christus ihre größte Blüte. Später kam sie auch nach Rom, doch nach dem Klassizismus und der Renaissance starb sie aus. Nur einige wenige beschränken sich auf das Nachmachen antiker Vorbilder.

Wie verlief nun Martin Seitz's künstlerischer Weg? In Passau beschäftigte sich der junge Studienrat erst weiter mit Bernstein. Seine ausgezeichneten Arbeiten brachten ihm sogar ein Angebot als künstlerischer Leiter der Königsberger Bernsteinmanufaktur ein. Doch die

Versuche, harten Edelstein zu schneiden und durch künstlerische Darstellungen noch wertvoller zu machen, verliefen immer geglückter und so verschob sich das Schwergewicht der Arbeit immer mehr auf das Steinschneiden. Hierzu sagte er: „Bernstein verkratzt leicht, oxydiert an der Luft und wird dann schnell unansehnlich. Das alles gibt es bei Edel- oder Halbedelsteinen nicht. Zum Steinschneiden ist übrigens jeder harte und homogene Stein geeignet, also beispielsweise auch Kieselstein. Am gebräuchlichsten sind die Steine der Quarzgruppe: Kristalle, Rauchquarz, Bergkristall, aber auch Amethyst, Chalzedon, Sardonyx, Lapislazuli.

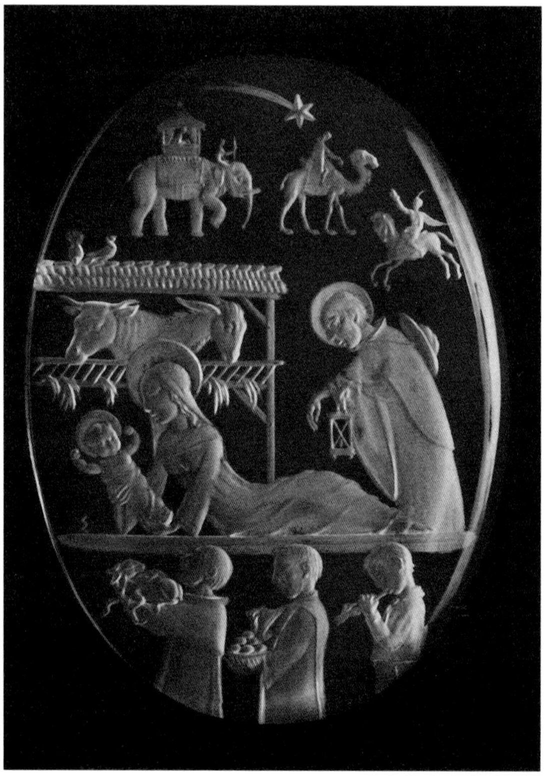

„Geburt Christi mit Hirten und Hl. Drei Königen", Bergkristallgemme, Originalgröße 53 x 37 Millimeter.

Eine künstlerische Familie

Unsere Unterhaltung fand im stilvollen Wohnzimmer statt. Die geistvolle Gattin hatte inzwischen einen echten türkischen Mokka serviert, wie man ihn auf Kreta zu trinken pflegt. Dorthin hatte das Ehepaar Seitz die charmante Tochter begleitet, die als Geigerin in einigen Konzerten aufgetreten war und uns Gesellschaft leistete. Übrigens: Die ganze Familie Seitz ist künstlerisch tätig. Vater Seitz schneidet Gemmen, die Gattin Lotte übernimmt die Ausstellungsleitungen und webt Teppiche mit selbstenworfenen, durchaus künstlerischen Motiven und hat sogar zu einigen die Pflanzenfarben selbst hergestellt und damit die Wolle eingefärbt. Nebenbei entwirft und fertigt sie reizende Gewänder für alte Krippenfiguren, denen man nicht ansieht, daß sie erst vor wenigen Jahren ihre Werkstatt verlassen haben. Die älteste Tochter ist Goldschmiedin und macht für die Gemmen des Vaters die künstlerisch passenden Fassungen – Ringe, Broschen, Etuis – und die jüngste Tochter ist Konzertgeigerin. Nun bat mich Professor Seitz in sein Atelier. Er nennt es übrigens nur schlicht „Arbeitszimmer". Es unterscheidet sich natürlich grundlegend vom Atelier eines Malers oder Bildhauers. Was hier entsteht ist meist nicht viel größer als ein Quadratzentimeter. Kein Wunder, daß des Künstlers Arbeitsplatz nur einen Bruchteil des großen Raumes einnimmt. Ein Stuhl, ein Arbeitstischchen, auf dem eine kleine Steinschneidemaschine steht. Rechts hunderte sogenannter Zeiger zum Steinschneiden, die feinsten an der Spitze nur den Bruchteil eines Millimeters dick. Diese Stahlzeiger sind an sich zu weich, um in den harten Stein die gewünschten Vertiefungen zu schneiden. Aber hier weiß der Künstler sich zu helfen. In einem Stahlmörser zerstampft er Rohdiamanten zu Diamantstaub. Der ist so hart, daß man ihn in die Zeigerspitzen schlagen kann. Wenn nun der kleine Elektromotor den Zeiger rotieren läßt, so fressen sich die winzig kleinen Diamantsplitter in den Stein hinein.

Martin Seitz arbeitet wie jeder echte Künstler soviel und solange er Lust hat. Dies kann manchmal acht Stunden am Tag sein, ein andermal hat er überhaupt keine Lust und geht lieber spazieren. Die geschliffenen Steine bezieht er von Händlern. Hat er unter diesen einen passenden herausgesucht, so entwirft er zuerst auf Papier ein für den Stein, die Farbe und Struktur passendes Motiv. Die Skizze wird dann in wenigen Strichen auf den Stein übertragen. Dieser wird nun auf Holz oder einen Kork aufgekittet, damit man ihn beim Schneiden besser handhaben kann.

Neuerdings muß Martin Seitz bei der Arbeit eine Spezialbrille tragen, denn er ist weitsichtig geworden. Früher hat er selbst die feinsten Schnitte ohne Sehhilfe ausgeführt. Das eigentliche Schneiden erfordert viel Zeit. An einer Gemme mit mehreren Figuren arbeitet der Künstler mitunter vier Wochen. Damit er Wirkung und Entwicklung seines Werks besser beurteilen kann, macht er von Zeit zu Zeit Gipsabgüsse. In Gips sieht man das abgegossene Relief exakter wie etwa in Wachs. Das Auge kann auch ein Relief besser beurteilen als den vertieften Schnitt.

„Engelsverkündigung an die Hirten" Bergkristall, 15 x 19 mm.

Große Kunst im Kleinen.

Dann saßen wir um den runden Tisch im Wohnzimmer und Martin Seitz öffnete eine kleine Schatulle, die einmalige Schätze barg: Gemmen in den verschiedensten Farben und mit den herrlichsten Motiven. Mit einer besonderen Lampe seitwärts beleuchtet fingen die Figuren plötzlich zu leben an. Herrlich zwei Kraniche im Flug. Überhaupt scheint Martin Seitz eine Vorliebe für Vögel zu haben, denn eine Reihe der besten Arbeiten widmete er Vogeldarstellungen. Auf einem etwa 2,5 Quadratzentimeter großen Achat hat er einen Adler, einen Löwen, ein springendes Fohlen und Or-

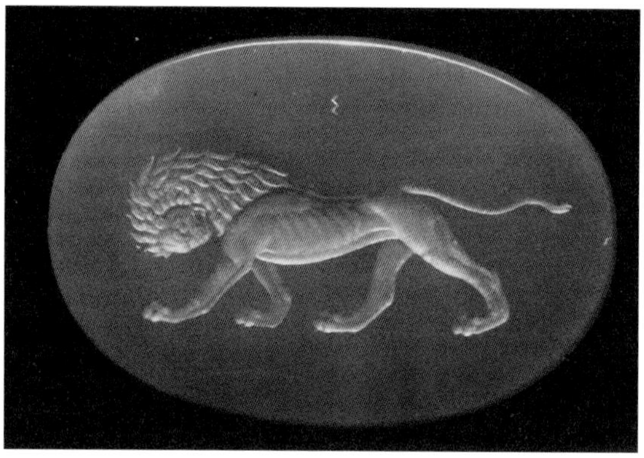

„Löwe“ Karneolgemme, gefaßt in Silberdose, 42x28 mm Original.

pheus mit der Leier eingeschnitten. „Wenn man diese Figuren auf die Größe von 4 mal 5 Meter vergrößert, so ändert sich nichts an der Form, so exakt sind sie geschnitten!“ meint Martin Seitz. Ein anderes Meisterwerk zeigte eine ganze antike Jagdszene: Diana mit drei Hunden, ein Hirsch und ein Falke, der einen Reiher jagt. Eine meisterliche Krippendarstellung entstand in acht Wochen Arbeit. Besonders schwer, aber vollkommen gelöst, sind die Überschneidungen der Linien. Nur ein Drittelmillimeter ist der Unterschied in den Schnitthöhen. Da muß man schon eine ruhige Hand, einen sicheren Blick und wahrlich künstlerisches Einfühlungsvermögen besitzen, um solche winzige und doch so große Meisterwerke zu schaffen. Wieviel Leben zaubert doch des Künstlers Hand in die manchmal recht leblos und kalt wirkenden Steine! Wenn man dann die Gemmen im Licht dreht, so meint man, die Tiere lebten, die Reiher würden ihre fein geschnittenen Flügel tatsächlich bewegen.

Es ist klar, daß solche Kunstwerke nicht billig sind. So sind die Sammler auch die beständigsten Käufer von Martin Seitz's Meisterwerken. Aber auch wohlhabende Damen, Bischöfe und Professoren erwerben hie und da eine Seitz'sche Gemme, die sämtliche an ihrem charakteristischem Signum erkenntlich sind, nämlich einem auf den Kopf gestellten „M“. Es besteht kein Zweifel: Martin Seitz ist einer der ganz großen in der Welt der Kunst. Er ist, was sein Sujet betrifft, einmalig nicht nur in Niederbayern, sondern in ganz Europa. Der Bayerische Ministerpräsident hat ihm den Bayerischen Verdienstorden verliehen, er besitzt den Ehrenring der Gesellschaft für Goldschmiedekunst und wurde auf der Brüssler Weltausstellung und auf der Biennale in Mailand mit Medaillen ausgezeichnet. Er hat schon im In- und Ausland mit großem Erfolg ausgestellt und ein Stoß von Zeitungsausschnitten und Sonderdrucken beweist die Anerkennung geachteter Fachleute. Martin Seitz schafft in einer uralten Kunst. Er hat diese nicht modernisiert. Er hat der Zeit kein Zugeständnis gemacht, sondern er ist stolz darauf, daß seine bedeutendsten Kritiker aus dem In- und Ausland versichern: Martin Seitz hat als Glyptiker die Künstler des 6. und 5. Jahrhunderts vor Christi in Form, Ausdruck und Gestaltung erreicht.

Natur als Vorbild

Es ist kein Wunder, daß sich der Künstler als Vorbild die Natur und das Naturerleben nimmt. So macht ihm jede seiner Arbeiten Freude. Die Technik ist für ihn ein notwendiges Übel. Martin Seitz hat die Gemme als Mittel künstlerischen Ausdrucks neu entdeckt und

hat sich als Autodidakt darin zur wahren Meisterschaft gesteigert. Zum Schluß sagte er mir mit seiner dunklen, ruhigen Stimme: „Es ist Vertrauenssache, jemanden Gemmen zu zeigen. Sie sind nicht weithin tönend, sondern wollen langsam und still entdeckt werden. Beim Gemmenschneiden kann man nichts vertuschen, man kann auch nicht bluffen. Da muß man Farbe bekennen. Der Schnitt ist unverwischbar."
Als ich das Haus verließ, war ich um ein wirkliches Erlebnis reicher. Die Grazie der Gestalten, das wunderbare der Bewegung in den Körpern, eingeschnitten in Jahrmillionen alten Stein, der härter als Eisen, geheimnisvoll leuchtend und Reflexe werfend ist, haben etwas Märchenhaftes an sich und sind traumhaft und zeitlos schön.

Der Künstler hatte etwa 1000 Gemmen geschnitten. Er erhielt den kulturellen Ehrenbrief der Stadt Passau, den Kulturpreis Ostbayern der OBAG und die Stadt Passau hat nach ihm eine Straße benannt.

„In drei Tagen eine Milliarde vertrunken“

„Kaltenbrunn 1“ steht am Hausschild des Sepp Egginger. Sein Anwesen bei Hochdorf (Gemeinde Bischofsmais/Landkreis Regen) bewohnt er ganz allein. Innen und außen ist es recht sauber, keine Selbstverständlichkeit bei einem so alten Mann, denn der Egginger ist fast 89 Jahre alt. Er wurde am 3. November 1901 in Zapfenried in der Gemeinde Rinchnach geboren. Die Mutter war zweimal verheiratet, da ihr erster Mann starb. Von jedem Mann hatte sie vier Kinder, der Sepp war vom zweiten Mann der Älteste. Das Elternhaus war ein alteingesessenes Bauernhaus, das den Hausnamen „Still“ vom Stiefvater her hatte und den er mit nach Kaltenbrunn genommen hat.

Die Volksschule hat der Stillhiasn Sepp im Kloster Rinchnach besucht. Eine Stunde mußte er dorthin laufen, im Winter länger und auch die Kleineren brauchten mehr. Besonders gefürchtet hat er den Kooperator Dirk. Dessen erste Frage am Morgen war: „Wer war früh nicht in der Kirche?“ Die mußten dann aufstehen und bekamen vier Tatzen. „Ich bin zwar meist mit aufgestanden, aber da ich früh vor der Schule schon aushüten mußte, bekam ich die Tatzen nicht!“ sinnierte Sepp Egginger.

Der Vater vom Sepp war an sich Müller. So hatte er an der kleinen Landwirtschaft wenig Interesse, und schließlich verkauften die drei Bauern in Zapfenried ihren Grund gemeinsam an den Landwirtschaftlichen Verein Regen, der daraus eine Jungviehweide machte. Da waren oft 200 und mehr Kälber und Jungstiere auf den Wiesen.

1914 verließ der Sepp die Volksschule und kam nach Kandlbach als Hütbub zu einem Bauern. Doch zwischen dem Kleinknecht und dem Großknecht gab es eines Tages eine Rauferei: Der kleine Knecht mußte gehen, und der Egginger Sepp mußte plötzlich neben dem Hüten auch noch die 18 Stück Vieh des Kleinknechtes

Der „Stillhiasn-Sepp“, mit sich und der Welt zufrieden.

ausmisten und füttern. Das war eine harte Zeit für den gerade 13jährigen: Im Sommer um vier Uhr aufstehen, um acht Uhr abends ins Bett auf dem Dachboden!

Nach einem Jahr begann die Arbeitsplatzwanderung des Sepp Egginger. Schließlich war der Erste Weltkrieg im Gange, und überall wurden in der Landwirtschaft Arbeitskräfte gesucht. So kam er zunächst zur Tante nach Innernzell. Dort gab es für ihn fünf Rinder zu füttern und auszumisten, außerdem mußte er bei den vier Ochsen mit anpacken, einspannen, füttern und anderes. Beim Mähen mußte er schon voll seinen Mann stehen, und hat seine Mahd genauso hingelegt wie die Erwachsenen. Jahreslohn außer dem Essen: 60 Mark, zwei Hemden, eine Hose! Arbeitszeit manchmal 14 Stunden am Tag! Doch, an das erinnert sich der Egginger Sepp wie an vieles andere erstaunlich genau: Das Essen und die Schlafkammer waren erstklassig.

Dann ging er für die Jahre 1915 und 1916 zu einem Bauern nach Fahrnbach bei Bischofsmais. Hier sollte er im Jahr 100 Mark bekommen, doch als der Bauer sah, was für ein unermüdlicher und kräftiger Arbeiter der junge Bursch war, gab er ihm freiwillig 110 Mark Jahreslohn. „I wor äußerli da Schwächa, aber sunst da Fleißigste!“ erinnert sich der Sepp. Doch dann mußte der Vater in den Krieg ziehen, und der Sepp wurde zu Hause gebraucht.

Schotterfabrikation als Handarbeit

Nach dem Krieg versuchte er es beim Straßenbau. Damals wurde die Straße Lalling zur Rusel hinauf gebaut, doch das war sein Ideal nicht, und so verdingte er sich wieder als Bauernknecht in Langbruck. Aber da war halt der Verdienst rar, und bald machte sich die Inflation bemerkbar. Da reichte es am Sonntag oft nicht mal mehr für eine Halbe Bier.

So entschloß sich der Sepp, selbständig zu werden. Er wurde „Schotterfabrikant“ für die Ruselstraße. Das ging so vor sich: Mit Fuhrwerken wurden Bruchsteine angefahren, die er mit einem großen und einem kleinen Hammer oder Schlegel zu Schotter zerkleinerte. Eine Knochenarbeit. Das Arbeitsergebnis wurde in einer Maßkiste gemessen. Doch mit der Bezahlung haperte es manchmal. Als es an einem

„Sei Sach“ hat der Sepp trotz seines Alters tipptopp in Ordnung. Rechts das unentbehrliche Häusl.

Samstag kein Geld gab, wurde am darauffolgenden Samstag gleich für zwei Wochen ausbezahlt. Zu Dritt bekamen sie jeweils eine Milliarde Mark, mit der sie endlich wieder ins Wirtshaus gehen konnten. Doch der Wirt konnte den Milliardenschein nicht wechseln. „Wos habt's da g'macht?" wollte ich wissen. Darauf antwortet der Sepp: „Ja, wos? Mir san drei Toog sitz'n bliebn und hobn dös Göld vasuffa!"

Seit 1955 allein im Haus

Der Hunger war damals groß, und sie haben sich nicht gescheut, in Obstgärten einzusteigen und die Äpfel herunterzuschütteln. Doch auch das ging vorüber. Der Egginger Sepp versuchte es dann einmal bei einer Zimmerei, ging dann aber wieder vier Jahre lang in einen Steinbruch bei Hochbruck. 1934 hat er dann endlich seine Maria geheiratet. Sie kam aus Bischofsmais, wo die Eltern eine kleine Landwirtschaft hatten. Schon 1932 hatte der Sepp das kleine Anwesen „Kaltenbrunn 1" übernommen. Seine Frau starb 1969, und ihre einzige Tochter hatte bereits 1955 weggeheiratet. So lebt der alte Mann jetzt schon über 20 Jahre allein in dem Haus.

Vom Haus aus hat man eine schöne Aussicht, auf Birkental, Langbruck, aber auch auf den Arber und den Falkenstein. Der Stillhiasn Sepp ist mit sich und der Welt zufrieden. Seinen Grund hat er verpachtet, sein einfaches Essen kocht er sich selbst, und zum Einkaufen und zur Kirche geht er noch nach Bischofsmais. Seine Tochter und etliche Bekannte kommen immer wieder vorbei und schauen nach, doch der Sepp braucht noch kaum Hilfe.

Da fängt er noch einmal zu erzählen an, vom letzten Krieg, wo er zunächst bei der „Organisation Todt" gearbeitet hat und später sogar noch als Soldat bis an die rumänische Grenze kam. Dann ging es rückwärts, und ab Wien machte sich der Sepp selbständig. In fünf Tagen hatte er sich bis Hochdorf durchgeschlagen.

Im Sommer steht er meist schon um 5 Uhr auf, räumt seine Stube auf und richtet sich etwas zu Essen. Das Rauchen hat er schon lange aufgegeben und auch das Schnupfen, wo er in zwei Wochen gute 300 Gramm Schnupftabak an seine Nase verfütterte. „Dös Schnupfa aufzuhörn war schwarer als dös Raucha!"

Mit dem Schlafen hapert es beim Sepp. Da liegt er halt des nachts oft wach und sinniert. Früher hat er dann Schwingen gemacht, Rechen oder so etwas. Heute ist ihm dies zu beschwerlich. Da schaut er halt hinaus und denkt nach, beobachtet Rehe und Hasen und kann es manchmal kaum noch glauben, was er in seinen langen Leben alles zusammengearbeitet hat. Fernseher braucht er keinen mehr, den hat er auf den Dachboden gestellt, ab und zu ein Blick in die Zeitung. Wenn's gar zu langweilig wird dann betet er halt einen Rosenkranz. Und was macht er am Heiligen Abend? will ich zum Abschluß wissen. „Da bet' ich nach dem Essen an Rosenkranz und dann leg' i mi ins Bett!"

Josef Egginger starb am 27. April 1995 im Alter von 93 1/2 Jahren.

An der böhmischen Grenz hots an Fuhrmo vowaht …

„An der böhmischen Grenz hots an Fuhrmo vowaht, ganz recht is eahm gscheng, warum fohrt a so staad!“ So heißt es in einem alten und bekannten Volkslied. Ja, die alten Fuhrmänner waren wichtige Persönlichkeiten. Ohne sie wäre es um den Handel und die geringe Industrie im Waldland vor der Erbauung der Eisenbahn schlecht gestanden. Aber auch nach Eröffnung der ersten Eisenbahnlinien waren sie weiter unentbehrlich. Sie brachten mit ihren schweren Fuhrwerken die Waren zu den Bahnstationen und holten sie von dort wieder ab. Erst die Lastkraftwagen bereiteten ihnen später ein Ende. Einige wenige der alten Fuhrleute leben heute noch, die meisten jedoch sind bereits tot.

So starb vor wenigen Jahren in Zwiesel der Fuhrmann, oder wie wir heute sagen, der Fuhrunternehmer Ludwig Nirschl. Er war ein großer, kräftig gebauter Mann mit Bärenkräften. Die brauchte er auch, denn es ist keine Kleinigkeit, im unwegsamen Waldgelände Baumstämme aus dem Wald herauszuziehen, schwere Blöcher aufzuladen und solch eine schwere Ladung zu steuern. Von ihm wird glaubhaft erzählt, dass einmal bei einer Brennholzfuhre im Wald ein Wagenrad brach. Sollte man die mehrere Ster große Ladung abladen, um das zerbrochene Rad auszuwechseln? Der Nirschl Ludwig meinte zu seinem Knecht, wenn er sich beeile, dann würde er solange die eine Seite des beladenen Wagens stützen, bis das Rad gewechselt sei. Und so geschah es. Mit seinem breiten Rücken drückte der Fuhrmann das eine Wagenende mitsamt der schweren Ladung so lange in die Höhe, bis das gebrochene Rad gegen ein Ersatzrad ausgetauscht war.

Ferdinand Stangl im Jahr 1966

Dann nahm er seine Peitsche und weiter ging die Fahrt.

Natürlich hatte ein solcher Mann auch einen entsprechenden Appetit. Damit die Fuhrwerke nicht jeden Tag en weiten Weg nach Hause fahren mussten, bauten die Fuhrleute im Wald gleich eine kleine Hütte, wo sie während der Woche hausten. Für die Pferde suchten sie unter den Waldbäumen einen Unterstand. Als sie einmal hungrig und schweißnass von der Waldarbeit in ihren Unterstand kamen, machte sich der Nirschl Ludwig das von zu Hause mitgebrachte Essen warm: Zwei Pfund Schweinernes, zwölf Knödel und einen Topf voll Kraut. Diese Portion aß er ohne größere Anstrengungen auf und meinte hinterher bloß: „A bissl wos wenn ma im Mogn hot, is oan glei viel leichta!"

Der Nirschl Ludwig hatte meist vier oder sechs Pferde und beschäftigte auch Knechte. Als sie einmal vom Forst einen größeren Auftrag in einer entfernteren Waldabteilung bekommen hatten, nahmen sie auch einen alten Küchenherd mit in den Wald, den sie in ihrer Arbeitsstube aufstellten. Über dem Herd war eine Schnur gespannt, an der sie ihre nassen Handschuhe, Socken, Mützen und was sonst noch alles trockneten.

Einmal nach einem Regentag saßen Knechte und Fuhrmann um den rohen Tisch und tranken ihren Malzkaffee. Einer der Fuhrknechte war gar nicht zufrieden. „Der Kaffee schmeckt heind sou bitta", meinte er. Auch die anderen merkten den veränderten Geschmack. Aber was machte es. Als sie den letzten Rest aus ihrem Kaffeetopf gegossen hatten, merkten sie die Ursache: Ein zum Trocknen aufgehängter Socken war von der Schnur in den Kaffeetopf gefallen und war mitgekocht worden. Kein Wunder, dass der alte Fuhrmannsocken den Kaffee bitter gemacht hatte. Der Nirschl Ludwig meinte nur: „I hob mi scho gwundert, dass der Kaffee gor so schwarz wor!"

Ganz bekannte Fuhrleute im Zwiesler Winkel waren die Brüder Stangl. Alle vier Brüder betrieben früher mit mehreren Rössern das Fuhrgeschäft. Einen von ihnen, den Stangl Ferdl, habe ich besucht. Er wurde am 2. September 1885 in Schwarzach bei Langdorf unweit von Zwiesel geboren. Trotzdem er also schon über 80 Jahre alt ist, arbeitete er noch jeden Tag und hat auch immer noch einige Rösser im Stall.

Ferdinand Stangls Vater war Landwirt und betrieb nebenher noch ein Fuhrgeschäft. Meist fuhr er mit seinen vier Pferden die Strecke Zwiesel – Deggendorf. 1906 verkauft Vater Stangl seinen Hof, Sohn Ferdinand kam zum Militär nach Regensburg und als er nach zwei Jahren wieder nach Hause kam, machte er mit den beiden Pferden seines Vaters selbst ein Fuhrunternehmen auf. Ferdinand Stangl hatte noch zehn weitere Geschwister. Eine Schwester half ihm im Wald Holz auf- und abladen. Bruder und Schwester und die beiden Rösser waren so einige Jahre ein gut harmonisierendes Doppelgespann, bis im Jahr 1913 die Schwester heiratete. Jetzt musste der Ferdl zusehen, wie er allein zurecht kam. Sechs Geschwister waren nach dem Tod des Vaters 1911 noch zu Hause und für diese hatte er zu sorgen. Das wollte schon etwas heißen.

1913 heiratete Ferdinand Stangl und kaufte sich noch ein zweites Paar Rösser. Aber schon ein Jahr später musste er mit seinem alten Regiment in den Krieg hinaus. Als zu Hause niemand mehr die Arbeit machen konnte, verkaufte seine Frau die Pferde. Schließlich wurde der Ferdinand frontdienstuntauglich. Er erblindete auf dem linken Auge und kam ins Lazarett nach Regensburg. Bei einer Urlaubsfahrt nach Hause hatte er in Deggendorf zwei Stunden Aufenthalt. Sein einziger Gedanke: Wie komme ich wieder zu ein paar Pferden. Er ging auf eine Brotzeit zum Brunnenwirt und fragte ihn, ob er ein paar Rösser wüsste. Tatsächlich, in der Nähe hatte ein böser Hengst eine Bäuerin erschlagen.

Der von der Front heimgerufene Bauer verkaufte nun Hengst und Stute. Beim Sägewerk Piller in Zwiesel holte sich Ferdinand Stangl einen Auftrag über die Abfuhr von 400 Festmeter Holz, ließ sich einen Kredit auf diesen Auftrag geben und kaufte die beiden Pferde. Inzwischen war mit dem Pferdehandel der Urlaub vorbei und der Ferdl musste zurück ins Lazarett nach Regensburg. Er bat aber sofort wieder um Urlaub und bekam ihn. Als er wieder waldwärts fuhr, sagte ihm ein Bekannter in Regen: „Du, Dei Hengst hot Dein Bruadern bissen, in Arm!“ So war es auch, und es war höchste Zeit, dass sich der Ferdinand selbst um seine Gäule annahm.

Lange Zeit fuhr der Stangl Ferdinand Holz für die Dascher-Hütten, eine Glasfabrik, die ihr Tafelglas hauptsächlich mit Holz fabrizierte. Er kaufte sich noch ein zweites und 1924 ein drittes Gespann.

Der Stangl Ferdl brauchte schwere, kräftige Pferde

1918 erwarb Ferdinand Stangl schließlich das Haus in Zwiesel, das er noch heute bewohnt. Er erweiterte es mehrmals und baute einen großen Stall an. Das Fuhrgeschäft vergrößerte Stangl Ferdinand schließlich auf 14 Pferde, mit denen er in einem Jahr manchmal 18 000 Ster Holz fuhr. Neben seinen zwei Brüdern halfen ihm noch drei Knechte, zwei Tagewerker und sechs Rossführer.

Gefahren wurde das ganze Jahr, im Sommer mit den schweren Wagen, im Winter mit Schlitten. Schlecht waren damals noch die Straßen und die Pferde mussten viel leisten, denn die Wagen sanken im Wald oft bis zur Achse in Schlamm und Morast ein. Gummibereifte Fahrzeuge gab es damals noch nicht. Meist wurde aus den Wäldern um Scheuereck oder Zwieslerwaldhaus Holz zum Bahnhof Ludwigsthal gefahren und verladen. Vier Fahrten am Tag konnte man da schaffen, wenn man früh um fünf Uhr anfing. Ein gutes Gespann zog fünf Festmeter oder eine Ladung von 110 Zentnern. Das Holz war meist für Papierfabriken oder Bergwerke bestimmt. Die Stadt Landshut bezog jährlich etwa 9000 Ster Holz aus diesem Gebiet, die von Ferdinand Stangl gefahren wurden.

Zwei Männer versahen zu Hause die kleine Landwirtschaft, zu der neben einigen Feldern immerhin vier Kühe, sechs Kälber und ein Dutzend Schweine gehören. War in einem Jahr der Hafer besonders schlecht, so kaufte Ferdinand Stangl noch einige Ladungen Mais dazu. Dieser wurde gebrochen an die Pferde verfüttert. 1930 traf ihn ein schwerer Schicksalsschlag: Sein Anwesen brannte mit allem Vieh und allen Maschinen und Fahrzeugen ab.

Aber es dauerte nicht lange, da hatte Ferdinand Stangl einen neuen Stall und neue Pferde und fuhr wieder lustig mit der Peitsche schnalzend über die zum Teil sehr schlechten Landstraßen. Einmal fuhren sie von Lohberg aus Grubenholz und Maststangen zum Bahnhof Lam. Das war ein besonders schlechter Auftrag. Die Straßen waren miserabel und die Pferde wurden von Tag zu Tag trotz besten Futters magerer. Die armen Tiere arbeiteten den ganzen Tag schweißgebadet.

Auf den Straßen lag reiner Schotter von Hühnereigröße. Die Räder wurden für die Fahrten mit extra großen Radreifen beschlagen, von denen jeder allein einen Zentner wog. Da kann man sich vorstellen, welches Gewicht so ein großer Wagen mit Ladung hatte.

Im Jahr 1935 tat Ferdinand Stangl dann den Sprung in die Neuzeit: Er kaufte zwei Lastwagen, die allerdings von seinen Söhnen gefahren wurden, während er dem Pferdebetrieb treu blieb.

Jetzt hat Ferdinand Stangl schon längst sein Anwesen an seine Söhne übergeben. Aber drei Rösser hat er noch immer und betreibt mit ihnen weiter sein Fuhrgeschäft. Pferde sind im Wald noch häufig unentbehrlich, so dass er sich über Aufträge nicht zu sorgen braucht. Seit seiner Jugend hat der Stangl Ferdinand mindestens 500 Pferde besessen. Viele verkaufte er wieder, wenn sie nicht gut waren oder sie für die schwere Arbeit nicht taugten. Manches ist ihm auch an der Kolik oder anderen Krankheiten eingegangen.

Das Fuhrgeschäft war für Mensch und Tier nicht einfach. Einmal, am Heiligen Abend, wurde dem Stangl Ferdinand der Fuß abgeschlagen und seine Leute luden ihn zum Holz auf den Wagen und fuhren ihn heim. Als sie einmal am Deffernick Holz fuhren, gab es so viel Schnee, dass sie vier Pferden die Hufeisen herunterrissen und sie ohne Gespann laufen ließen, damit sie eine Spur machten. Bis zur Brust eingesunken wühlten sie sich durch den Schnee. Durch das Ziehen im Schnee und Eis rissen sich die Pferde manchmal ganze Hufteile ab. Sie fielen dann längere Zeit aus, bis die Hufe wieder nachgewachsen waren. Selbstverständlich beschäftigte der Stangl Ferdl lange Zeit einen eigenen Schmied. Die Schmiede hatte er bereits in der Inflation für 50 Millionen Mark gekauft. Der Fuhrlohn war im allgemeinen niedrig und wurde durch die Konkurrenz anderer Fuhrunternehmer noch gedrückt. In den zwanziger Jahren liefen in Zwiesel etwa dreißig Pferdegespanne. Bei der erwähnten Fahrt am Deffernick bekam der Ferdl für jeden Ster 1,30 Mark Fuhrlohn. Durch den vielen Schnee wäre der Auftrag beinahe nicht termingemäß erledigt worden. Dann hätte es eine Vertragsstrafe und Abzug vom Fuhrlohn gegeben. So mussten die Gespanne teilweise mit Petroleumlampen und Fackeln schon in der Nacht losfahren, um ja den Termin einhalten zu können. Normale Arbeitszeit war von fünf Uhr früh, da wurde eingespannt, bis zehn Uhr abends, und das sechs Tage in der Woche.

„Natürlich san mir a amal sitzen bliebn. Dann is scho hoch herganga. Da is dann trunka worn und gsunga!" meint lachend der Stangl Ferdinand, dem man seine 80 Jahre und die schwere Arbeit, die hinter ihm liegt, fürwahr nicht ansieht. Dann klang auch das Lieblingslied der Fuhrleute bald durch die Wirtsstube! „I bin a Fuhrmo, a schwara, nimm Peitschn in d'Hand und schrei würr! O hob zwoa hawe Rapperln, wenn ös einspann, dö trapperln, nimm' Peitschn in d'Hand und schrei würr!"

Im Sommer traf der Stangl Ferdinand beinahe täglich Holzholer mit ihren Handwagerln, die ihn baten: „Göh, loß mi anhänga!" Noch heute hat er einen Landauer im Schuppen. Den holt er heraus, wenn im Sommer Fremde eine Pferdefahrt machen wollen. Da muss es langsam gehen, die Urlauber wollen etwas sehen. Und dann erzählt der Stangl Ferdinand aus seinem langen Leben, aus dem die Pferde nicht fortzudenken sind.

Der Weg zum Lehrer vor hundert Jahren

Gleich neben der St. Veitskirche in Kötzting, wo alljährlich der traditionsreiche Kötztinger Pfingstritt seinen Ausgang nimmt, steht das schmucke Bürgerhaus Marktstraße Nr. 34. Hier wohnt Rektor a.D. Heinrich Stauber, ein verdienter, alter Schulmann, hier wurde er auch, am 11. Februar 1888 geboren. Er wird also bald 90 Jahre alt. Doch Rektor Stauber ist kein zittriger Greis, sondern ein rüstiger und energischer Mann, der mit seinem unwahrscheinlich guten Gedächtnis aus einem langen Leben berichten kann.

Also, Großvater Theodor Stauber war wie sein Sohn Wagnermeister. Hier am oberen Ende des Kötztinger Marktes übten sie ihr Handwerk aus. Allerdings sah damals das Haus noch anders aus. Man konnte vor allem von der einen Straße in den Hof einfahren und auf der anderen Hofseite in die Nachbarstraße wieder ausfahren. Doch 1899 brannte das alte Wagnerhaus beim großen Stadtbrand völlig nieder. Dabei verbrannten auch des Großvaters gesamte Holzvorräte, die er für seine Fuhrwerke, Schlitten und Pflüge unbedingt brauchte. Das war ein furchtbarer Schlag.

Das Holz lagerte teilweise schon Jahre und war von weither bezogen. Heinrich Stauber erinnert sich noch genau an diese Zeit. Im Sommer arbeitete der Großvater mit seinen Gehilfen vom Hellwerden bis zur Dunkelheit. Im Winter, wo es etwas ruhiger war, fuhr der Großvater zum Holzeinkauf und fertigte mit den Gesellen und Lehrlingen Speichen, Räder, Radnaben, Rundfelgen, Kufen und dergleichen, die er an Wagner in Regensburg lieferte. Die fertige Ware wurde in Pulling auf Flöße verladen und auf dem Regen nach Regensburg gebracht.

„Mein Vater ist mit 15 Jahren das letzte Mal mit dem Großvater auf einem Floß von Pulling nach Regensburg mitgefahren. Das war 1864. Das war für ihn ein großes Erlebnis, weniger allerdings der weite Fußmarsch nach Hause.“

Der schönste Spielplatz war der Marktplatz

Mit Schmunzeln erinnert sich der ehemalige Schulmann an seine Kindheit in Kötzting. „Das war die schönste Zeit in meinem Leben!“ sagt er spontan. Kötzting war damals noch Markt, hatte 1800 Einwohner und der schönste Spielplatz für die Kinder war der Marktplatz, über den heute beinahe pausenlos die Autos brummen. Im Sommer gingen die Buben auch an den Regen zum Baden. Am Heödwiadfall war es dazu am schönsten. Dort steht heute das Freibad. Die damalige Volksschule in Kötzting hatte sechs Klaßzimmer, je drei für Knaben und für Mädchen.

Natürlich hatte der kleine Heinrich vom Großvater im Winter einen schönen Schlitten bekommen. Doch als ein pensionierter Major sich vom Großvater einen richtigen großen Rodelschlitten bauen ließ, da staunte ganz Kötzting. Ein erwachsener Mensch und fährt noch Schlitten! Dieser Major hatte übrigens eine tiefe Abneigung gegen das Peitschenknallen, das besonders von den Fuhrleuten am steilen Marktplatz ständig zu hören war. Ein Fuhrmann, der häufig am Haus des Majors vorbeikam, ließ nun seine Peitsche dort besonders laut und lange knallen. Dies regte den Offizier so auf, daß er Kötzting schließlich verärgert verließ.

Heinrich Stauber weiß es noch genau: Im Sommer liefen alle Kinder barfuß, im Winter in Holzschuhen. Im Schulranzen befanden sich Schiefertafel und Griffelschachtel und vielleicht eine Fibel und ein Heft. In Kötzting wurden damals die 1. und 2. Klasse, die 3. und 4. und die 5. bis 7. Klasse gemeinsam unterrichtet. Am Donnerstag war schulfrei, dafür mußten die Kinder um acht Uhr in das Donnerstagsamt in die Kirche kommen. Nach der 7. Klasse mußte man noch drei Jahre lang am Sonntag die sogenannte Feiertagsschule besuchen. In manchen Orten war auch der Mittwoch oder der Samstag anstelle des Donnerstag schulfrei. Nach sieben Klassen Volksschule und im Alter von 13 Jahren wurde Heinrich Stauber schließlich aus der Schule entlassen.

Wie wurde man Lehrer?

Um Lehrer zu werden, mußte er auf die Präbarandenschule. Entweder nach Straubing oder Cham. Da es damals noch keine Bahnver-

Rektor Stauber beim Studium alter Fotos

bindung nach Straubing gab, kam Heinrich Stauber nach Cham. Dort herrschten für die jungen Lehrerstudenten strenge Sitten. Man konnte im Internat, bei Verwandten oder bei privaten Vermietern wohnen. Heinrich Stauber entschied sich für eine private Unterkunft und ersuchte um die Erlaubnis, im Gasthaus essen zu dürfen, da sein Bruder auch dort esse. Man erlaubte ihm den Besuch des Gasthofes Luckner mit der Auflage, nicht einen Tropfen Bier dort zu trinken.

Mit der Freizeit sah es für den jungen Mann schlecht aus. Es wurde fast den ganzen Tag studiert. Nach Hause kamen die Präbaranden nur zu den großen Feiertagen und den großen Ferien. Ihre Bewegungsfreiheit war auf drei Kilometer um Cham beschränkt. Die Präbaranden trugen übrigens graue Hüte. Da dies sonst niemand tat, wußte jedermann auf der Straße: „Aha, da kommt ein angehender Lehrer!“ Ärmere Studenten hatten mitunter Essen-Freiplätze bei Bürgersfamilien oder durften sich dort das Mittagessen abholen, das sie dann auf ihren Buden verzehrten.

Mit 18 Jahren Volksschullehrer

In der Präbarandenschule wurde nur allgemeines Wissen vermittelt. Zur anschließenden pädagogischen Ausbildung mußte Heinrich Stauber dann auf die Lehrerbildungsanstalt nach Amberg. Die für Niederbayern zuständige Lehrerbildungsanstalt war zwar in Landshut, aber verkehrsgünstiger lag für ihn die für die Oberpfalz zuständige in Amberg. Kurz nach seinem 18. Geburtstag legte er dann dort seine Prüfung zum Volksschullehrer mit Erfolg ab. Zur Einarbeitung erhielt er ganze drei Tage Praktikumszeit, dann mußte er seine erste selbständige Schulstelle in Fürstenzell antreten. Vier Jahre war er Hilfslehrer, dann beförderte man ihn zum Schulverweser. Diese Beförderung war aber mit dem ersten Umzug nach Triftern verbunden, wo Heinrich Stauber auch seine Frau kennenlernte. Die weiteren Lebensdaten des verdienstvollen Schulmannes sind schnell erzählt: Lehrer in Siegenburg, dann als „definitiver Lehrer“ nach Schönau am Regen, dann wieder 22 Schuljahre in Triftern, bis Heinrich Stauber in Eggenfelden Schulrektor wurde. 1953 ging er dort wegen Erreichens der Altergrenze in den Ruhestand. Dazwischen liegen noch zweimal Kriegsdienst, das zweite Mal als Hauptmann der Reserve. „Als Pensionär bin ich dorthin geflogen, wo ich einst abgeflogen bin, nach Kötzting!“ meint Heinrich Stauber.

Wie war nun die Arbeit an den Schulen? will ich wissen? „Ja, das war ganz einfach!“ bekomme ich zur Antwort. „Wir hatten eine Lehrordnung, die war schon aus der Zeit um 1860. Als ich bei Hauptlehrer Killesreiter in Fürstenzell meine erste Stelle antrat, meinte dieser zu mir: Eine Lehrordnung haben wir leider nicht, die ist irgendwann einmal verschwunden. 1907 kam dann die neue Lehrordnung, die galt bis 1925 und enthielt kurz alle Bestimmungen für die Erteilung des Unterrichts. Als 1925 die neue Lehrordnung kam, glaubte ein Kötztinger Lehrer, daß er damit nicht mehr zurechtkomme. Er nahm sich das Leben.

Damals gab es noch die Prügelstrafe. Rektor Stauber betont, daß er kein „Prügelpädagoge“ gewesen sei, daß er sie jedoch manchmal für ganz nützlich gehalten habe. Besonders den Buben wurde damals oft mit einer anständigen Tracht Prügel auf den Hosenboden mancher Scherz ausgetrieben.

Da wohnte im Wald ein armer alter Mann in einem alten Eisenbahnwagen. Immer wieder schlichen sich die Buben dorthin, schlugen dem Mann die Fensterscheiben ein und manchmal sogar den Mann selbst. Da gab' s natürlich eine Tracht Prügel. Als Heinrich Stauber den Mann fragte, warum er sich denn das gefallen lasse, meinte dieser nur: „Der Herrgott ist auch geschlagen worden!“ Der alte Schulmann gibt dabei auch zu bedenken, daß es in vielen Familien sechs und mehr Kinder gab und die Eltern sich vor lauter Arbeit garnicht um die Kindererziehung kümmern konnten. Die überließen sie dem Lehrer, der bei 60 Kindern pro Klasse auch überfordert war. Am Sonntag vor der Kirche bekam Heinrich Stauber als junger Lehrer öfter zu hören: „Sein'S ja recht streng zu den mein, geb'n S' meim Buam nur a gscheite Tracht Prügel, wann er net folgt!"

Damals mußten die Lehrer noch viel mehr Unterricht halten als heute, sie waren zudem viel schlechter bezahlt als heute und mußten automatisch gewisse Nebenarbeiten mit verrichten. Eines davon war das Amt des Organisten in der Kirche. Diese Stelle war in den Dörfern automatisch mit der 1. Lehrerstelle verbunden. Wer sich auf eine solche Stelle meldete, wurde einfach Dorforganist. Das galt bis 1918. „Bis in Eggenfelden war ich immer auch Organist!" erzählt der alte Rektor, in dessen Wohnzimmer neben Bücherschränken und -regalen auch noch ein Klavier steht, auf dem er auch noch spielt.

Er fährt auch gleich fort: „In Triftern war die beste Orgel!" Natürlich mußte der Lehrer mitunter auch während der Schulzeit in die Kirche zum Orgeln, bei Hochzeiten oder Beerdigungen. Dann paßte im Klaßzimmer ein Schüler einstweilen auf und der zweite Lehrer sah von Zeit zu Zeit nach, daß es nicht gar zu laut herging. Sonderschulen gab es damals auf dem Land noch nicht, „leider" meint Heinrich Stauber. Die behinderten Kinder wurden halt bis zur 3. oder 4. Klasse mitgeschleppt.

Rektor a.D. Stauber ist auch jetzt noch nicht untätig. Er verfaßte einen Führer „Wandern durchs Kötztinger Land", trieb heimatkundliche Studien und schrieb manche Vereinsfestschrift. Für die fast verfallene Kriegergedächtnisstätte auf dem Mittagstein ging er dreimal von Haus zu Haus sammeln, bis die 2 000 Mark beisammen waren, um sie zu renovieren. Er ist Mitglied im Ritterbund Puchberg im Schweinachgau, der in Hengersberg seinen Stammtisch hat.

Fürwahr, dieser verdiente Lehrer hat ein erfülltes Leben hinter sich, ein Leben, das lebendige Auskunft gibt über die Pädagogik in Niederbayern um die Jahrhundertwende bis zur Jetztzeit.

Ein Paßbild vor über 150 Jahren!

Ein Leben ohne Fotografie können wir uns heute nicht mehr vorstellen. Im Paß, im Führerschein, in der Zeitung, im Fernsehen, für all dies braucht man die Kamera, um Gesichter oder Dinge zeigen zu können. Die älteste heute erhaltene Fotografie ist aus dem Jahre 1826. Die beiden Franzosen Daguerre (1787 – 1851) und Niepce (1765 – 1833) gelten als die Erfinder des Fotos und Fotoapparats.

Was hat man denn vor Erfindung der Fotografie gemacht, wenn man jemanden sein Konterfei zur Erinnerung übergeben wollte? In ganz feinen Kreisen ließ man sich malen oder zeichnen. Wer nicht so viel Geld ausgeben wollte oder konnte, der ließ von sich eine Art Scherenschnitt anfertigen. Die Künstler, die dies konnten, traten meist auf Jahrmärkten auf oder inserierten in den kleinen Zeitungen, daß sie an einem bestimmten Tag ihre Kunst da und dort ausüben würden. Natürlich mußte das dann schnell gehen. Darum war eine

Als es noch keine Fotografie gab, erfreute man seine Lieben mit einem solchen Scherenschnitt, die meist von reisenden „Künstlern“ auf Jahrmärkten angefertigt wurden.

Tuschzeichnung in Art eines Scherenschnitts durchaus geeignet.
Rektor a.D. Heimrich Stauber in Kötzting besitzt noch so ein Erinnerungsblatt. Ein Joseph Kasparowsky hat es am 20. März 1853 einem Thomas Stauber, sicher einem guten Freund, zur fortwährenden Erinnerung gewidmet. Das Konterfei ist durchaus gut gelungen. Der junge Mann steht selbstbewußt da, die Arme vorschränkt. Die Darstellung im Profil erleichtert dem Künstler die Arbeit und läßt die Gesichtszüge des Dargestellten durchaus gut erahnen. Haare und Ohr sind realistisch dargestellt und auf der detailiert wiedergegebenen Kleidung hat der Künstler auf dem Rockschoß noch seine Initialen aufgetragen „J.B.“. Übrigens gab es dabei auch verschiedene Techniken. Dieses Erinnerungsbild wurde so gemalt: Der Künstler trug erst die Person in Schwarz auf und malte dann später mit weißer Kreide die Einzelheiten der Kleidung sowie Ohr und Haare darüber. Das Bild ist, wenn man so will, ein Paßbild vor 150 Jahren!

„Die Kunst des Malens ist ein Weglassen“

Sonntag vormittag um neun Uhr habe er Zeit für ein Interview, sagte mir der in Zwiesel wohnende Maler Oskar Langer. Als ich kurz vor neun zu ihm fahren will, begegnet er mir im Auto auf der Straße. Aber nicht, um mich abzuholen. Der herrliche Herbsttag hatte in ihm nur einen Wunsch aufkommen lassen: Sofort auf dem schnellsten Wege in den geliebten Wald. Mich hatte er ganz vergessen. So fand das Interview nicht im Atelier, sondern – für Oskar Langer stilecht – am „Tatort“, nämlich mitten im Walde auf einer Bank vor dem Höllbachschwellhäusl am Fuß des Großen Falkenstein statt. Oskar Langer bevorzugt mit vielen Bayerwald-Kennern den Falkenstein vor dem Arber. Sie lieben seine Stille, seine Urwüchsigkeit und die verhältnismäßige Unberührtheit seiner Wälder im Gegensatz zum Arbermassiv.

Oskar Langer beim Malen im Wald

Klar war die Luft und warm, still lag das Wasser der Höllbachschwelle, wo einst zur Triftzeit die mächtigen Baumstämme zu Tal sausten und die gewaltigen Fichten und Tannen spiegelten sich dunkel im Wasser. „Seng's, da fühl i mi wohl, dös is mei liabsts Platzerl!" meint Oskar Langer. Und dann erzählt er: Geboren am 20. November 1909 in Rinchnach, zeigt sich bei ihm bereits im Kindesalter eine künstlerische Begabung. Schon der Urgroßvater war ein guter Maler, der meisterliche Porträts auf Glas malte und der Großvater war ein Meistergraveur, von dem heute noch das Zifferblatt einer gläsernen Uhr im Münchner Bayerischen Landesmuseum zu bewundern ist. Der Vater, ebenfalls ein guter Zeichner, war ursprünglich in der Glasbranche tätig, wechselte jedoch später in den Verwaltungsdienst. Die Familie stammte aus Böhmen, war aber schon einige Generationen im Bayerischen Wald ansässig und heimisch. Auch die Mutter hatte künstlerisches Talent, was man besonders ihren selbst entworfenen Handarbeiten und Stickereien anmerkt. So war es kein Wunder, daß der junge Oskar Langer bereits als Schüler künstlerische Ambitionen hatte.

Der Weg zum Maler

Nach der Volksschule besuchte er das Gymnasium in Metten und mit 14 Jahren malte er sein erstes Bild. Da das Einkommen des Vaters nicht so groß war, daß er allen seinen sieben Kindern eine große Ausbildung hätte zukommen lassen können, mußte der junge Oskar Langer das Gymnasium wieder verlassen und kam nach Zwiesel in die Glasfachschule. Vier Jahre besuchte er diese einmalige Ausbildungsstätte im Wald, zuletzt als Meisterschüler von Professor Mauder. 1929 ging er als Entwurfszeichner in die Farbglaswerke Zwiesel. Der Kriegsausbruch 1939 unterbrach diese Tätigkeit und nach dem Kriege hielt es Oskar Langer für zweckmäßig, sich selbständig zu machen. Er baute einen Betrieb für Glaskunst auf, in dem er heute zwanzig Leute beschäftigt. Er hat sich hauptsächlich auf bemalte Glasfenster und Glasflächen spezialisiert und hat schon weit über seine engere Heimat hinaus an großen Bauten mitgearbeitet. So schuf er beispielsweise ein großes bemaltes Glasfenster für den Mitteltrakt des neuen Amberger Bahnhofs und war auch an der künstlerischen Ausgestaltung des neuen Sitzungssaals der Zwieseler Stadtverwaltung sowie mehrerer neuer Postämter beteiligt. Er hat schon Arbeiten nach Afrika und Schweden geliefert. „Heute könnte ich auch als freier Maler leben, vor einigen Jahren, als das Geld bei den Leuten noch knapper war, aber noch nicht", meinte er aufrichtig.

Der Abt von Metten erster Kunde

Seinen ersten Erfolg als Maler hatte er schon sehr früh. Als er 16 Jahre alt war, saß er einmal oberhalb von Metten und malte eine Ansicht des schönen Ortes an der Donau mit den malerischen zwei Zwiebeltürmen. Da kam ein Pater vorbei, sah sich das Bild an und empfahl dem Jungen, es doch einmal dem Abt zu zeigen. Dem gefiel das Bild wiederum so gut, daß er es sofort kaufte. Es war der eben damalige Abt

Corbinian Hofmeister. „Ich verlangte dreißig Mark dafür und bekam sie auch. Das war ein schönes Geld für einen 16jährigen Jungen im Jahre 1925!" meinte Oskar Langer. „Später kaufte mir der Abt noch zwei weitere Bilder ab, darunter eines von der Zwiesler Bergkirche. Das gab mir einen solchen Auftrieb und freute mich so, daß ich nun wie besessen malte und zeichnete. Ich habe jede freie Stunde damit zugebracht. Hauptsächlich malte ich damals Aquarelle, begann aber auch schon mit Ölbildern."

Seine ersten großen Erfolge hatte Oskar Langer im Jahre 1926 beim Kunst- und Gewerbeverein Regensburg. Er hatte zur Jahresschau einige Federzeichnungen eingesandt, die auch ausgestellt und durchwegs gut kritisiert wurden. Eine davon hat er gleich verkauft. Oskar Langer macht heute kein Hehl daraus, daß er auch im Dritten Reich Erfolge als Künstler hatte. Dreimal wurde von ihm für die „Große Deutsche Kunstausstellung" in München im Haus der Kunst ein Bild angenommen. Jedesmal wurde es sofort verkauft. Die Bilder kosteten zwischen 2 000 und 3 000 Mark und mit diesem Geld war Oskar Langer schließlich in der Lage, sich in Zwiesel ein kleines Haus zu bauen. 20 000 Bilder wurden der Jury jährlich für diese Kunstausstellung eingesandt und nur 2 000 wurden angenommen. Kein Wunder, daß durch die damaligen Erfolge der Künstler weiteren Auftrieb bekam. Er wurde für einige Zeit Mitglied der Münchner Künstlergenossenschaft. Doch dann kam der Krieg und Oskar Langer wurde Soldat. Er blieb aber gleichzeitig Maler, denn sein General ernannte ihn zum Divisionsmaler. Der Auftrag des Generals lautete: „Malen Sie die Landschaft, in der wir kämpfen müssen, so wie sie ist. Malen Sie aber nichts vom Krieg!" Und Oskar Langer malte die kaukasischen Gebirge, die weite Donauebene, Landschaften in Süd- und Nordeuropa. Bald nach Kriegsende saß Oskar Langer wieder in seinem Häuschen in Zwiesel. Wieder half die Malerei: Ein Waldbild tauschte er gegen zwölf Zentner Kupferleitungen, bis er in der Lage war, einen eigenen kleinen Betrieb anzufangen.

Das Kriegsende hatte nun in der deutschen Malerei einen gewaltigen Stilwandel herbeigeführt. Auch Oskar Langer mußte sich in seiner Malweise umstellen. Er sagt hierzu: „Nach dem Kriege wurde man etwas freier in der Pinselführung. Zudem wird jeder Künstler im Laufe der Jahre seine Technik etwas vereinfachen. Die Kunst des Malens ist schließlich ein Weglassen. Und so habe ich nach und nach meinen heutigen Stil entwickelt". Diesen Stil könnte man als gemäßigt modern und gegenständlich bezeichnen. Oskar Langer malt noch wirklich den Großen Falkenstein, den Urwald im Höllbachgspreng oder eine bestimmte Einöde.

Er malt heute hauptsächlich in Öl, doch schuf er zwischendurch auch Bleistift- und Federzeichnungen sowie Aquarelle. Er sagt über seine Motive: „Das Waldinnere ist mein liebstes Motiv. Daß ich mit meiner Art, den Wald und besonders den Bayerischen Wald zu erfassen, richtig liege, beweist mir am besten die Tatsache, daß meine Bilder sehr gut verkauft werden. Bei einer der letzten Ausstellungen hätte ich mein Bild „Lindberg im Herbstnebel" min-

Oskar Langer im Atelier

destens dreimal verkaufen können. Natürlich male ich auch die Menschen des Waldlandes, Porträts und Stilleben". Oskar Langer ist ein Maler aus Leidenschaft. Er ist beinahe jeden Sonntag mit Staffelei und Palette unterwegs, manchmal schon im ersten Morgengrauen. Bereits heute freut er sich, wenn einmal sein Sohn, der noch die Werkkunstschule in Augsburg besucht, den Betrieb übernehmen und er sich ganz der Malerei widmen kann. Mitunter, so gesteht er mir, packt es ihn mitten unter der Arbeit. Dann läßt er alles liegen und stehen, fährt hinaus und setzt sich hinter seine Staffelei. Sein bevorzugtes Gebiet ist der Falkenstein, den er schon als Schüler der Glasfachschule mit seinem verehrten Lehrer, dem Fachschullehrer Anton Pech, dem „Hausmeister des Bayerischen Waldes", in jeder Richtung durchstreift hat. Seine große Liebe in diesem Gebiet gehört dem Höllbachgspreng, diesem großartigen Urwaldgebiet. Bei der Höllbachschwelle steht ein kleines, etwa 150 Jahre altes Waldarbeiterhäuschen. Es gehört jetzt der Waldvereinssektion Zwiesel. Dieses alte Holzhaus ist Unterkunft, Stützpunkt und Refugium des Falkensteinmalers Oskar Langer und sein liebstes Platzerl im ganzen Bayerischen Wald. „Hier möchte ich einmal begraben sein!" entfährt es dem 57jährigen: „Denn hier habe ich schon zu Lebzeiten stets meinen Frieden gefunden!"

Der große Organisator

Oskar Langer ist Mitbegründer der „Künstlergruppe Kreis Bayerwald", in der sich neun namhafte Bayerwaldkünstler zusammengeschlossen haben, die nicht so sehr der modernen Kunstrichtung anhangen, wie beispielsweise die „Donau-Wald-Gruppe". In dieser Künstlergruppe soll jeder zu Wort kommen, der eine künstlerische Aussage über Wald und Heimat machen kann.

Will man die Persönlichkeit Oskar Langers würdigen, so darf man eines nicht vergessen: Er ist seit zehn Jahren Vorsitzender der Sektion Zwiesel des Bayerischen Waldvereins, die er von 100 auf 700 Mitglieder und damit zur stärksten Sektion im Bayerischen Wald aufgebaut hat. Über diese Sektion hat er besonders in kultureller Hinsicht, zusammen mit einigen

Gleichgesinnten, wie dem Arzt Dr. Schuster aus Zwiesel, Bleibendes geschaffen. Hier muß in erster Linie die von der Waldvereinssektion Zwiesel vor vier Jahren ins Leben gerufene Kunstausstellung „Zwiesler Buntspecht" genannt werden. 6000 Besucher sahen sie im letzten Sommer, über 20000 Besucher seit ihrem Bestehen.

Diese Ausstellung hat den Namen der Provinzstadt Zwiesel weit im Lande bekannt gemacht. Darüber hinaus hat sie die Menschen des Bayerwalds für die Kunst nachhaltig interessiert. Erstmals im vergangenen Sommer war mit dieser Ausstellung ein Glaswettbewerb „Waldkristall" verbunden, der guten Anklang fand. Dieser Sonderwettbewerb soll bei den Glasmachern und Glasveredlern das alte Können wecken und wahren, um die Güte der Erzeugnisse der Waldglashütten zu fördern.

Oskar Langer ist ein Mensch dieser Landschaft. Über seinen Landschaftsbildern liegt eine Stimmung, die nur der wiedergeben kann, der mit ihr ganz verwachsen ist, der sie zu jeder Stunde kennt und der sie liebt. Er verdankt diesem Wald viel und der Wald verdankt ihm viel. Das gegenseitige Nehmen und Geben – auf der einen Seite eine fast vollkommene Landschaft, auf der anderen Seite ein hochkünstlerischer Mensch – schufen eine Harmonie, die aus Oskar Langers Bildern klangvoll spricht. Dem von der Malerei Besessenen ist es zu wünschen, daß er einmal nur das zu tun braucht, was er am liebten tut: Malen und immer wieder malen!

Erinnerungen

Mit Oskar Langer verband mich bald eine echte Freundschaft. Als ich ihn 1969 besuchte, überredete er mich, vor der Waldvereinssektion Zwiesel doch einmal über alte Waldler-Originale zu sprechen. Ich schlug ihm dann vor, daß ich einen Wildererabend veranstalten könnte, der dann auch im Herbst 1969 im Saal des Hotels zur Post am Stadtplatz stattfand. Ich hatte hier zwei der berühmtesten damals noch lebenden Wilderer, den Jemetz Hans aus Neuschönau und den Driendl Alois aus Riedlhütte, mitgebracht, die anschaulich von ihren Erlebnissen als Wilderer erzählten. Oskar Langer überreichte den beiden am Schluß 100 DM Honorar und meinte dazu vor den Gästen im überfüllten Saal:
„Dös is wohl dös oanzige Mal, daß ihr Lumpen für euere Schandtaten auch no a Göid kriagts!" Alle lachten. Einige Tage später rief mich Oskar Langer an, um mir mitzuteilen, daß zwei Zuhörer an diesem Abend, von Beruf Revierförster, aus Protest gegen die „Verherrlichung der Wilderei" aus dem Bayerischen Waldverein ausgetreten seien. Ich erzählte dies umgehend dem Vizepräsidenten der Oberforstdirektion Regensburg. Wenige Tage später sind sie dann wieder eingetreten.
Einmal wollte ich auf dem Großen Arber den Sonnenaufgang im Herbst fotografieren und stieg bei beginnender Dämmerung den Berg hinauf. Die Sesselbahn hatte den Betrieb entgegen des Fahrplans bereits um 16 Uhr eingestellt. Doch der Hüttenwirt verweigerte mir ein Nachtquartier, obwohl das ganze Haus leer und ich zudem Waldvereinsmitglied war. Mir

blieb nichts anderes übrig als wieder den Berg bei Dunkelheit hinunterzusteigen. Im Anschluß daran gab es einen Leserbriefwechsel, auf Grund dessen Oskar Langer als Geschäftsführender Vorsitzender des Bayr. Waldvereins sich einmal den Akt „Arberschutzhaus" genauer ansah. Das Ergebnis dieser Prüfung: Pachtvertrag und Bierliefervertrag waren nach seinen Angaben nicht satzungsgemäß zustande gekommen und wurden umgehend gekündigt. Die Pacht wurde auf das Sechsfache erhöht, die Münchner Brauerei bekam erhebliche Auflagen für den Vertrag zur weiteren Belieferung des Arberschutzhauses. Oskar Langer hat mir das so erzählt und mir versichert, daß nun wieder jeder Wanderer im Schutzhaus auch übernachten könne.

Leider erkrankte Oskar Langer und starb am 5. September 1972, erst 62 Jahre alt. Als ich ihn einige Wochen vorher im Zwiesler Krankenhaus besuchte, war er noch bei bester Stimmung und rechnete fest mit seiner Gesundung. Oskar Langer war ein echter Waldler, mit viel Organisationstalent und Kunstsinn. Ich werde beinahe täglich an ihn erinnert, denn in meinem Wohnzimmer hängt ein Langer-Gemälde „Das Höllbachgspreng". Dieses Motiv malte keiner so wie er!

„Brauchens koan Rosenkranz?"

Zwischen Furth im Wald und Lam, nicht weit von der Grenze zur ehemaligen Tschechoslowakei und dem heutigen Tschechien entfernt, liegt der Markt Neukirchen beim Heiligen Blut. 1977 feierte er das 600jährige Jubiläum der Markterhebung. Nicht ganz so alt ist die Wallfahrt dorthin, die jedoch noch heute zu den besuchtesten des Bayerischen Waldes zählt. Die älteste Nachricht von dieser Wallfahrt findet sich in einer Druckschrift von 1612, die in der kurfürstlichen Druckerei München hergestellt wurde. Darin wird von einem Hostienfund auf einem Baumstumpf um 1400 berichtet, über dem man dann eine Kapelle errichtet habe.

Dann soll eine Bauersfrau Susanne Halada von der Pfarrei Lautschin jenseits der Grenze am Samstag vor Martini im Jahre 1419 in den Stürmen des Hussitenkrieges die Marienfigur aus der dortigen Pfarrkirche nach Bayern gerettet und sie in einer hohlen Linde aufgestellt haben. Ein Anführer der Hussiten namens Krcma kam auf einem Patrouillenritt 1450 nach Neukirchen und entdeckte die Marienfigur.

Dreimal warf er die Marienfigur in einen Brunnen, dreimal kehrte sie von dort auf ihren vorherigen Platz in der Linde zurück. Wutentbrannt nahm der Hussit sein Schwert und spaltete der Figur das Haupt. Doch es floß sofort Blut aus dem halb gespaltenen Kopf. Jetzt bekam der Hussit Angst. Er wollte auf seinem Pferd wegreiten, doch das sträubte sich. Darauf riß der Hussit dem Gaul die vier Hufeisen ab. Doch auch das half nichts, das Pferd verweigerte seinen Dienst. Da sei der Hussit von Reue befallen worden und habe sich zum katholischen Glauben bekehrt. Soweit die Legende, die in der Klosterchronik von 1668 niedergeschrieben sein soll.

Am 8. Dezember 1657 wurde das Franziskanerkloster gegründet, am 19. Juli 1721 konnte die neue Kirche eingeweiht werden. Im September 1752 wurde das 300jährige Jubiläum der Kirche mit 420 Gottesdiensten gefeiert. Die Wallfahrtskapelle auf einer Anhöhe westlich der Kirche, die über dem Fundort der Hostie errichtet wurde, hat man mehrmals erweitert. Die Innenaustatttung der Wallfahrtskirche ist sehenswert und durchaus wertvoll.

Zum 600jährigen Marktjubiläum wollte ich einmal weniger über die vielbeschriebene Kirche, als vielmehr über einen Teil des Wallfahrtsbetriebs berichten, nämlich über die bei großen Wallfahrten anzutreffenden Devotionalienstanderln.

„Schöne Rosenkränz hatt' i!"

Zu einer richtigen Wallfahrt gehören noch heute in Bayern die kleinen Wallfahrtsstanderln, wo Rosenkränze, Gebetbücher, Andachtszeichen und ähnliches feilgeboten werden. Ich unterhielt mich zunächst mit der ältesten Devotionalienhändlerin an der Wallfahrtskirche, der 84jährigen Maria Denk. Sie ist eine gebürtige Neukirchnerin und erblickte dort genau an Sylvester 1892 das Licht der Welt. Solange sie sich zurückerinnern kann, wird ihr Leben immer wieder von der Wallfahrt beeinflußt.

„Mein Bruder war Ministrant" erzählt sie, „der hat oft gesagt: heut' muß ich den ganzen Tag läuten, weil vierzig Wallfahrerzüge kommen!" Die meisten davon kamen aus der Tschechoslowakei und natürlich waren das keine Eisenbahnzüge, sondern Fußwallfahrten. Manche davon waren schon zwei Tage unterwegs, bis sie hier ankamen. An einem Tag erinnert sich Maria Denk noch genau: „Einmal kamen Fußwallfahrer aus Pilsen, die hatten ein krankes Mädchen auf der Bahre mitgetragen. Als die Feier am Ende war, konnte das Mädchen wieder selbst heimlaufen."

Vor vierzig Jahren hat die Händlerin ihren Stand an der Wallfahrtskirche gekauft, heute besitzt sie sogar deren zwei. Und noch immer ist sie Tag für Tag von früh bis spät in ihrem Holzhäuschen. Sie ist unverheiratet, hat aber eine eigene Siebenzimmerwohnung, die sie noch selbst in Ordnung hält. Allerdings, die Standerlfrauen haben auch ihre Saison. Die

Maria Denk in ihrem Wallfahrtsstanderl

Vier Devotionalstände haben vor der Wallfahrtskirche Neukirchen b. Hl. Blut geöffnet und warten auf Kundschaft.

Haupttage sind zwischen Christi Himmelfahrt und Pfingsten und natürlich alle Marienfeiertage, besonders Maria Geburt, das an sich am 8. September begangen wird, aber meist am Sonntag vorher oder nachher gefeiert wird. Im Frühjahr kommen die großen Fußwallfahrten aus Ruhmannsfelden, Deggendorf, Teisnach und Zwiesel. Doch jetzt sind Fußwallfahrer in der Minderheit. Die meisten kommen mit dem Auto oder dem Omnibus. Die seit Kriegsende unterbrochene Verbindung der Wallfahrt nach Osten ist natürlich ein schwerer Schlag. Vor dem letzten Krieg zählte man pro Jahr 30 000 böhmische Wallfahrer und noch mehr. Meist waren sogar einige tschechisch sprechende Geistliche zum Beichtsitzen und zur Zelebration da.

Während mir die alte Dame munter aus den alten Zeiten der Wallfahrt erzählt vergißt sie nicht, ihre Waren anzupreisen. „Suachen'S Eahna was aus!" „Soll's ein Rosenkranz sein, vielleicht der große, die sind jetzt große Mode!" „Wollen'S vielleicht das Wetterhäuserl? Das ist schön, die Beschreibung liegt innen drin!" So geht es weiter, denn die Konkurrenz ist groß. Franziska Dorfner, 78 Jahre, Lina Weber, 76 Jahre das sind Kolleginnen, die in den Nachbarständen verkaufen. Ja, was gibt's denn

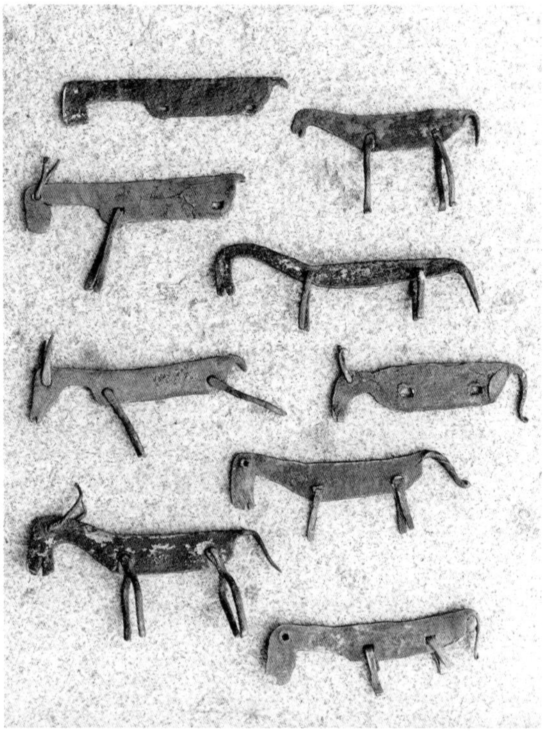

Diese Eisenvotive haben vor langer Zeit Bauern als Opfergabe mitgebracht, um den Segen für ihr Vieh zu erbitten!

da alles? Rosenkränze in allen Arten und Größen, aus Glas, Holz, Perlmutter, Silber, Alpaka. Der teuerste aus Holz, der Größe nach würde er für einen Riesen reichen, kostet 26 Mark. Dann gibt es natürlich Kerzen in vielerlei Arten, Kreuze, Stehbilder, Heiligenfiguren, Weihwasserkessel – „Sind nimmer so gfragt", meint sie Händlerin –, Bilder der Wallfahrtskirche oder des Ortes, Kettchen, Medaillions, Ansichtskarten, Dias, Autoplaketten, schwarze Wetterkerzen, Fingerringerln, Wandsprüche, Kindertäschchen aus Honkong und hundert andere Artikel. Bis das am Abend alles abgebaut ist? frage ich erstaunt. In zwei Minuten bin ich sprachlos. Ein raffinierter Mechanismus erlaubt es, daß man die Standklappe mit allen Rosenkränzen und Kettchen und ohne etwas abzunehmen einfach einklappt. Maria Denk zeigt es mir. Da sie kaum wegkann, das würde den Umsatz mindern, bringt der Bruder das Mittagessen. Und ich habe auch Verständnis dafür, daß sie etwas verschämt den unter einem Regal stehenden Nachttopf etwas weiter unter den Vorhang schiebt. Zeit ist Geld! Das gilt auch für die Wallfahrtsstanderln und da kann man nicht einfach einmal schnell davonlaufen!

Die alte Händlerin macht auch keinen Hehl daraus, daß sie gern Geschäfte macht. Sie bekommt keine Rente und muß immer noch schauen, daß sie abends etwas in der Kasse hat. „Ich freu mich, wenn ein Geschäft geht und bin grantig, wenn keins geht!" meinst sie. Natürlich hat sie früher auch selbst Rosenkränze gebunden und tut es heute noch. Viele ihrer Kunden bringen auch Rosenkränze zur Reparatur, die wird dann umsonst erledigt. Wenn's regnet oder sonst kein großer Besuch ist, dann bindet sie Rosenkränze. Untätig kann sie nicht sein, und das mit fast 85 Jahren.

Schließlich besuche ich noch eine andere Händlerin, die aber nicht mit Namen genannt sein wollte. Sie kann sich noch gut an die Zeiten erinnern, als von Rittsteig herunter lange Züge mit böhmischen Pilgern kamen. Vielfach haben diese Pilger den Weg nach Neukirchen auch als Einkaufsfahrt betrachtet. Anna Siebzehnriebl weiß zu berichten, daß beim Herweg kaum jemand einen Schirm hatte, beim Rückweg aber fast alle. Schirme waren nämlich in Bayern billiger als in Böhmen. Zwei Stände waren innen mit einer winzig kleinen dunklen Kammer ausgestattet. Da drinnen zogen die böhmischen Wallfahrerinnen einen zweiten oder gar dritten Rock über oder auch ein zweites Kleid, bevor sie so den langen Rückweg antraten.

Pfarrer Ulrich Murr hat natürlich auch intensiv in der Wallfahrsgeschichte geforscht. „Von den Zeiten, als die Böhmen kamen, schwärmt man heute in Neukirchen noch!" meint er. Die großen Wallfahrten wurden mit der Musikkapelle hereingespielt in den Ort. Auf dem Turm saß stets ein Ministrant und gab Zeichen, wann mit dem Läuten einzusetzen und aufzuhören war. Fünf Ministranten haben jeden Vormittag läuten müssen. Die Wallfahrer wurden dann in der Kirche vom Pfarrer oder den Franziskanerpatres begrüßt. Die Wallfahrtskirche ist eine Doppelkirche, der östliche Teil ist Klosterkirche. Dann war Segensandacht, Beichtgelegenheit, Gottesdienst, Segen. Meist übernachteten die Pilger hier, die wenigsten im Gasthaus, der größte Teil in Scheunen. 1977 wird Neukirchen b. Hl. Blut wieder ein Rekordjahr erleben. In der Kirche hat bereits die größte Kerze Aufstellung gefunden, die in Deggendorf gezogen wurde. Sie wiegt über einen Zentner. Sie ist sicher die schwerste Votivgabe dieser gottlob an Votivgaben noch reichen Wallfahrt. Erst unlängst fand Pfarrer Murr eine ganze Reihe eiserner Opfertiere, die früher bei Wallfahrten als Votive geopfert wurden.

Als ich beim Abschied Maria Denk noch frage, in welchem Anliegen dann die Mutter Gottes von Neukirchen mit ihrem Kind besonders helfe, bekomme ich die beruhigende Auskunft: „Neukirchen ist ein Wallfahrtsort für jedes beliebige Anliegen!" Wer hätte da keines?

Offene Grenze belebt Wallfahrt wieder

Nach dem Fall des „Eisernen Vorhangs" und der damit verbundenen Öffnung der Grenze zwischen Bayern und Tschechien hat sich ab 1992 auch der Besuch tschechischer Wallfahrer in Neukirchen beim Hl. Blut merklich belebt. Verschiedentlich sind schon größere Wallfahrtszüge von drüben registriert worden. Ein weiterer sehenswerter Anziehungspunkt des Wallfahrtsortes ist das 1992 eröffnete Wallfahrtsmuseum im ehemaligen Pflegschloss direkt am Marktplatz. Sechs Millionen DM wurden für dieses einmalige Spezialmuseum aufgewandt, das „die historische Einordnung lebendiger Formen der Frömmigkeit" darstellen soll, wie Landeskonservator Dr. Johannes Egon Greipl bei der Eröffnung betonte. Im Hinblick auf die zahlreichen Pilger aus Böhmen wurde neuerdings auch eine Abteilung „Bähmische Wallfahrten" eingerichtet.

Wie die Waldlermesse entstand

In den katholischen Kirchen Ostbayerns gibt es ein einfaches Rezept, wie man die Kirche bis zum letzten Platz füllt: Man führt die „Waldlermesse" auf. Da bleibt dann kaum ein Platz frei. 1952 erklang diese Kirchenmusik erstmals und eroberte sich bereits nach einem Dutzend Jahren einen festen Platz in der bayerischen Kirchenmusik. Sicher, es gab neuerdings auch leise Kritik daran, am Dialekt oder man behauptete, sie erzeuge eine „Atmosphäre naiver Gläubigkeit". All dies hat der Waldlermesse nicht nur nicht geschadet, sondern sie noch bekannter und beliebter gemacht. Zwei Männer haben sie geschaffen: Der Straubinger Oberstudienrat Eugen Hubrich verfaßte den Text und der Landshuter Schulrektor Ferdinand Neumaier komponierte die Musik. Eugen Hubrich verstarb leider schon 1963, doch Ferdinand Neumaier habe ich im Januar 1967 in der Ludmillastraße in Landshut besucht. Ich war von der Bescheidenheit dieses Mannes sehr beeindruckt und habe danach auch noch einige Briefe mit ihm gewechselt. In fünf großen Zeitungen habe ich damals über ihn geschrieben. Hier der Nachdruck meines Beitrages im Regensburger „Tages-Anzeiger" vom 3. März 1967 in Auszügen:

Ferdinand Neumaier am Klavier

„Er ist vom Woid dahoam!"

Die Entstehung der Waldlermesse schilderte mir Ferdinand Neumaier so: „Der Bayerische Waldverein hielt 1952 in Kötzting seine Jahrestagung ab. Zum Festgottesdienst wurde die Bauernmesse von Annette Thoma aufgeführt. Danach ging ich langsam über den Kirchplatz zum Gasthof zur Post. Da saß auf dem Trittbrett eines Autos mein Freund Eugen Hubrich aus Straubing. Er rief mir zu: „Du Ferdinand, woaßt wos, i schreib' a Waldlermöß! Warum sollt' i koane schreib'n? Und du muaßt sie vertona!" Wirklich, nach acht Tagen brachte der

Postbote einen Brief mit dem Text der Waldlermesse." Ferdinand Neumaier war gerade zu Hause, setzte sich sofort ans Klavier und stand nicht mehr auf, bis er am Abend die Komposition in ihren Grundzügen fertig hatte. „Als ich den Text las, fing es in mir richtig zu klingen an", sagt der Komponist heute. Zwei Wochen feilte er dann noch an dem Werk herum, änderte auch noch einmal das eine oder andere Wort, welches besser zur Musik paßte.

Die Messe ist ursprünglich dreistimmig gesetzt, später entstand auch noch eine vierstimmige Fassung. Als Instrumentalbegleitung sind lediglich Zither und Gitarre vorgesehen. Im Sanctus hat der Komponist eine Erinnerung an seine Jungendjahre im Bayerischen Wald verarbeitet, wo er alljährlich von Kirchberg aus an den Bittagen nach Rinchnach, Bischofsmais und Kirchdorf ging. In dem Refrain „Da grüaß ma Di, liaber Herrgott!" klingt wie auch im übrigen Sanctus das Bittgangbeten noch deutlich durch. Auch beim „Kyrie" hat Ferdinand Neumaier Kindheitserinnerungen in Töne gesetzt. Als die Messe fertig war, trug sich der Komponist noch mit dem Gedanken, einen Andachtsruf zur Wandlung zu komponieren. Er fuhr an einem Abend von Zwiesel mit dem Zug heim nach Landshut. Als der Zug kurz vor der Einfahrt in das Hochbühltunnel bei Gotteszell eine kleine Kurve durchfuhr, sah Ferdinand Neumaier nochmals vom Zugfenster den von der Abendsonne beschienenen Kranz der Heimatberge liegen. Da plötzlich fiel ihm ganz ohne Nachdenken die Melodie des Andachsrufes ein, die etwas an die Hirtenrufe vergangener Tage anklingt. Ferdinand Neumaier meint, daß dieser Andachtsruf nichts besonderes sei, aber eben doch zum Ganzen passen müsse. Es ist gar nicht so einfach, von dem Schulmann und Komponisten das Wissenswerte zu erfahren. Er ist zu bescheiden, um viel über seine Arbeit als Komponist zu sprechen und ständig überlegt er, damit nichts nach Selbstlob klingt.

Uraufführung 1952

Jedenfalls war die Messe fertig und das Landshuter Lehrer-Doppelquartett führte sie in Abwesenheit von Hubrich und Neumaier im Oktober 1952 in der Landshuter Kirche St. Konrad erstmals auf. Bei überwältigendem Besuch wurde dies ein tiefes Erlebnis und ein großer Erfolg. Seither ist die Waldlermesse schon oftmals aufgeführt worden, nicht nur im Bayerischen Wald, sondern in ganz Niederbayern und der Oberpfalz, in Franken, Schwaben, Oberbayern und in Österreich. Sie erschien ursprünglich nur in einem kleinen Verlag im Bayerischen Wald, kam aber später in dem renomierten Musikverlag August Seith in München heraus.

Ferdinand Neumaier hat diese Messe nicht des Geldes wegen komponiert, dann bis heute hat er fast nie Geld für die Aufführungen erhalten. Er meint dazu: „Ich habe die Waldler-Messe aus Liebe zur Heimat komponiert und, als ich den Text gelesen hatte, vielleicht auch aus einem inneren Zwang heraus. Selbstverständlich spielte auch eine tiefe, anerzogene Gläubigkeit eine Rolle. Die ganze Messe sollte kein virtuoses Musikwerk mit schwierigen Passagen werden. Ich habe sie ernst und ruhig gehalten, wie sie dem Waldler und dem Bayerwald entspricht. Sie sollte ernst und düster sein, wie die ganze Landschaft. Daher verbot sich auch für den Andachtsruf eine Jodellage. Auch dieser Ruf mußte tief gehalten bleiben wie die ganze Messe!"

Das Leben des Komponisten

Natürlich war diese Waldlermesse nicht das erste Musikwerk von Ferdinand Neumaier, der am 8. September 1890 als Schmiedemeisterssohn in Kirchberg bei Regen geboren wurde. Nach dem Besuch des Lehrerseminars in Straubing wurde er Hilfslehrer in Neuschönau, dann für über fünf Jahre Lehrer in Regenhütte und dann in Zwiesel. Sein Nachfolger in Regenhütte und in Zwiesel war ein ebenfalls berühmter Waldler: Dr. h.c. Georg Priehäußer. In Zwiesel unterrichtete er im 4. Schuljahr 80 Schüler (!), darunter einen ganz besonderen. Er hieß Paul Friedl und ist heute als „Baumsteftenlenz" der bekannteste bodenständige Heimatschriftsteller. Nach einer kurzen Tätigkeit in Abensberg kam Neumaier 1913 nach Landshut, wo er bis zu seiner Pensionierung als Rektor der Martinsschule im Jahre 1949 als Pädagoge tätig war. Seine Gattin war früher ebenfalls Lehrerin und stammt aus Pfaffenberg bei Landshut. Ihr Vater war der bekannte Kunst- und Kirchenmaler Kainz. „Ohne meine Frau hätte ich das alles gar nicht schaffen können", meint Ferdinand Neumaier, „Sie hatte nicht nur viel Verständnis, sondern auch außerordentliches Geschick für die musikalische Betätigung."

Grundlage für Neumaiers Musikschaffen war bereits das Leben im Elternhaus. In der großen Stube zu Hause war abends allerhand Leben. Da hatten sich nicht nur die ältesten Kinder versammelt, sondern auch die Knechte und Mägde und die Schmiedegesellen, die alle im Hause schliefen. Diese Abende schildert der Komponist so: „Wenn es besonders lustig und schön war, erhob sich der Vater mit einem pfiffigen Lächeln, schnalzte mit der Zunge, klatschte in die Hände, pfiff einen geläufigen Landler und fing an, mit einem Fuß den ersten Taktteil betonend, sich rasch im Kreise zu drehen. Diese deutlichen und längst erwarteten Zeichen galten uns Kindern, die wir in erklecklicher Zahl in der Stube herumsaßen.

Wir flogen förmlich hin zum Vater, drängten uns in seine Hände oder ergriffen den Rockschoß. Singend und pfeifend drehten wir uns mit ihm, bis er lachend, prustend und schnaufend nach Luft rang. Und waren wir schon längst im Bett, so vernahmen wir bis in unsere Träume hinein die schweren stampfenden Tanzschritte der Erwachsenen nach Ländlern, Zwiefachen und allerhand figurenreichen Bauerntänzen und der silbrige Ton der Zither geleitete uns vollends in den Kinderhimmel hinein!"

Besonders schön war es, wenn es draußen schneite und wachelte. Außer dem Vater, der mit schwieligen, rußigen Händen die Gitarre zupfte, hat noch jemand bleibenden Eindruck auf den kleinen Ferdl gemacht, die Sterlbuben. Das waren zwei Harmonikaspieler, wie es in ganz Bayern keine zweiten gab. Wenn die ein Musikstück gehört hatten, spielten sie sofort die Melodie nach. Aber wie! Sie hatten alte Knopfharmonikas und waren wirkliche Meister darauf. Der eine war später Gastwirt in Bischofsmais, der andere Bürgermeister in Kirchberg. Diese durch und durch musikalischen Männer waren für den jungen Ferdinand richtige Künstler, zu denen man mit Ehrfurcht aufsah.

So hat Ferdinand Neumaier schon als Kind die Liebe und das Verständnis zur Volksmusik mitbekommen. Später erhielt er dann auf dem Lehrerseminar eine gründliche und, wie er betont, noch heute wichtige Schulung in der Harmonielehre. So schuf er bald kleine Lieder und schließlich gelang ihm ein großer Wurf, er komponierte ein „Volkslied“. Volkslieder werden nun im allgemeinen nicht komponiert, sondern entstehen und überliefern sich ohne Dazutun im Volk. Aber bei dem Lied: „Mir san vom Woid dahoam“ ist es anders.

„Mir san vom Woid dahoam“

Ferdinand Neumaier ging 1938 einmal in einem Wald bei Ergoldsbach Schwammerlsuchen. Da traf er plötzlich auf eine Szenerie, die

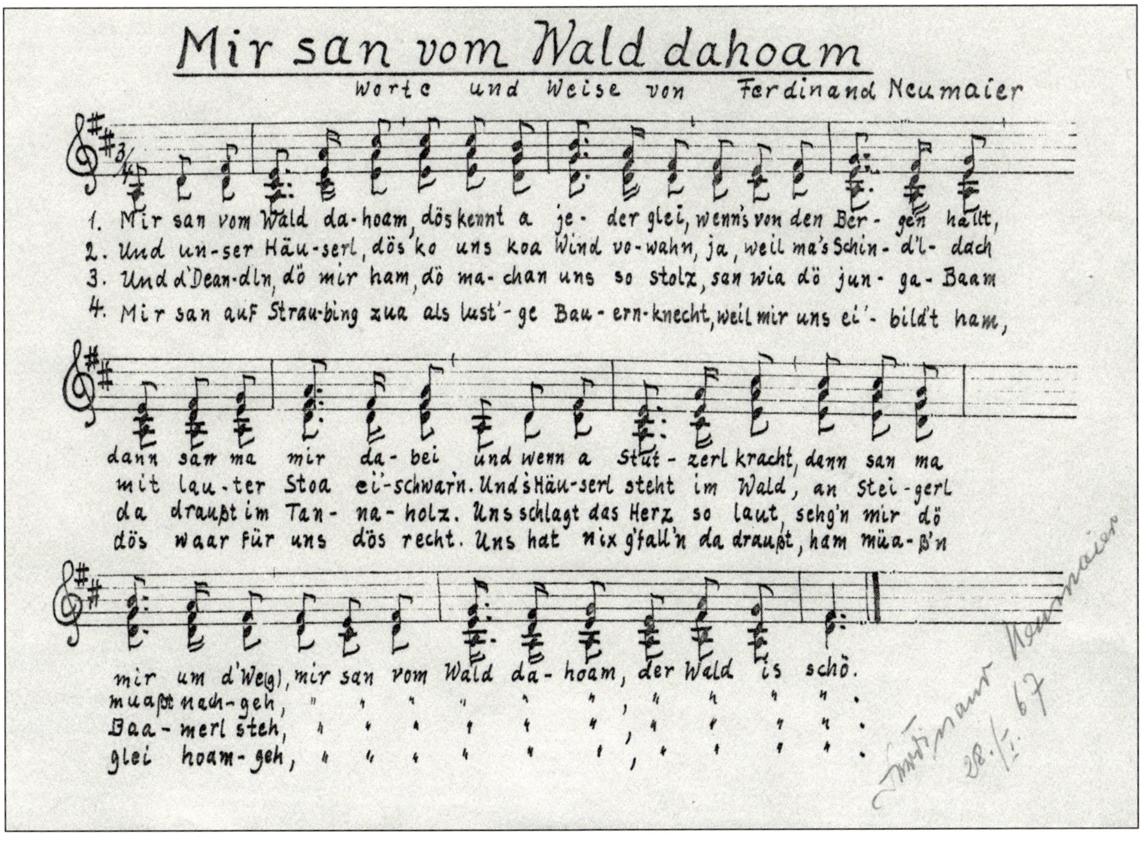

Dieses Text- und Notenblatt verehrte mir der Komponist am 28. Januar 1967 anläßlich meines Besuches bei ihm in Landshut

ihn stark an seine Heimat erinnerte. Er setzte sich auf einen Baumstumpf, zog sein Notizbüchlein heraus und schrieb den Text zu einem Lied „Mir san vom Woid dahoam". Als mir Ferdinand Neumaier dies erzählt, holt er das alte Notizbuch und staunend sehe ich die fünf kleinen Blätter, mehrmals geändert, vor mir. Auf dem Nachhauseweg überlegte er sich die passende Melodie, die er vor sich hinpfiff. Er war gerade zu Besuch bei seiner Schwägerin, die in Bayerbach bei Ergoldsbach Lehrerin war. Abends kamen zwei andere Lehrer und der Pfarrer Tremmel zu Besuch und dann wurde das neue Lied gleich mit viel Hallo geübt.

Ein halbes Jahr später kaufte Ferdinand Neumaier einen Heimatkalender. Als er ihn aufschlug, fand er sein Lied abgedruckt. Als Verfasser stand darunter: „Altes Volksgut aus Ostbayern". Neumaier ging der Sache nach und kam auf folgendes: Dem Pfarrer Tremmel hatte das Lied so gut gefallen, daß er es am nächsten Tag mit Text und Noten niederschrieb und den Schwestern Ettl nach Konzell schickte, zwei alten Volkssängerinnen. Diese errangen damit bei einem Wettbewerb in Berlin einen Preis. Und so kam das Lied schließlich in den Kalender. Heute ist es ein richtiges Volkslied geworden und wird im Bayerischen und auch im Oberpfälzer Wald mit Begeisterung gesungen. Als Ferdinand Neumaier einmal den Heimatschriftsteller Max Peinkofer besuchte, da lag dieser gerade krank im Bett und hatte das Lied „Mir san vom Woid dahoam" in seinen Händen. Er meinte: „Das ist ein schönes Lied, ein richtiges Volkslied. Ich wäre stolz, wenn ich es gemacht hätte."

Sein wohl nächstbekanntes Lied ist „s'Kripperl im Schnee", dessen Text wieder von Eugen Hubrich stammt. Dieses Gedicht las Ferdinand Neumaier in einem alten Bayerwaldheft. Er vertonte es und schickte es Hubrich. Als dieser das Lied spielte war er so begeistert, daß er gleich ein ganzes Krippenspiel, eben das „Kripperl im Schnee", daraus machte. Ferdinand Neumaier hat bisher genau 90 Lieder komponiert, viele von ihnen auch selbst gedichtet. Diese Lieder komponierte und arrangierte er, seine Gattin schrieb sie in Noten nieder, einer seiner beiden Söhne, der in Landshut ein Büromaschinengeschäft betreibt, vervielfältigte sie und jetzt schickte sie Ferdinand Neumaier an Volksschulen, Vollksliedergruppen, Gesangvereine, von denen er weiß, daß sie das gute Volkslied pflegen. Natürlich alles umsonst. Auch das Porto trägt der Verfasser selber. Ihm geht es nur darum, daß das gute bayerische Volkslied, und vor allem das waldlerische auch weiterhin gepflegt wird. „Gott sei Dank kann ich mir das leisten und brauche hierfür nichts zu verlangen" meint er bescheiden. Schließlich hat der Schulmann Neumaier auch ein Liederbuch „Sing mar a weng" verfaßt. Es ist in den niederbayerischen Volksschulen eingeführt und von der Regierung empfohlen und enthält viele Lieder von ihm.

Das Schaffen dieses Mannes zu würdigen, ist nicht einfach. Dr. Berthold vom Verein für Volkslied und Volksmusik schrieb an ihn: „Da ich mich vor Jahren auf dem Gebiete des Volksliedes versucht habe, weiß ich, daß nichts schwerer ist, als auf diesem Gebiete zu arbeiten. Jedes Wort, jeder Ton muß überlegt sein, damit es das echte und rechte trifft. Wenn von ihren Liedern nur drei Stück ins Volk dringen, haben sie damit schon eine Lebensaufgabe erfüllt."

Ferdinand Neumaier hat diese Lebensaufgabe erfüllt. Äußere Zeichen der Anerkennung waren bisher: Bundesverdienstkreuz, Gotteszeller Volkstumspreis 1966, Bürgermedaille von Landshut, „Zwieseler Goldfink".

Dieser Mann, der zum Klavierspielen keine Noten braucht, da er sie sich selber macht und der am liebsten Orgel spielt, ist der bekannteste und verdienstvollste lebende Volksmusiker in Niederbayern. Er war oder ist eng befreundet mit dem verstorbenen Schriftsteller Max Peinkofer, mit Paul Friedl, Max Matheis, von dem er Gedichte vertonte, und schließlich mit dem Kiem Pauli. Dieser sagte ihm einmal auf dem Stadtplatz von Zwiesel: „Dös sell muaßt da merka, mir derfa auf de alt'n Volkslieder nöt sitz'n bleib'n. Es muaß wieda wos Neu's entsteh'n. Dös ist sunst wia a Quell'n, dö koa Wasser mehr gibt."

Erlebnis mit einem Blinden

Schließlich erzählte mir Ferdinand Neumaier noch sein beglückendstes Erlebnis: Er las einmal in der Zeitung, daß in einer großen Kirche Regensburgs die Waldlermesse aufgeführt werde. Zusammen mit seiner Frau fuhr er hin, ohne sich dabei zu erkennen zu geben. Als er als einer der Letzten die Kirche verließ, wurde eben ein Blinder hinausgeführt. Dieser sagte dabei zu seiner Begleitung: „Oh, auf das war ich nicht gefaßt, das war ja ein unerhörter Eindruck!" Dabei liefen Tränen aus den blinden Augen. Da blieb Ferdinand Neumaier stehen und gab sich als Komponist zu erkennen. Dankend für die ergreifende Stunde bat der Blinde, ob er den Komponisten kennenlernen dürfe. Und dann tastete er Kopf, Hände und Arme Ferdinand Neumaiers ab. Für den Blinden ein vollkommenes Erlebnis, aber auch für den Komponisten!

Ferdinand Neumaier, Ehrenbürger von Kirchberg im Wald, starb am 24. März 1969 im 78. Lebensjahr.

„I hob d'Jagd im Bluat g'habt!"

Mit erfahrenen Forstleuten zu reden, war mir stets ein besonderes Vergnügen. Was konnte man da über den Wald und die Waldarbeit erfahren! Noch interessanter wurde es, wenn sie über ihre Jagderlebnisse berichteten. So bekam ich mit der Zeit auch mit, wie man beim Wild die verschiedenen Körperteile bezeichnete, sein Verhalten und seine Besonderheiten. Und ich lernte, daß die Rehböcke im Spätherbst ihr Geweih abwerfen, daß dann bis zum Ende des Winters wieder voll ausgebildet, jedoch mit einer schützenden und nährenden Basthaut umgeben ist, die der Rehbock dann im Frühjahr „abfegt". Anders die Rothirsche, die ihr Geweih im Frühjahr abwerfen und das neue dann bis zum Sommer ausbilden. Und die Jäger nennen das Hirschgeweih auch nicht so, sondern bezeichnen es als „Gehörn".

Meist meinten die Förster, daß sie die Jagd nur nebenbei betrieben. Ihre Hauptaufgabe sei die Wald- bzw. Holzwirtschaft. Doch einer erzählte mir eines Tages, daß es im Bayerischen Wald einen einzigen Berufsjäger im Staatsdienst gegeben habe, der sei aber schon in Pension. Er wohne jetzt im Caritas-Altersheim in Zwiesel.

Als ich den Forstmann um seine Meinung fragte, ob sich der interviewen ließe, meinte er: „Dös glaub' i nöt. Der sagt nix. Alloa brauchens da garnöt hingeh!" Schließlich erbot sich Dipl.-Forstwirt Reinhold Weinberger aus Buchenau, einen Besuchstermin mit dem ehemaligen staatlichen Berufsjäger Florian Weidacher zu vermitteln und mitzugehen, „sonst erzählt der nix".

Florian Weidacher erwartet uns bereits und verschließt sofort wieder die Türe seines Appartements, als wir eingetreten sind. Jäger sind eben vorsichtig. Das Interview kommt langsam in Gang, doch dann lebt der alte Jägersmann sichtlich auf und erzählt aus seinem langen Berufsleben, ohne sich ständig fragen zu lassen. Florian Weidacher, 1909 in Ruhpolding geboren, war damals bereits 84 Jahre alt. Er verbrachte einen Großteil seiner Kindheit und Jugend bei seinen Stiefeltern in Haslberg, einem Dorf vor den Chiemgauer Bergen. Dort nahm ihn der Stiefvater schon als Schulbub mit zur Hochwildjagd. Als Sonntagsschüler durfte er seinen ersten Hirsch erlegen.

Später ging er als Kraftfahrer nach Garmisch, doch als er zum Kriegsende hörte, daß man im Bayerischen Wald einen Berufsjäger suche, da meldete er sich und trat 1945 seinen Dienst als staatlicher Jäger in Buchenau an, wo er auch 1974 in den wohlverdienten Ruhestand ging. In den 29 Jahren seiner Tätigkeit im „Forst- und Jagdschutz" hat er einige Hundert Hirsche, genau weiß er die Zahl nicht, etwa 70 Stück Rehwild, zwei Wildschweine, einen Auerhahn, 20 Marder, pro Winter bis zu 15 Füchse und jedes Jahr ein Paar Schnepfen erlegt.

„Als ich 1945 anfing, war der Dienst nicht einfach, denn das Jagdrecht hatten anfangs nur die amerikanischen Besatzer", erzählt er, deutsche Forstleute hatten nicht einmal Gewehre. Das änderte sich erst 1949 und stolz kann Florian Weidacher noch seinen Waffenschein von 1952 vorzeigen.

Neben der Jagd gab es natürlich auch sonst noch Arbeit in den Revieren, Hochsitze bauen, Pirschsteige anlegen, daneben Holz auszeichnen helfen und anderes.

Ja, das Rotwild, das sei halt sehr schwer vor die Büchse zu bekommen. Es sei sehr vorsichtig und je älter, desto schlauer. Ein erfahrener Hirsch geht immer gegen den Wind. Mit dem Wind geht er ins Ungewisse. In den Hochlagen kann man Hirsche vom Hochsitz schießen, da bekommen sie einen nicht in den Wind. Das ist meist in den Tieflagen nicht möglich. „Bis man in den Tieflagen einen Hirsch schießt, schieße ich in den Hochlagen zwei bis drei!" erinnert sich der alte Waidmann.

Natürlich durfte Florian Weidacher nicht jeden Hirsch schießen. Hirsche sind in Klassen eingeteilt. Ein Dreier-Hirsch geht bis zum 4. Kopf, das heißt, er hat bis zu dreimal sein Geweih abgeworfen, das anfangs nur ein Spießer- oder später ein Gablergeweih ist. II B-Hirsche sind zwischen 4 und 10 Jahre alt, haben aber nur eine Gabel, II A-Hirsche haben statt der Gabel eine Krone. Ein I B-Hirsch ist ein Gabelhirsch über 10 Jahre und ein I A-Hirsch ein Kronenhirsch über 10 Jahre. Die Hirschjagd findet meist in der Dämmerung statt, da ist es nicht einfach, blitzschnell zu erkennen, was ist das für ein Hirsch. Nicht jeder Jäger darf jeden

Florian Weidacher im Altersheim Zwiesel vor seiner Trophäensammlung an der Wand.

Hirsch schießen. Einmal in seinem Jagdleben durfte Florian Weidacher einen I A-Hirsch schießen. Das Geweih dieses Vierzehnenders hängt an der Wand seines Altenheimzimmers, das auf der anderen Seite noch eine ausgestopfte Schnepfe und den einzigen von ihm geschossenen Auerhahn ziert. „Ich hob nia aufgeb'n bei da Jagd!" meint der Jäger. Da braucht man oft viel Geduld und Ausdauer. Besonders anstrengend und aufregend war es natürlich zur Hirschbrunft, da ist der Flori Tag und Nacht draußen gewesen.

Was passiert, wenn ein Hirsch geschossen ist? „Also, ich hob immer einen Schweißhund dabei gehabt. Den hab ich abgelegt und dann den

Der erfolgreiche und stolze Jäger: Florian Weidacher im Winter mit einem eben erlegten Zehnender (Privatfoto in den 50er Jahren)

toten Hirsch angesprochen." Was ist es für einer, habe ich den schießen dürfen? Dann bekommt der tote „König der Wälder" den Bruch, ein Fichten- oder Tannenzweig wird ihm als letzter Bissen in den Mund, den der Jäger „Äser" nennt, geschoben. Dann gibt es noch gute zwei Stunden Arbeit: Der Hirsch wird von hinten auf der Bauchseite aufgebrochen. Das Gescheide, das sind Magen, Därme und Banzen, werden herausgenommen. Die bleiben liegen und werden vom Fuchs oder von den Vögeln gefressen. Anschließend kommt der Aufbruch heraus, das sind Herz, Lunge, Leber. Sie sind Bestandteil des „Kleinen Jägerrechts" und gehören in jedem Falle dem Schützen. Das Hirschfleisch aber gehört bei der Staatsjagd in jedem Falle dem Staat. Will es der Jäger selber essen, muß er es bezahlen. Florian Weidacher macht es vor, wie er vor dem Herausnehmen des Gescheides dem Hirsch einen Knoten in die Luftröhre machte, damit der Darminhalt nicht austritt, wie er den toten Hirsch „auslüftete" und wie man zum Schluß die Decke vom Kopf abgetrennt und wie das Haupt mit der Trophäe abgesägt wird. Da muß man eng an den „Lichtern" vorbeisägen, also den Augen. Diese werden weggeworfen, das Gehirn gibt jedoch eine gute Hirschhirnsuppe! Wenn man dann den Kopfteil mit dem Geweih zu Hause so 2 bis 3 Stunden ausgekocht hat, kann man das letzte Fleisch abschaben und das Hirschgeweih ist für die Wohnstube fertig. Doch Achtung: Beim Auskochen dürfen die Geweihknochen nicht ins Wasser kommen, sonst bleichen sie aus.

Nach der Hirschjagd ist die Hahnenjagd die nächst aufregendste Jagd gewesen, denn diese sind bekanntlich jetzt geschützt. Als er seine Jagdtätigkeit in Buchenau aufnahm, gab es in den Hochmooren noch etliche Birkhahnpärchen, jetzt sind sie verschwunden. Seinen Auerhahn an der Wand hat er dreimal „verhört". Es war kurz nach drei Uhr früh. Beim ersten „Verhören" stand er zum Anspringen zu ungünstig, dann ist dieser zu weit in den Hochlagenwald gelaufen, doch endlich nach einer guten Stunde hat er ihn mit einem Schrotschuß erlegt.

Der Weidacher Flori galt jahrzehntelang als der beste Führer hoher Jagdgäste. Bei ihm kamen sie fast mit Sicherheit zum Schuß, vorausgesetzt, der Flori wollte dies. Denn wenn gar nichts herging, wenn der Jagdgast sogar einem kleinen Umtrunk abgeneigt war, dann zeigte der Flori diesem eben den Bayerischen Wald dort, wo er besonders schön war, wo es aber leider kein Rotwild gab. So behaupten es jedenfalls einige, die den Flori seit Jahrzehnten kennen und die ihm alle jetzt einen beschaulichen Ruhestand wünschen nach der Unruhe und Hetze eines wirklichen Jägerlebens.

Marder wurden in Fallen gefangen

Für die Jagd hatte Florian Weidacher zwei Gewehre, nämlich eine Schrotflinte und ein Repetiergewehr. Die Marder wurden übrigens nicht geschossen, sondern in einer speziellen Marderfalle, der Prügelfalle, gefangen. Auerhahn durfte er nur einen schießen und Schnepfen pro Jahr nur ein Paar. Nachdem sich der alte Jäger richtig in Rage geredet hat, bekennt er: „Die Jagd war meine große Leidenschaft und ich hab' auch die Jagd im Bluat g'-habt!"

Zusammenstoß mit Wilderern

Natürlich blieb es nicht aus, daß Florian Weidacher in den Nachkriegsjahren auch mit Wilderern zu tun hatte. Daraufhin befragt, meint er nur, darüber wolle er nichts mehr erzählen. Doch einem guten Bekannten hatte er früher einmal sein gefährlichstes Erlebnis mit Wilderern erzählt. Das war so: Er hatte in seinem Gebiet, das mehrere Bezirke umfaßte, die Spuren von Wilderern festgestellt. Also hielt er Vorpass und machte unregelmäßige Pirschgänge. Als er wieder einmal im Morgengrauen durch sein Revier pirscht, wird er plötzlich von hinten angerufen: 'Halt, bleib steh' und wirf dei G'wehr weg!' Als er sich umdreht, sieht er zwei geschwärzte Gestalten im Anschlag auf ihn. Von denen schreit der eine noch: „Und da vorn stöit no oana!" Was wollte der Jäger da machen. Also warf er sein Gewehr, das er schußbereit im rechten Arm trug, nach rechts weg. Und da schrie der eine hinter ihm nochmals: „So, und jarzt nimmst die Arm hinter dein Kopf und verschwindst nach rechts, ohne dich einmal umzudrehen!" Dem Florian blieb nichts anderes übrig, als zu folgen.

Doch das Erlebnis wurmte ihn fürchterlich. Zu Hause überlegt er fieberhaft, was er jetzt tun könne. Zunächst beobachtete er alle Wege, die in dieses Revier führten. Niemand war zu sehen. Dann kam ihm ein Gedanke: Mit Sicherheit hätten die Lumpen sein Gewehr nicht mit nach Hause genommen. Es war ja nicht auseinander zu schrauben und wäre wegen seiner Länge jedem, der den Wilderern begegnete, aufgefallen. Also mußten sie es im Wald irgendwo versteckt haben. Und nun machte er sich einen Plan: Er überlegte, wo man am schnellsten ein Versteck in dieser Waldabteilung für ein Gewehr finden konnte. Dann steckte er sich ein weiträumiges Quadrat aus und begann dieses, Tag für Tag, Meter für Meter, zu durchstreifen und nach einem Versteck für das Gewehr zu suchen. Und wirklich, angeblich am vierten Tag seines Suchens, fand er in einem Hohlraum unter einem kaum aus dem Boden ragenden Felsen sein Gewehr. Von den Wilderern allerdings bekam er nie mehr eine Spur. Es ist aber verständlich, wenn er über dieses Erlebnis nicht gerne sprechen wollte. Übrigens: Es gibt wieder Berufsjäger im Bayerischen Wald. Sie werden vom Nationalpark Bayerischer Wald beschäftigt, um den Wildbestand in die gewünschten geregelten Bahnen zu lenken. Ein Widerspruch zu der Nationalparkthese: Natur Natur sein lassen!

Eine lautlose Arbeitsgemeinschaft zwischen Mensch und Tier

Das waren noch Zeiten, als den Grenzkamm zwischen Lusen und Rachel nicht ein toter, abgestorbener Wald bedeckte, sondern hier ein beinahe urwaldähnlicher unendlicher Bergwald wuchs.

Das ist nicht zu lange her, denn Mitte des vorigen Jahrhunderts habe ich diesen herrlichen Bergwald erlebt und durchwandert. Da gab es nur wenige Wege und Waldstraßen, auf denen das im Sommer geschlagene Holz abgefahren werden konnte. Den Holztransport zu Tal besorgten die Waldarbeiter im Winter mit den Schlitten. Das war eine ungemein schwere und gefährliche Arbeit.

Sie bestand aus vier Arbeitsgängen. Zuerst mußte in den oft tiefen Schnee eine Ziehbahn hergerichtet werden. Sie war meist mehrere Kilometer lang, durfte nicht zu steil sein, damit die Schlitten mit ihrer schweren Last noch lenkbar blieben, aber auch nicht zu flach, sonst verloren die Schlittengefährte ihren Schwung. Arbeitsgang zwei war das Hochschaffen der schweren und stabilen Schlitten, die mit Bremse, Werkzeug, Ketten und Eisenklammern wohl zwei Zentner schwer waren. Arbeitsgang drei war droben im Bergwald das Herausgraben der im Sommer geschlagenen Baumstämme, die oft unter meterhohem Schnee begraben lagen. Hatten die Männer das Holz aus dem Tiefschnee herausgezogen, so mußte es auf die Schlitten verladen, verkettet und mit Klammern gegeneinander gesichert werden. Arbeitsgang vier war der gefährlichste: Die Fahrt mit der Tonnenlast zu Tal zu den Holzlagerplätzen, wo das Holz dann mit dem Fuhrwerk oder Lastkraftwagen abgefahren werden konnte.

Im Februar 1956 machte ich wieder einmal in Waldhäuser ein paar Tage Urlaub und habe dabei die Waldarbeiter bei ihrer schweren Winterarbeit beobachtet und hierüber geschrieben:

„Einer der vielen Waldarbeiter, welche im Winter im Bayerischen Wald mit den Schlitten das Sommerholz von den Höhen zu Tal bringen ist Josef Schreiner aus dem Dorf Waldhäuser am Lusen. Die Arbeit sei zwar schwer und gefährlich, meint er, doch sie werde besser bezahlt als das Holzschlagen im Sommer. Dabei gebe es nur 11 DM Stundenlohn, beim Holzziehen arbeiteten sie im Akkord und da kämen sie auf etwa 14 DM Stundenlohn. Sie arbeiteten stets in Kolonnen zu vier Mann, denn bei weniger Leuten könne man die oft langen Ziehbahnen nicht ausschaufeln, das würde zu lange dauern. 12 000 Festmeter Holz müßten sie bis April zu Tal schaffen.

Schwere Winterarbeit im Wald

Am gefährlichsten sei die Abfahrt mit dem tonnenschwer beladenen Schlitten, am schwersten das Hinaufziehen der schweren Schlitten. Das könnte ein Mann allein garnicht schaffen. Früher hätten sie sich dazu Ziehhunde gehalten, doch das wurde dann von den Forstbehörden verboten. Die Hunde würden wildern und das Wild beunruhigen. So nahmen die Waldler zum Holzziehen halt ihre Kinder mit, damit sie die schweren Schlitten hinaufziehen halfen. Wenn daran jemand Anstoß nahm, so meinte sie halt, die Kinder würden nur im Wald und Schnee spielen wollen oder den Männern das Essen nachtragen. Doch schließlich wurde die Kinderarbeit im Wald einfach verboten. Da nahmen die Waldarbeiter wieder ihre Hunde zum Schlittenziehen mit und darüber regte sich niemand mehr auf.

Josef Schreiners Ziehhund hieß Rolf. Herr und Hund verstanden sich wortlos, jeder kannte die Arbeit. Rolf ist etwas über fünf Jahre alt und sozusagen im besten Hundealter. Seine Vorfahren waren meist Schäferhunde, doch waren sicher einige seiner Ahnen auch aus anderen Hunde-Familien. Das ist für einen Ziehhund durchaus keine Schande, im Gegenteil. Reinrassige Hunde arbeiten als Ziehhund schlechter als Mischlingshunde.

Mühsam schaffen Herr und Hund den schweren Schlitten zum Grenzkamm hinauf

Der Preis für einen angehenden Ziehhund schwankt je nach Größe, Alter und Fähigkeiten zwischen 10 und 35 DM. Für Rolf begann der Ernst des Lebens mit dem zweiten Lebensjahr. Da spannte ihn sein Herr zum ersten Mal vor den Schlitten. Allerdings nur als Vorspann, damit er unter Anleitung eines alten erfahrenen Ziehhundes seine spätere Tätigkeit lerne. Rolf war sehr geschickt und schon noch 14 Tagen ging er mit seinem Herrn allein in den Wald. Hat ein Hund gelernt, einen Schlitten zu ziehen, so ist noch nicht gesagt, daß er auch schon ein perfekter Ziehhund ist. Ein richtiger Ziehhund darf nicht vom Schlitten weglaufen, er darf nicht zu laut sein und ständig bellen, er muß aufs Wort folgen und darf unter keinen Umständen hinter dem Wild herjagen. Alle diese Bedingungen erfüllte Rolf und sein Herr Josef Schreiner sagt, daß er noch nie einen besseren gehabt hätte, obwohl Rolf bereits sein zehnter vierbeiniger Helfer ist.

Der Ziehhund Rolf darf oben rasten

Selbstverständlich wird ein Ziehhund nicht dick und fett. Die schwere Arbeit fordert auch von ihm seinen Tribut. Rein äußerlich unterscheidet er sich nur wenig von einem anderen Hund, er hat höchstens ein dickeres Fell und durch die Arbeit lange, scharfe Krallen. Wie wohl sich Rolf im Wald fühlt, merkt man erst, wenn man ihn in seinen Ruhepausen beobachtet. Dann wälzt er sich im Schnee, schlägt übermütige Purzelbäume, neckt sich mit seinen Artgenossen oder blinzelt auch einmal müde in die matte Wintersonne. Unter mehreren Hunden stellt sich nun sehr bald ein Anführer heraus, dem die anderen Tiere bedingungslos folgen. Rolf ist ein starker Hund und wo er auftritt, gibt es nur einen Anführer, das ist er. Was macht nun Rolf bei der Abfahrt? Da läuft er hinterher und jault höchstens, wenn es einmal zu schnell geht.

Ziehhund Rolf bei der Arbeit und das Holzziehen, das wollte ich einmal miterleben und so verabredeten wir uns für Dienstag, den 3. Februar 1959. Als ich vor dem niedrigen Waldlerhaus des Josef Schreiner, Waldhäuser Nr. 79 ½ kurz vor sieben Uhr ankam, war Josef Schreiner schon abfahrbereit. Laut jaulte der Ziehhund Rolf, der treue und zuverlässige Helfer des Waldarbeiters. Dann ging es auch gleich los. Oben am Waldrand warteten die beiden anderen Arbeitskollegen, auf den Vierten brauchten wir nicht lange zu warten. Schweigend ging es durch den dämmrigen Wald, wo ab und zu ein Ast unter der Schneelast im Wind ächzte. Es hatte des Nachts nicht geschneit und so konnten die Männer die am Vortag gerichtete Ziehbahn ohne großes Ausschaufeln wieder benützen. Ab und zu wurde eine Schnaufpause gemacht, doch gesprochen wurde kaum.

Schwer bergauf, gefährlich bergab

Die vier Männer sind alles kräftige, untersetzte Menschen, typische Waldlergestalten. Alle haben sie über die derben, festen Schuhe, die Schneestrümpfe gezogen, die ihnen von ihren Frauen aus grober Schafwolle gestrickt werden und die bis an die Knie reichen. Ihre weitere Bekleidung besteht aus einer Wollmütze oder einem alten Filzhut, einem warmen Pullover, einer meist verschlissenen, mehrmals geflickten Hose und ebensolcher Joppe. Zur Ausrüstung gehört neben Säge, Beil, Ketten und Seilen das sogenannte „Sapi", eine Art Reißhaken, nur kürzer und kräftiger.

Endlich ist die Kolonne oben am Aufladeplatz angekommen. Jetzt wird eine kurze Schnaufpause eingelegt, eine Prise Schnupftabak oder ein Pfeifchen sind fällig. Jetzt geht es daran, die

Das Herausziehen der schweren Blöcher aus dem Tiefschnee ist für die Holzhauer Schwerstarbeit.

unter dem meterhohen Schnee liegenden Stämme aufzufinden, auszugraben und aufzuladen, wiederum Schwerstarbeit. Jetzt sind die Sapis unentbehrlich. Ist jeder Schlitten beladen, die Ladung verkettet und mit Eisenklammern gesichert, dann kommt der gefährlichste Teil des Holzziehens: Die Abfahrt. Die Ziehhunde haben mit der Hilfe beim Hochziehen der Schlitten eigentlich ihre Arbeit getan. Doch jetzt verhalten sie sich ganz verschieden. Zwei werden auch zur Abfahrt vorgespannt, das seien sie so gewöhnt. Einer springt auf die Ladung und beobachtet die Fahrt von oben und Rolf läuft als der Einzige hinter dem Schlitten her, höchstens einmal kurz jaulend, wenn es ihm zu schnell geht. Die Hunde sind schon unruhig. Die Männer sind zwischen die hoch aufgebogenen Kufen getreten, die sie mit ihren Fäusten umklammert halten. Mit den Füßen stemmen sie den Körper gegen die Ladung in ihrem Rücken. Die rechte Hand hat noch die Bremse gefaßt. Mit einem „Auf geht's" fahren sie ab. Zwei Kubikmeter Holz hat jeder geladen, das sind ungefähr 30 Zentner Last. Da darf keine Bremse versagen. Hinter jedem Schlitten hängt an einer etwa vier Meter langen Kette der sogenannte Anhang, der ebenfalls als Bremse dient. Dieser Anhang besteht aus etwa einem halben Ster quergelegten Meterholzes.

Nicht jeder Tag ist zum Holzziehen gleich gut geeignet. Es soll nicht zu viel Schnee im Wald liegen, aber auch nicht zu wenig. Am schlechtesten ist eine vereiste Ziehbahn. Da ist ein Schlitten schnell unlenkbar und das kann den Tod bedeuten. Die Fahrt selbst verläuft eigentlich ruhiger, als ich erwartet hatte. Nur in den

Nach dem Beladen der Schlitten teilen sich Herr und Hund die Brotzeit.

Kurven ächzen die Schlitten ein paar Mal schwer unter ihrer Last, doch dann knirschen die Kufen wieder gleichmäßig. Von den Schuhen der Männer sprüht der Schnee. Die vorgespannten Hunde mühen sich bei jeder Kurve mit, die Schlitten herumzuziehen. Als sie am Holzplatz halten, tönt gerade ganz dünn von irgendwoher eine Mittagsglocke.
Die Holzhauer steigen ab und holen ihre Rucksäcke aus dem Schnee. Die Hunde bekommen mehrere Kanten Schwarzbrot. Die Männer schneiden sich große Würfel von ihrem Geräucherten ab, die sie sich mit dem Taschenmesser in den Mund schieben. Mit einigen Schluck

Mit der Tonnenlast im Rücken geht es ins Tal. Rolf wurde heute zur Talfahrt vorgespannt, damit er seinem Herrn in den Kurven den schweren Schlitten mit herumzieht.

heißem Kaffee werden Speck und Brot hinuntergespült. Noch schnell ein paar Züge aus der Pfeife oder eine Prise Schnupftabak, dann geht es ans Abladen.

Gemeinsam schieben und rollen sie die schweren Stämme auf die Stapel oder schichten das Brennholz auf lange Stöße. Geredet wird bei der Arbeit wenig. Wie schon droben beim Aufladen, kommt der Atem stoßweise in großen weißen Dampfschwaden aus dem Munde der schwitzenden, schwer arbeitenden Holzhauer, an deren Schnurrbärten sich in der kalten Winterluft Eiszäpfchen gebildet haben. Kaum ist der letzte Stamm abgeladen, wird zurückgefahren. Hunde und Herren müssen sich wieder schwer ins Zeug legen, um den Schlitten hinaufzubringen. Droben wird dann von neuem aufgeladen. Kernig und kräftig sind diese Männer, so recht zu ihrer Arbeit passend. Sie lachen selten. Man kann auch nicht viel von ihnen erfahren. Ihre Antworten sind kurz und entsprechen ihrer allgemeinen Wortkargheit. Sechzig Jahre ist der älteste von ihnen. Besonderes weiß er nicht zu erzählen, wenigstens nicht jetzt. Da müßte man wohl am Sonntag mit ihnen im Dorfwirtshaus sitzen, um etwas mehr von ihrer Arbeit zu hören, vielleicht von einem Unglück, wo ein fallender Baum einen

Kameraden erschlagen hat oder ein anderer sein Leben bei einem Schlittenunglück lassen mußte. Vielleicht würde man auch etwas aus der Zeit erfahren, wo der Schmuggel an der böhmischen Grenze ein einträgliches Geschäft war und man des öfteren den Schuß eines Wilderers hören konnte …

Am Abend gehen wir mit ihnen wieder hinunter ins Dorf, das wir in der Dämmerung erreichen. Friedlich steigt aus den kleinen, verschneiten Häuschen der Rauch auf, bei deren Anblick die Hunde heftig mit den Schwänzen wedeln. Ein kurzes „Pfüad God!", dann verschwinden die Waldler in ihren Häusern.

Ja, was macht Rolf auf dem Nachhauseweg? Schon von Anfang an hat er sich da etwas Besonderes angewöhnt: Er tragt den Gehstock seines Herrn im Maul nach Hause. Dort wartet bereits Frau Schreiner mit der Mahlzeit für den Rolf: Haferflocken, Knochen, Milch aus dem eignen Stall und natürlich Fleisch. Nach dem Fressen legt sich Rolf auf seine Decke unter dem Tisch nahe dem warmen Ofen und döst. Wenn sein Herr zu Bett geht, ist es auch für ihn Zeit, sein Strohlager im Stall aufzusuchen. Früh um sieben ist er dann wieder unterwegs in den Wald.

Seinem Herrn gilt Rolfs ganze Achtung, seiner Herrin aber seine Liebe. Wenn er am Abend nachhause kommt, läuft er auf sie zu, springt vor Freude an ihr hoch und legt ihr seine Pfoten auf die Schultern. Wenn Mann und Frau sich im Spaß necken, nimmt er sofort Partei für seine Herrin und knurrt jeden wütend an, von dem er annimmt, er wolle ihr etwas zuleide tun.

Feierabend: Vor dem Haus wird der Hund ausgeschirrt und dann bekommt er erst einmal von der Frau das verdiente „Abendbrot".

Was tut Rolf im Sommer? Da liegt er im Hof, meist an der Kette, läuft aber auch frei herum. Seine Tätigkeit ist die gleiche, wie die anderer Hunde: Er bewacht das Haus. Für ihn ist das auch gleichzeitig der Urlaub. Kein Wunder, daß er dabei etwas Fett ansetzt. Fällt dann der erste Schnee, so wird er unruhig. Der Wald lockt und ruft. Er kann sich ihm nicht entziehen. Dieser Drang ist so stark, daß alte, pensionierte Holzhauer ihre Ziehhunde im Winter nicht zuhause halten können. Sie geben diese anderen Berufskollegen mit zur Arbeit.

Josef Schreiner geht schon über 40 Jahre in den Wald. Bald will er sich zur wohlverdienten Ruhe setzen. Rolf ist sein zehnter und wie er immer wieder betont, sein bisher bester Hund. Er soll dann bei ihm das Gnadenbrot bekommen. Im Winter werden sie dann später am Ofen sitzen, hinaus in die Flocken schauen und davon träumen, wie sie beide mit 30 und mehr Zentnern Blochholz auf dem Schlitten zu Tal sausten und wie sie mehrmals am Tage den auch leer noch sehr schweren Schlitten wieder auf den Berg hinaufzogen, eine stumme, lautlos funktionierende Arbeitsgemeinschaft.

Diese Geschichte hat noch eine Nachgeschichte. In einem der nächsten Winter meldete sich einer der Arbeitskollegen von Josef Schreiner arbeitsunfähig. Schreiners Rolf hätte ihn in die Hand gebissen und er könne überhaupt nicht mehr arbeiten, sondern beantrage eine Rente. Nun waren die Ziehhunde der Holzhauer damals in der Regel nicht Haftpflicht versichert. Da Josef Schreiner von dem Vorfall nichts mitbekommen hatte, zog er vors Gericht. Und in der Verhandlung legte der Rechtsanwalt von Josef Schreiner meinen Zeitungsbericht „Rolf, der Ziehhund" als Beweis vor, daß ein solcher Hund niemals einen Arbeitskollegen angreifen würde. Der Richter schloß sich dem an und so blieben Herr und Hund weiterhin unbestraft. Übrigens: Am 1. April 1970 wurde vom Forstamt Buchenau zum letzten Mal Holz im Schlittenzug von den Rachelhängen ins Tal gebracht.

Der Baumsteftenlenz war ein Stück Bayerwaldheimat

Er gehört zum Wald und der Wald gehört zu ihm, so begann ich meinen Artikel über Paul Friedl, genannt Baumsteftenlenz, zu seinem 70. Geburtstag am 22. Mai 1972. Paul Friedl war einer der herausragenden Persönlichkeiten des Bayerischen Waldes. Er war Schriftsteller, Volkstumsforscher, Volksliedsammler, Heimat- und Bayerwaldförderer, Komponist und Journalist und wer weiß was noch alles. Sein Lebenswerk in Zahlen ist eindrucksvoll: Er hat etwa 500 Rundfunksendungen gestaltet, 150 Lieder geschrieben, einige hundert Kurzgeschichten, 32 Romane und hat 23 volkskundliche Arbeiten verfaßt. Die Wände seiner Wohnung waren übersäht mit Diplomen und Auszeichnungen. Er war Ehrenbürger von St. Oswald und Zwiesel, ihm wurde der Bayerische Verdienstorden und das Bundesverdienstkreuz 1. Klasse verliehen. Alle Auszeichnungen und Ehrungen kann man nicht aufzählen, das würde Seiten füllen.

Paul Friedl im Jahre 1967

Ich habe Paul Friedl vielleicht viermal besucht. Um ehrlich zu sein, ein besonderes Vertrauensverhältnis kam aber dabei nicht zustande. Das hatte wohl mehrere Gründe. Zum einen lassen sich Journalisten nicht gerne von Journalisten interviewen. Zum anderen waren es Paul Friedls Augen. Er war bereits seit früher Kindheit als Folge von Masern schwachsichtig und dieses Augenleiden verschlimmerte sich mit den Jahren so, daß er zunächst auf dem rechten Auge, später auch auf dem linken blind wurde. Darüber erzählte er selbst:

„Am ersten Schultag brachte mich eine meiner Schwestern zur Schule. Ich setzte mich in die letzte Bank, vor mir saßen die anderen 104 Kinder meiner Klasse. Was der Lehrer an die

Tafel schrieb, konnte ich nicht lesen oder erkennen. So war ich bald der schlechteste Schüler und bekam auch des öfteren Prügel. Einmal zog mich der Lehrer an den Ohren vor zur Tafel und war ganz erstaunt, daß ich plötzlich alles gut ablesen konnte. So wurde meine Schwachsichtigkeit erkannt und ich bekam meine erste Brille. Bald war ich auch der beste meiner Klasse!"

Einmal kam ich unangemeldet vorbei, um ihm nur einige Fotos zu bringen. Da hatte er Besuch von seinem Freund Pepp Schmidt. Beide musizierten, Paul Friedl mit der Gitarre und Pepp Schmidt mit der Zither. Es war ein richtig gemütlicher Winternachmittag, wie man ihn sich im Bayerwald vorstellt. Später habe ich beide nochmals bei einer Veranstaltung als Musikanten erlebt und auch fotografiert.

Paul Friedl war ein Mann des Volkes. Er sprach seine Sprache, kannte seine Bräuche, seine Arbeit, seine Not und seine Freuden. Darum sind die Friedl-Romane lebensecht und erreichten einen nach Hunderttausenden zählenden Leserkreis. Ich habe in mehreren Zeitungen und Zeitschriften das Leben dieses Mannes und seine Bedeutung gewürdigt. Im „Straubinger Tagblatt" schrieb ich am 20.5.1972 u.a.:

Paul Friedl kam als 13. Kind eines Sägemeisters in Pronfelden bei Spiegelau am Rachel zur Welt. Insgesamt waren sie 13 Geschwister. Nach der Volksschule besuchte der künstlerisch begabte junge Mann die Fachschule für Holzschnitzerei in Zwiesel. Nach dem Ersten Weltkrieg arbeitete er auch zwei Jahre als Holzschnitzer, doch dann packte ihn das Fernweh. Er ging auf Wanderschaft. Österreich, Italien, dann wieder Österreich und schließlich hat er das halbe damalige Deutschland zu Fuß durchstreift. Seinen Lebensunterhalt verdiente er sich mit Gelegenheitsarbeit, vor allem mit Musik. Schon von frühester Kindheit an interessierte ihn und liebte er nämlich die Musik und spielte mehrere Instrumente.

Wieder daheim, arbeitete er zuerst in einem Sägewerk und später in der Landwirtschaft, doch stets nebenher auch als Schriftsteller. Schon als Neunzehnjähriger hatte er seine ersten Gedichte veröffentlicht. Über den eigentlichen Ursprung seiner Schreib- und Dichtkunst erzählt er selbst: „Meine Eltern waren ungemein erzählfreudig. An manchen Abenden waren bei uns in der Stube bis zu dreißig Leute beieinander. Da bekam ich schon als Bub eine gesunde Einstellung zu den Problemen des Lebens, von denen die Leute redeten. Ich war auch immer recht hellhörig. Meine Eltern waren mit 13 Kindern selbstverständlich arme Leute. Eines Tages bekam ich mein erstes Zehnerl geschenkt. Stolz ging ich mit meinem Freund nach Grafenau und kaufte für ein Fünferl einen Bleistift und für das andere Fünferl ein Heft. Und damit habe ich dann angefangen, Schnadahüpferl, Scherzfragen und lustige Sprüche aufzuschreiben, die man bei der Sitzweil hörte. Zudem wußte meine Mutter, die weithin als Sängerin bekannt war, ungemein viele Lieder. Die schrieb ich selbstverständlich auch auf.

Später sammelte ich mundartliche Gedichte und Lieder systematisch. Sehr viel Zeit habe ich für die Volksliedforschung und Volksliedsammlung aufgewandt. Diese hat mich ein Ver-

Paul Friedl erzählt mir aus seinem Leben (1977)

mögen gekostet, aber eigentlich nichts eingebracht. Ich machte es eben aus Liebe zur Heimat, und zwar mit einem richtigen Fanatismus. Immer mehr erforschte und sammelte ich heimatliches Brauchtum. Im Jahre 1921, also mit 19 Jahren, gründete ich drei Trachtenvereine. Am 18. März 1922 wurde ich sogar Kreisleiter für die Trachtenvereine des Kreises Bayerischer Wald.

Im Jahre 1927 schrieb ich an den Bayerischen Rundfunk eine Postkarte, sie möchten doch in ihren Sendungen auch einmal Volkslieder bringen. Kurze Zeit darauf sang ich als Erster bayerische Volkslieder über den Münchner Sender."

Paul Friedl ist gegen jedes erzwungene Volkstum. Wenn Volkstum nicht von selbst weiterleben kann, so wird es sich wandeln und ändern, meint er. Vor allem aber sollten der Staat und die Parteien die Hände vom Volkstum lassen. Volkstum muß man dem Volke selbst überlassen.

Schon zu Beginn der zwanziger Jahre trat Paul Friedl hin und wieder als Humorist auf. Manche Monate reiste er als bayerischer Alleinunterhalter durch Deutschland. Mit dem unvergessenen Weiß Ferdl war der Baumsteftenlenz gut befreundet. Manches damals weithin bekannte Couplet stammte aus Paul Friedls Feder.

Im Jahre 1929 tat Paul Friedl dann den entscheidenden Schritt: Er wurde hauptberuflich freier Schriftsteller. Jetzt konnte er sich intensiv dem Schreiben und dem Sammeln waldlerischer Volkslieder widmen. Unter den vielen Hörerbriefen, die er auf seine Rundfunksendungen bekam, war auch einer vom Kiem Pauli. 1931 lernten sich die beiden kennen und waren bis zum Tode des Kiem Pauli enge Freunde.

„Von 1929 bis 1935 werkelte ich halt so als Schriftsteller dahin" meinte der Baumsteftenlenz. Dann baute er das Fremdenverkehrsamt der Stadt Zwiesel auf und wurde Geschäftsführer des Fremdenverkehrs – Bezirk Bayerischer Wald – und übernahm als Redakteur 1942 die Zwieseler Zeitung.

Schwere Krankheiten

Aus gesundheitlichen Gründen mußte er allerdings einige Jahre später seinen Beruf aufgeben. Er erkrankte an Leberzirrhose, einer schier unheilbar erscheinenden Krankheit. Für die Ärzte war er ein aufgegebener Fall. Aber ein richtiger Waldler gibt sich nicht so schnell verloren. Paul Friedl erinnerte sich, wie man zu Hause den Krankheiten zu Leibe ging, und so

Paul Friedl, der Baumsteftenlenz, und Pepp Schmid machen Hausmusik. Pepp Schmid war ein excellenter Glasfachmann und Lehrer an der Glasfachschule Zwiesel. (1980)

machte er es auch. Er ernährte sich beinahe ausschließlich von Milch und Honig, höchstens zwischendurch einmal von saurer Milchsuppe, wie er sie als Kind bekommen hatte. Und das Wunder geschah, er wurde wieder gesund. Seine Hauptsorge sind heute die Augen. Er ist nämlich auf dem rechten Auge völlig erblindet und besitzt auf dem linken nur mehr einen Bruchteil der normalen Sehschärfe. So kann der alte Zeitungsmann heute nicht einmal mehr selbst die Zeitung lesen, sondern muß sie sich vorlesen lassen. Seine Romane und sämtliche Erzählungen schreibt er blind in die Schreibmaschine.

Sein erster Roman „Wendl, der Waldhirte" erschien im Jahre 1936. Sein letzter, „Hof am Strom", wird im Spätsommer einen Nachfolger bekommen, nämlich „Im Höllbachtal". Paul Friedl meint: „Ich möchte schon noch zwanzig Bücher schreiben. Keiner meiner Romane ist ein reines Fantasiegebilde. Auf irgendeine Weise habe ich von diesen Geschichten und Ereignissen gehört. Ich möchte auch nicht die reine Fantasie walten lassen, sondern hänge mich an Tatsachen, die ich aus vielen Geschichten kenne. Ich habe keinen falschen Ehrgeiz, ich möchte nur Erzähler sein. Ob ich ein Dichter bin, das wird die Nachwelt entscheiden."

Wenn Paul Friedl einen Roman beginnt, hat er ihn längst fertig im Kopf. Ist die Idee voll ausgereift, wartet er meist noch elf Tage, und dann beginnt er an der Schreibmaschine mit der Niederschrift. Dazu braucht er nicht länger als vier Wochen. Er sagt hierzu selbst: „Ich bin ein Maler der Buchstaben. Ich denke die Buchstaben, wenn ich schreibe. Ich mache auch später keine Änderungen am Manuskript. Wie es geschrieben wurde, so geht es hinaus an den Verlag."

Sein Schriftstellerpseudonym „Baumsteftenlenz" entstand folgendermaßen: In Augrub bei Oberkreuzberg stand der Bauernhof, von dem viele Friedl abstammen. Da war einmal ein Lorenz, dann kam ein Hans und dann ein Paul, das war der Vater von Paul Friedl. So hieß der Bub eigentlich mit Hausnamen: Baumsteftenlenzenhansenpeilepeile". Daraus hat er dann später seinen Schriftstellernamen „Baumsteftenlenz" abgeleitet.

Wie aktiv der durch seine Augen so behinderte Schriftsteller heute noch ist, zeigt nichts besser als die Tatsache, daß er erst vor wenigen Wochen ein neues Haus am Försterweg in Zwiesel bezogen hat. Dort ist die Wand des Arbeitszimmers beinahe ganz voll von Urkunden und Diplomen, darunter eine Ehrenurkunde der Akademie der Wissenschaften, eine Verleihungsurkunde über das Bundesverdienstkreuz 1. Klasse und über Erzählerpreise.

Besondere Verdienste hat sich Paul Friedl um die Volksliederpflege erworben. Er hat den „Zwieseler Fink" ins Leben gerufen. Das ist ein Preis, der an die beste Volksliedersinggruppe Niederbayerns und der Oberpfalz verliehen wird. Bis zu vierzig Gesangsgruppen haben sich jeweils um diesen Wanderpreis beworben.

Paul Friedl, der Baumsteftenlenz, ist ein Teil des Bayerischen Waldes geworden. Er hat ihm Unvergängliches in seinen Romanen und Geschichten geschenkt und ihm dabei Bleibendes bewahrt. Vor wenigen Tagen wurde er mit dem

In diesem Haus in Spiegelau-Pronfelden erblickte Paul Friedl, der „Baumsteftenlenz", am 22. Mai 1902 als 13. Kind eines Sägemeisters das Licht der Welt.

Kulturpreis des Bayerischen Waldvereins ausgezeichnet, eine Ehrung, die ihm diese kompetente Vereinigung zugedacht hat. Hoffen wir, daß dieser Ur-Waldler noch recht lange dem Wald und den Waldlern erhalten bleibt!

Am 22. Mai 1987 feierte Paul Friedl im Gasthaus Mühlhiasl im Museumsdorf Bayerischer Wald mit 1000 Gästen seinen 85. Geburtstag. Der Unternehmer Georg Höltl hatte ihm die grandiose Geburtstagsfeier ausgerichtet und Staatsminister Alfred Dick aus Straubing hielt ihm dazu eine würdige Laudatio. Seine schriftstellerischen Werke werden heute vom Verlag Museumsdorf Bayerischer Wald betreut. Viele Lieder vom Baumsteftenlenz sind heute Volksgut, wie zum Beispiel „Die böhmisch' Musi".

Als er einmal Material über das Leben der Waldhirten sammeln wollte, zog er für drei Tage hinauf auf einen Schachten, um das Leben dort in der Einsamkeit genau zu beobachten und zu studieren.

Als er am Abend mit dem Waldhirten vor dessen Hütte saß und sie beide schweigend in die Waldlandschaft hinaussschauten, da fragte der Baumsteftenlenz den Waldhirten: „Du sog amol, wos denkst denn du eigentlich den ganzen Tog, wannst so alloa bist?" Da antwortete der Hüter: „I bin doch nöt so dumm wie dö Studierten und denk ma den ganzen Tog wos!"

Paul Friedl starb am 22. Januar 1989 in Zwiesel, wo er auch begraben liegt.

In dunkler Nacht entstand aus glänzendem Gold rubinrotes Glas

Die Glasfabrikation ist eine der Hauptindustrien Ostbayerns. Schon seit Jahrhunderten sind deren Erzeugnisse weithin berühmt. Zu den wichtigsten Leuten in einer Glasfabrik gehört der Glasschmelzer, der Mann also, der die Rohstoffe für das Glas zusammenschmilzt und die eigentliche Schmelze beaufsichtigt. Von seinem Geschick und Können hängt mitunter das Wohl einer ganzen Fabrik mit ihren vielen Arbeitern ab. Ein schlechter Glasschmelzer war schon der Untergang mancher Glashütte. Darum sind die Glasschmelzer, von denen jede Fabrik meist nur einen hat, auch ganz besonders gesuchte und hochbezahlte Leute. Zu den ältesten Glasschmelzerfamilien gehören die Bscheidl in Spiegelau im Bayerischen Wald. In der vierten Generation steht Fritz Bscheidl jetzt am Schmelzofen der Kristallglasfabrik Spiegelau und macht täglich die Glasschmelze zurecht. Sein Vater Josef Bscheidl stand beinahe 60 Jahre, also fast ein Menschenalter, am Schmelzofen. Mit ihm haben wir uns unlängst unterhalten. Josef Bscheidl ist heute 76 Jahre alt. Er wurde in Drachselsried bei Bodenmais geboren, wo die Freiherrn von Poschinger gegen Mitte des vorigen Jahrhunderts eine Glashütte errichtet hatten. Sein Vater Fritz war in Theresienthal und sein Großvater Josef war in

Der Glasschmelzermeister Josef Pscheidl im Jahre 1964

Regenhütte bereits das, was auch der junge Josef Bscheidl wurde, nämlich Glasschmelzer. Josef Bscheidl erzählt: „Ich bin von den alten Glasschmelzermeistern des Bayerischen Waldes der letzte lebende. Ich habe bis zu meinem 72. Lebensjahr gearbeitet, also beinahe sechzig Jahre. Es war einfach niemand da, der meine Arbeit hätte übernehmen können.“ Gerne bestätigten wir dem bescheidenen Mann, was uns verschiedene alte Glasmacher erzählten und weswegen wir überhaupt auf ihn aufmerksam wurden: Der alte Bscheidl ist der beste Glasschmelzer im Wald gewesen. Mit seinen Eltern kam der junge Josef Bescheidl aus dem Bayerischen Wald nach Neustadt an der Waldnaab. Dort fing er nach der Volksschule im Frühjahr 1901 in einer Glasfabrik als Schmelzerlehrling an. Bereits mit zwanzig Jahren war er Schmelzermeister. Als solcher ging er 1909 nach Teplitz in Böhmen, mußte 1911 zum österreichischen Militär, um danach zu einer Glasfabrik bei Prag zu gehen. Aber nicht lange, so zog es ihn wieder nach Neustadt zurück, wo er diesmal bei einer anderen Fabrik als Schmelzermeister tätig war. Dann kam der Weltkrieg. Nach Kriegsende schaffte Josef Bscheidl in einer Glasfabrik in Marktleuthen und ging dann schließlich nach Spiegelau. Hier arbeitete er dann, inzwischen verheiratet, rund vierzig Jahre bei der gleichen Fabrik als Glasschmelzermeister.

Wie schmilzt man Glas? Als Rohstoffe braucht man zunächst Quarzsand, Pottasche, Soda, Salpeter und Kalk. Schmilzt man diese Rohstoffe in einem bestimmten Verhältnis bei hohen Temperaturen zusammen, bekommt man eine flüssige, leicht grünliche Glasmasse. Mit verschiedenen chemischen Zusätzen kann man dann diese Glasmasse so entfärben, daß sie farblos und durchsichtig wird.

Das berühmte Bleikristall, das besonders schön glänzt, sehr schwer ist und beim Anstoßen so schön klingt, hat Josef Pscheidl nach diesem Rezept geschmolzen, das er auswendig hersagen kann: Man nehme 150 Pfund Quarzsand, 40 Pfund Pottasche, 40 Pfund Bleimennige, 10 Pfund Salpeter und 3 Pfund Borax. Schließlich kommt in diese Mischung noch ein Gramm Nickeloxyd schwarz hinein. Das gibt dem Glas einen klaren, hellen Glanz und entfärbt es vollkommen.

Zum eigentlichen Schmelzen wurde nun das Gemisch auf eine Temperatur von 1000 Grad Celsius, höchstens 1430 Grad erhitzt. Allerdings konnte sich nur ein wirklicher Meister erlauben, bis zur Höchsttemperatur bei der Glasschmelze zu gehen. Nur ein klein wenig mehr als die Höchsttemperatur von 1430 Grad und das Glas konnte nicht mehr verarbeitet werden.

Die ersten Glashütten im Bayerischen Wald wurden vornehmlich wegen des Holzes errichtet, das hier in Unmengen vorhanden war. Josef Bscheidl kann sich noch gut erinnern, wie in der Glashütte noch zur Hälfte mit Holz geheizt wurde. Allerdings wohl nur deswegen, weil die Hütte ein großes Holzrecht hatte. Später ging man dann zur Kohlefeuerung über und heute auf Gas-, Heizöl- oder elektrische Feuerung. Sein Vater und sein Großvater haben jedenfalls zur Feuerung ausschließlich Holzspreißl verheizt. Das machte unheimlich Arbeit und man konnte in einer Woche auch nur dreimal schmelzen. Dazu brauchte man eine ganze Schar von Holzeinträgern. Früher wurde für die Glashütten im inneren Wald das Rohmaterial noch von Deggendorf mit Fuhrwerken heraufgefahren, wo es aus Donauschiffen ausgeladen wurde.

Schönes Farbglas verrät den wahren Meister.

Nun haben die Menschen schon immer eine Vorliebe für schöne farbige Gläser gehabt. Hier konnte ein Glasschmelzermeister seine wahre Meisterschaft beweisen. Josef Bscheidl weiß noch genau: Das schönste Blauglas entstand durch Zugabe von Kobaltoxyd schwarz, Rosalinglas durch Selenoxyd weiß, gelbes Glas durch Eisenoxyd und grünes Glas durch Chromoxyd grün und Eisenbotte, die man früher aus Bodenmais bezog.

Der Schmelzermeister arbeitete überwiegend nachts. Er begann etwa um 3 Uhr nachmittags, sein Arbeitsschluß war 4 Uhr früh. Solange dauerte es, bis die Zusammensetzung gemacht und das Glas geschmolzen war. Beinahe Tag für Tag hat Josef Bscheidl so 13 Stunden gearbeitet. Nun war in der Zeit vor dem Ersten Weltkrieg das Rubinglas noch große Mode. Um schönes, dunkles, funkelndes Rubinglas zu bekommen, mußte Gold in Königswasser aufgelöst werden. Dieses Königswasser ist die wohl stärkste Säure und besteht aus einem Gemisch von Salz- und Salpetersäure. Wenn das Gold etwa 6 bis 7 Stunden in diesem Königswasser lag, dann hatte es sich ganz aufgelöst. Wurde die Lösung schon früher gebraucht, so blieben schon einmal auf dem Grund der tönernen Schale einige Goldkörnchen zurück. Das mußte selbstverständlich an den Hüttenbesitzer zurückgegeben werden. Mit der Auflösung von Gold mag es auch zusammenhängen, daß den Glasschmelzern lange Zeit etwas Geheimnisvolles anhaftete, das nach Zauberei und dergleichen aussah. Man muß sich die Zeit damals

Josef Bscheidl mit zwei seiner Enkelkinder

vorstellen. Es gab noch kein elektrisches Licht. Mit trüben Lampen waren die verrauchten Glashütten nur beleuchtet und da stand ein Mann, der geheimnisvolle Substanzen mischte, Gold in einer wässerigen Flüssigkeit auflöste und dies in einen Glasfluß goß, um dunkles, funkelndrotes Glas zu schmelzen. Warum sollte ein solcher Mann nicht übernatürliche Fähigkeiten haben? Da die Rubinglasherstellung etwas länger dauerte, konnte man solches meist nur an einem Sonntag machen, ein Grund mehr für derartige Überlegungen des einfachen Volkes, das von den Geheimnissen der Glasschmelzerei, die von jeder Hütte streng geheim gehalten wurde, nichts verstand.

Viele schöne alte Bräuche der Glasmacher sind heute vergessen. So war es Brauch, daß bei der Inbetriebnahme eines neuen Ofens eine Messe gelesen und der Ofen geweiht wurde. Anschließend gab der Hüttenherr für die Belegschaft Freibier. Bis vor 35 Jahren war es auch üblich, daß die Glasmacher vor Arbeitsbeginn einige „Vaterunser" beteten. Einer betete vor und die anderen sprachen die Gebete weiter. Um die Jahrhundertwende gab es auch noch keine Fabriksirene, die den Arbeitsschluß ankündigte. Das tat dafür der Heizer, der folgende Worte lauttönend in die Halle rief: „Meine Herren, meine kunstreichen Glasmacher, jetzt werden wir abmachen!"

Ernsthaft krank ist Josef Bscheidl in seiner 60jährigen Tätigkeit als Glasschmelzer eigentlich nie gewesen. Einmal, es war 1920, hatte es ihn allerdings schwer erwischt. Er hatte einen Ofen mit Kohlenfeuerung, der nicht richtig funktionierte. „Wir brauchen zusätzlich Gas. Ich sagte das dem Heizer. Er ließ den Kessel etwas leerer, vielleicht zog der Ofen dann. Nach zwei Stunden sah ich nach. Ich kniete mich über die Glocke, machte sie auf und da gab es eine gewaltige Explosion. Ich wurde im ganzen Gesicht verbrannt und mußte gleich zum Arzt. Gott sei Dank war es nicht allzu schlimm, so daß ich bald wieder arbeiten gehen konnte."

Entgegen der landläufigen Meinung über die Glasmacher hat Josef Bscheidl nichts fürs Trinken übrig. Das war schon früher so. „Ich hatte zur Arbeit stets nur eine Kanne mit Schwarzem Kaffee mit. Ein Schmelzer, der nicht nüchtern ist, kann diese Arbeit nicht richtig verrichten, wo es oft um ein Gramm geht", so meint der hagere, freundliche und bescheidene Mann. Ja, vieles könnte er noch erzählen von seinem Beruf. Tausende von Nächten hat Josef Bscheidl vor den Glasöfen gestanden und hat beobachtet, wie aus Sand und Asche, aus Kalk und Salzen das flüssige Glas wurde, das später Tausende und Abertausende an festlichen Tafeln erfreute. Er schmolz mit Gold und Chemikalien tief rubinrotes, see- und resedagrünes, goldgelbes und azurblaues Glas. Er schuf in dunkler Nacht funkelndes Kristallglas, aus dem später schöne Frauen Sekt und gemütliche Zecher Bier tranken.

In der Höllenglut des Schmelzofens gab er dem Glas den Glanz, den es später im Schein der Lichter tausendfach widerspiegelt.

Einige Monate nach meinem ersten Besuch kam ich wieder zu Josef Bscheidl. Doch er war nicht so freundlich, wie beim ersten Mal. Warum, erfuhr ich auch bald. Seine Frau hatte beim Stöbern auch sein geheimes Rezeptbücherl mit den besten Glasrezepturen entdeckt. Was soll das alte Ding, dachte sie, und warf es in den Mülleimer. Da war der alte Glasschmelzermeister vielleicht sauer! Und sicher ist damit auch ein einmaliges Dokument für ein waldlerisches Heimat- oder Glasmuseum verloren gegangen.

„Glasformenmacher ist ein seltener Beruf"

Der Bayerische Wald verdankt seine Glasfabriken seinem Holzreichtum. Holz brauchte man zum Glasschmelzen, zur Gewinnung von Pottasche und schließlich auch zur Herstellung von Glasformen. Für die Schmelze nimmt man heute Öl oder Gas als Brennstoff und die Pottasche wird nicht mehr an Ort und Stelle, sondern von großen chemischen Fabriken erzeugt. So braucht man das Holz heute in den Glashütten eigentlich nur noch zur Herstellung der Holzformen, die dann von den Glasbläsern mit dem flüssigen Glas ausgeblasen werden.

Die Glasformenmacher, wie diese Leute offiziell genannt werden, sind äußerst wichtige Männer in einer Glasfabrik. Ein Fachmann auf diesem Gebiet war Hermann Fukerieder in Spiegelau, der nicht weit von der Pfarrkirche ein nettes kleines Häuschen bewohnt.

Hermann Fukerieder ging bis zu seinem 74. Lebensjahr Tag für Tag in die Glashütte und drehte die Formen aus dem Holz, die später als Sekt- und Weinglaskelche diese edlen Getränke aufnehmen sollten. Geboren wurde er am 27. März 1884 in Bergreichenstein im Böhmerwald. In Oberzwieselau erlernte er gleich nach der Volksschule das Drechslerhandwerk. Als er die Lehre beendet hatte, zog er erst einmal in die weite Welt hinaus. Schließlich kam er über verschiedene Arbeitsstellen im Sudetenland nach Neustadt an der Waldnaab in der Oberpfalz. Hier arbeitete er in den Jahren 1907 und 1908. Als sein Arbeitgeber die Glasfabrik in Riedelhütte pachtete, kam er wieder in den Bayerischen Wald zu dieser Fabrik. Schließlich packte Hermann Fukerieder wieder das Fernweh und er ging zu einer Glasfabrik in die Schweiz nach Neutrimbach bei Olten. Hier war der inzwischen zum Drechslermeister oder Glasformenmachermeister aufgestiegene Hermann Fukerieder bis zu Beginn des Ersten

Glasformenmacher Hermann Fukerrieder, Jahrgang 1884

Weltkrieges. Da die Glasfabrik keine Kohlen mehr bekam, mußte sie schließlich ihren Betrieb einstellen. Nun war aber ein Bruder Fukerieders in Neustadt an der Waldnaab ebenfalls als Glasformenmacher tätig, der bei Kriegsbeginn eingezogen wurde. Die Firma fragte nun in der Schweiz an, ob Hermann Fukerieder den Platz seines Bruders einnehmen wolle. So kam dieser wieder nach Neustadt. Schließlich mußte auch er einrücken und als beide Brüder 1918 aus dem Felde kamen, war für zwei Glasformenmacher keine Verwendung bei dieser Firma. Daher ging Hermann Fukerieder im Jahre 1920 nach Spiegelau zur dortigen Kristallglasfabrik, bei der er bis zu seiner Zurruhesetzung im Jahre 1958 arbeitete.

Das Glasformenmachen ist nun eine ganz besondere Kunst. Während die Drechsler im allgemeinen aus einem Stück Holz eine äußere Form herausdrehen, muß der Glasformenmacher diese Form in das Holz hineindrehen. Schließlich wird ja in diese Form später Glas eingeblasen, das zum Teil sehr feine und dünne Gläser ergibt. Als Holz verwendet man im allgemeinen Buchen- oder Birkenholz. Dieses muß aber möglichst noch grün sein. Trockenes Holz reißt leicht. Da eine solche Glasform in Normalfall für das Ausblasen von etwa 500 Gläsern gebraucht werden kann, sind für viel verlangte Glasservice selbstverständlich viele Glasformen der gleichen Größe und Form erforderlich. Diese müssen alle das genau gleiche Maß haben. Als Vorlage dient eine Papierschablone, nach der millimetergenau mit Spezialeisen die Glasform aus dem Holz herausgedreht wird. Neben einem genauen Auge braucht man hierzu auch ganz schöne Kräfte, um die Dreheisen festzuhalten. Besonders schwer ist das Drehen sogenannter eingezogener Formen, die außen nur eine kleine Öffnung und dann anschließend eine größere Ausbuchtung haben. Dies ist bei vielen Vasen der Fall. Um die Genauigkeit einer solchen Glasform zu überprüfen, kann man den Papierschnitt nur gefaltet einführen.

Diejenigen Glasformen, die oben weiter als unten sind, bleiben zusammen. Ist eine Form aber unten weiter, so muß sie noch auseinandergeschnitten werden. Selbstverständlich kommt es bei einer solchen Spezialarbeit nicht zu Massenproduktionen. Zehn Formen am Tag sind für einen geübten Mann schon eine gute Leistung.

Hermann Fukerieder kann nicht nur auf ein erfülltes und langes Leben zurückblicken, er hat natürlich auch allerhand erlebt und kann sich noch genau an die Arbeitsplätze und die alten Glashütten erinnern, in denen er in seiner Jugend gearbeitet hat. Am schönsten war die Arbeit im Sudetenland. Dort war die Arbeit am leichtesten. Als er noch in Oberzwieselau lernte, wurden die Glashütten noch mit Petroleumlampen erleuchtet. Die Drehbank wurde durch Wasserkraft angetrieben. Im Winter mußten sie häufig erst einmal den Wasserzulauf abeisen. Das war besonders für Lehrbuben eine Arbeit. Wenn dann noch die Schützen eingefroren waren, dauerte es einige Zeit, bis die Drehbänke liefen. Natürlich mußten schon damals die Lehrbuben auch Brotzeit holen. Am meisten wurde damals in der Arbeitspause Limburger Käse und Brot gegessen und dazu

Arbeit in einer Glashütte 1966: Die beiden Glasmacher links vor der Ofentür sind gerade beim Glasblasen. Der mit dem dunklen Hemd bläst sein Kölbel in eine hölzerne Glasform, der mit dem helleren Hemd daneben bläst mit seiner Glasmacherpfeife ein Kölbel auf, das er aus dem Glashafen gestochen hat.

ein Liter Bier, der zwanzig Pfennige kostete. Hermann Fukerieder kann sich noch gut erinnern, wie plötzlich die Halbe Bier um einen Pfennig teuerer wurde. Da kam es gleich zum Streik unter den Glasmachern. Am Glasofen hatten die Glasmacher ihr Hilfspersonal selbst zu stellen und selbst zu verköstigen. Dadurch wurden natürlich viele Kinder mit zur Arbeit gebracht. Diese mußten meist das Glas in den Kühlofen tragen, „eintragen", wie die Glasmacher sagen. Das Hilfspersonal hatten die Glasmacher auch selbst zu bezahlen.

Eine besondere Einrichtung war das Bierausschenken. Das mußte jede Woche ein anderer Glasmacher für die ganze Hütte übernehmen. Früh holte er also vom nächsten Wirtshaus ein Faß Bier und wenn dieses leer war, nochmal eines. Selbstverständlich hat er bei diesem Geschäft viel Arbeit versäumt.

Schon früh haben allerdings die Glashütten ihren Meistern eine Werkswohnung zur Verfügung gestellt und meist auch eine Wiese oder ein Kartoffelfeld. „Ja, dös worn no Zeit'n!" meint Hermann Fukerieder, der als Glasformenmacher sein Handwerkszeug früher noch selbst mitbringen mußte. Gearbeitet wurde in den Glashütten von früh 6 Uhr bis 18 Uhr, am Samstag nur bis 17 Uhr, bei einer Stunde Mittagspause und je einer Viertelstunde Brotzeit vormittags und nachmittags. Der Urlaub war natürlich völlig unbekannt. Daß man bei soviel Arbeit trotzdem gesund und zufrieden war und sein konnte, zeigt uns Hermann Fukerieder, dem man seine beinahe 82 Lebensjahre kaum ansieht. Sein Sohn Josef hat seinen Arbeitsplatz bei der Kristallglasfabrik inzwischen eingenommen und steht seinem Vater bestimmt in keiner Weise an Handfertigkeit in dem seltenen Beruf eines Glasformenmachers nach.

Ein Meister der Landschaftsmalerei alter Schule

Am 13. November 1965 feierte der Kunstmaler Karl Alexander Flügel seinen 75. Geburtstag. Der bekannte Künstler ist gebürtiger Münchner, wohnt aber seit 1935 in Ulrichsberg bei Deggendorf. Ich mußte fünfmal fragen, bis ich das große, massive Holzhaus des Künstlers endlich gefunden hatte. Es steht rings von Bäumen umgeben etwas abseits der Straße auf einem der ins Graflinger Tal abfallenden Hänge. Der Hausherr öffnet mir selbst und zerstreut auch gleich meine Bedenken, daß er von seinem Haus aus gar nicht die schöne Sicht auf Deggendorf und Grafling genießen könne. Früher, meint Karl Flügel, als die Bäume noch

Der Maler Karl Alexander Flügel mit seiner zweiten Frau Helma, vor einem Selbstporträt, das diese gemalt hatte.

nicht so hoch waren, habe ihm der Sturm jährlich mindestens einmal das Dach abgedeckt. Jetzt könne er seinem Haus nicht mehr soviel anhaben und daher habe er schließlich die Bäume nicht abgesägt und so auf die schöne Aussicht vom Haus aus verzichtet. Das Künstlerhaus ist innen und außen ganz aus Holz. Stilvoll und echt bayerwalderisch die großen Stuben, in denen einige prächtige alte Bauernmöbel stehen, darunter eine Truhe aus dem 17. Jahrhundert.

Schließlich sitzen wir gemütlich beim Tee und Karl Alexander Flügel erzählt aus seinem Leben: Geboren wurde der Künstler 1890 in München-Schwabing. Sein Vater, ein Handwerksmeister, stammte aus Marktleuthen im Fichtelgebirge, seine Mutter aus Tiefenbach bei Waldmünchen. Die mehr heitere Lebensart des fränkischen Vaters hat zusammen mit dem bodenverbundenen Wesen der Mutter bei Karl Flügel den Grundstein für seine spätere künstlerische Laufbahn gelegt. Schließlich tat die Schwabinger Atmosphäre das ihre und regte den jungen Flügel schon zur Volksschulzeit und später auch auf dem Gymnasium zum Zeichnen und Malen an. „Mich hat vieles interessiert, aber am meisten die Musik und die Malerei". Trotzdem studierte der junge Mann zuerst Germanistik an der Universität München. Durch ein Gespräch mit einem bekannten Kunsthistoriker über den Maler Ludwig Richter wurde sein Interesse für diese Wissenschaft geweckt. Doch die rein theoretische Beschäftigung mit der Kunst befriedigte ihn nicht, Karl Flügel wollte selbst Künstler werden. So wechselte er von der Universität zur Kunstakademie. Aber seine ersten Hoffnungen wurden enttäuscht. Er fand nicht das, was er suchte, nämlich einen Lehrer, der ihn in die Grundkenntnisse der Bildkomposition, des Farbenmischens, der Farbenbereitung einweihte.

Freundschaft mit dem Maler Edmund Steppes

Inzwischen hatte der Erste Weltkrieg die Studien unterbrochen. Aber kurz danach machte der junge Künstler eine für sein Leben ungemein wichtige Bekanntschaft. Er freundete sich mit dem Münchner Kunstmaler Edmund Steppes an, mit dem ihm schließlich eine mehrere Jahrzehnte währende fruchtbare Künstlerfreundschaft verband, die später durch die Heirat mit dessen Tochter sogar zur verwandschaftlichen Verbindung führte. Edmund Steppes war es, der den jungen Maler schließlich in die Geheimnisse der Malkunst einweihte, und zwar sowohl in seine handwerklichen als auch in seine künstlerischen. Jetzt entfaltete auch Karl Alexander Flügel seine ganze Kraft und allen Eifer, um seinem großen Vorbild nachzueifern.

Das Jahr 1930 verbrachte Flügel in Spanien. Er tat dies auf Rat von Ärzten und Freunden, weil sich plötzlich bei ihm an beiden Händen eine leichte Lähmung bemerkbar machte. Das warme Klima sollte dies heilen. Künstlerisch war die Spanienreise nicht allzu ergiebig und brachte auch nicht sehr viele Anregungen. Er studierte im Prado die weltberühmten Gemälde Goyas, Raffaels und Tizians, aber das zeitge-

Flügel-Gemälde: „Brotbacken".

nössische Spanien bot ihm eigentlich keinerlei Anregungen, obwohl er das Land bis nach Marokko durchreiste. Als Flügels Hauptwerke aus dieser Zeit muß man den „Spanischen Markt" und die „Spanische Alte" ansprechen. Ersteres zeichnet sich durch eine ungeheure Farbigkeit aus, die „Spanische Alte" ist ein Werk, das in beinahe rembrandtschen Farben den strengen Charakter einer alten Spanierin widerspiegelt.

Hinwendung zur Landschaftsmalerei

Nach seiner Rückkehr nach München schloß sich Flügel der Künstlergruppe „Der Bund" an, die regelmäßig im Glaspalast ausstellte. Hier fand er nun viele Gleichgesinnte, die wie er die romantische Tradition der deutschen Malerei weiterpflegten. Besonders der Landschaftsmalerei hatten sich die Mitglieder dieser Gruppe verschrieben und nun reifte Karl Flügel selbst zu einem der großen Meister der deutschen Landschaftsmalerei. Klar und offen sind seine Gemälde, ihr Aufbau ist geradezu klassisch und ihre Farben leuchten mit einer Kraft, wie man sie teilweise nur bei den flämischen Meistern kannte.

Bei einer Fahrt nach Viechtach fiel ihm die schöne Lage des Ulrichsbergs auf. Die herbe

„Bayerwaldlandschaft"

Schönheit des Bayerischen Waldes hatte es ihm schon lange angetan. So beschloß er, sich hier ganz niederzulassen. 1935 zog er in sein Haus auf dem Ulrichsberg und jetzt widmete er seine Arbeit beinahe ausschließlich der Landschaft um ihn herum, dem Bayerischen Wald. Es dauerte nicht lange, da bekam er den Ehrennamen „Maler des Bayerischen Waldes" und er trägt ihn noch heute. Allerdings sagt Karl Flügel, der oft zu Unrecht als Maler der Romantik bezeichnet wird: „Der Bayerische Wald ist nicht romantisch! Ich wehre mich gegen die Bezeichnung, die mir von manchen Leuten zugelegt wird, ich sei der Maler romantischer Traditionen!" Sieben Sommer verbrachte er anfangs auf dem Ulrichsberg und ging im Winter wieder nach München. Dann zog er schließlich ganz hierher. Aber komisch, während er früher den ganzen Wald kreuz und quer durchstreifte, hörten seine Wanderungen beinahe ganz auf, als er seßhaft geworden war. Jetzt sucht er seine Motive fast nur noch in der Umgebung.

In der ersten Ulrichsberger Zeit entstanden als wichtigste Arbeiten „Das Regental", „Die Rachelwand", „Waldwinkel" und „Der Rachelsee". Letzteres ist wohl eines seiner stärksten Werke. Wunderbar die Farbabstufung des Waldes, das Leuchten auf den Bäumen, der Aufbau des Bildes, das außer dem in der Tiefe blinkenden See und etwas Himmel nur Bäume zeigt, Bäume und nochmals Bäume. Wie aber der Künstler dieses Thema gemeistert hat, das zeigt, daß er den Bayeriscben Wald verstanden hat, daß er ihn liebt.

Nachdem er anfangs viel in Öl gemalt hatte, wandte er sich später mehr der Temperamalerei zu oder malte in Mischtechnik. Bald erkannte man den Wert flügelscher Bilder und so nimmt es nicht wunder, daß solche bald im Haus der Kunst in München, in der Lenbach-Galerie, ja sogar in bekannten Kunstsammlungen in Berlin und Dresden zu sehen waren.

In seiner großen Stube hängt auch jetzt noch die ganze Wand voller herrlicher Bilder. Nicht alle würden wohl heute auf Ausstellungen Preise bekommen. Aber ich bin sicher, daß es auch heute nur noch ganz wenige gibt, die so malen können. Da ist die „Hausschlachtung“: Im Vordergrund ein verschneites Dorf, an einem Stadel ist ein Schwein aufgehängt, Blut tropft in den Schnee, dem verschneiten Dorfweg gegenüber sägen zwei Männer Holz, auf dem Weg eine Gruppe Leute in eifriger Unterhaltung. Kinder spielen auf dem Eis, ein rodelnder Bub ist umgekippt und ein Hund steht schwanzwedelnd bei der Schlachtgruppe. Hinter dem Dorf baut sich ein Bayerwaldberg auf, zwischen Wald freie, verschneite Flächen, einige abseits gelegene Höfe. Welche ungewöhnliche Fülle von Details entdeckt man auf diesem Bild. Und trotzdem verliert sich der Blick nicht darin. Er bleibt nicht an einer der Gruppen haften und nimmt die große Landschaft im Hintergrund voll und ohne Ablenkung wahr.

Rund 500 Bilder hat der Künstler bisher gemalt und er malt noch heute, obwohl es ihm nicht immer leicht fällt. Ein kleiner Schlaganfall hat seine Hände schwer gemacht und erschwert ihm auch manchmal das Sprechen. Aber von irgend etwas muß er mit seiner Familie schließlich leben. Einige Zeit war der Künstler alleine hier oben, bis 1949 die junge Malerin Helma Kößl den Meister kennenlernte. Sie wurde seine Schülerin und später seine zweite Frau und teilt nun schon seit 17 Jahren mit ihm Freud und Leid in ihrem abgeschiedenen Haus. Ihre Tochter Ulrike kann zwar noch nicht lesen und schreiben, aber mit den Zeichenstiften kann sie schon sehr gut umgehen, wie wir uns überzeugen konnten. Frau Helma Flügel war eine gute Schülerin. Ihre Porträts haben künstlerische Ausdruckskraft. Sie zeigen auch, wo ihre stärkste Begabung liegt. Als Kinderporträtistin ist sie bereits im Umland von Deggendorf gut bekannt. Sie hat sich auch schon mit Erfolg als Landschaftsmalerin versucht. Selbst aus dem waldreichen und bergigen Böhmerwald jenseits der Grenze stammend, hat Frau Flügel schon von Kindheit an ein besonders inniges Verhältnis zum Waldgebirge.

Ein großer Kummer ist es für Karl Flügel, daß er nicht mehr so wie früher Cello spielen kann. Während seines fünftjährigen Studiums hatte er auch nebenbei an der Musikakademie Cellostunden belegt und später mit bekannten Orchestermusikern zusammen teilweise öffentlich konzertiert. Kein Wunder, daß dieser durch und durch musische Mensch auch in seinen Bildern das anklingen läßt, was ihm im

Innern bewegt: Die Harmonie der Töne, Farben und Formen, ihr für Auge und Gemüt wohltuender Zusammenklang zu einem Akord, der auch in den Bildern keine Mißklänge und keine Dissonanz aufkommen läßt. So berührte es mich direkt etwas feierlich, als mir dieser Künstler sagte: „Ich habe im Leben erreicht, was ich erhoffte!"

Zu beneiden sind diejenigen, die zu Hause einen „Flügel" an der Wand hängen haben. Sie besitzen einen wertvollen Schatz, ein Werk eines wirklichen Meisters, dessen Leben sich langsam rundet.

Karl Alexander Flügel – ein großer Bayerwaldmaler

Am 13. September 1967 verstarb Karl Alexander Flügel in seinem Haus in Ulrichsberg, wenige Wochen vor seinem 77. Geburtstag. Der große Künstler war ein bescheidener Mann. Ich habe ihn 1966 besucht und war von seinen Bildern tief beeindruckt. Das waren keine Allerweltsansichten des Bayerischen Waldes. Hier hatte ein Künstler sein tiefes Empfinden in seine Bilder hineingelegt, damit auch der Betrachter diese Landschaft mit- und nacherleben konnte.

Karl Alexander Flügel war nicht nur Maler, sondern auch Grafiker und hat rund tausend Grafiken hinterlassen, die wie seine Bilder noch Jahre nach seinem Tod in Ausstellungen zu bewundern waren. Das Bild „Der Rachelsee", das in diesem Abschnitt erwähnt ist, habe ich im Hause von Bürgermeister Karl Gareis in Viechtach ausgiebig bestaunt. Es ist auch in diesem Buch auf Seite 178 abgebildet.

Vom Kieserer zum Schiffsführer

Ein Leben auf oder wenigstens am Wasser – etwas anderes kann sich Georg Veit gar nicht vorstellen, auch wenn er jetzt im Ruhestand in der Greflinger Straße in Regensburg wohnt. „Ich bin ein alter Niederbayer und aufgewachsen bin ich nahe dem Deggendorfer Hafenbahnhof, im Haus Ufer Nummer 11 nicht weit von der Donau." Dort wurde er auch im Juli 1910 geboren, und schon als kleiner Bub ist er immer ans Donauufer hinuntergelaufen, hat Schifferl schwimmen lassen oder den großen Donaukähnen nachgeschaut. Nach der Schule stellte ihn sein Onkel Karl Veit ein, der nahe der Werft eine Kies- und Sandbaggerei hatte.

Der Onkel hatte zwei Holzpletten, die waren acht Meter lang und wurden wie die Zillen beim Kainz in Niederalteich gebaut. Zu jeder Zille gehörten vier oder fünf Mann. Sand und Kies gab es in vier verschiedenen Größen: ganz feinen Sand, solchen für den Spritzwurf, feinen oder groben Kies. Je nachdem, was ein Kunde nun bestellte, mußte man diesen aus der Donau oder der Isar holen. Das war eine wahre Schwerstarbeit. Georg Veit schildert sie so:

„Früh um drei Uhr ging es los. Ein Mann fuhr in der Plette, die anderen vier zogen sie manchmal bis zu zehn Kilometer stromauf." Dazu war in der Plette ein sechs Meter hoher Mast, an dem war oben das Schleppseil festgemacht, daß es sich nicht in Stauden und Sträuchern am Ufer verfing. „Mei, das war wie bei den Wolgaschiffern. Da haben wir meist gesungen, daß die eintönige Arbeit leichter fiel, Schifferlieder oder la Paloma. Bis wieder einer einen Schoaß ließ. Der bekam dann einen Fußtritt in den Hintern und es dauerte einige Zeit, bis der Trott weiterging. Wir aßen viel frisches Brot und tranken Bier dazu, da hot's dich oft umg'haut!"

Sie wußten genau, wo es welchen Sand gab. Am Arbeitsort angekommen, wurde die Plette festgemacht und nun stellten sich die „Kieserer", wie man sie im Volksmund nannte, nebeneinander an die stromseitige Bordwand und holten mit einer Hebschaufel den Sand oder Kies an Bord. Diese Schaufel war vorn kastenförmig und an einer etwa vier Meter langen Stange befestigt. Sie wurde auf den Grund getaucht und dann, unter Andrücken des Stangenstils gegen die Bordwand, gegen den Strom gedrückt, der so aufgenommene Sand hochgezogen und in die Plette gekippt. Bis zu zwölf Kubikmeter luden sie bei einer Fahrt, zwei Fahrten machten sie täglich, ganz gleich, wie das Wetter war. An sechs Tagen in der Woche wurde gearbeitet.

Als Jüngster mußte der Georg anfangs den Sand in der Plette gleichmäßig verteilen und Wasser ausschöpfen. Bei der Rückfahrt wurde auch gerudert, damit das Steuerruder Druck bekam und man die schwere Plette steuern konnte. Kam Sturm auf, so wurden auf beiden

Seiten Windbretter aufgesetzt, daß das Wasser nicht hereinlief. Nebenbei mußte er auch noch das Bootstagebuch führen. Bei ruhigem Wetter hatten sie oft bis fünf Zentimeter unter dem oberen Bootsrand geladen, damit sich die Fahrt rentierte. Nach der zweiten Fuhre ging es geschlossen ins Gasthaus „Zum Goldenen Schiff", denn die Arbeit in frischer Luft machte durstig. Ja, einige tranken soviel, daß sie am Sonntag, wenn sie zur Gastwirtschaft Sandweg wanderten und dort den Chef trafen, diesen schon wieder um einen Vorschuß angehen mußten, und dies, obwohl am Samstag Zahltag war.

„Du bist a Wasserratz, du g'fallst ma!"

War im Sommer Hochbetrieb, ließ der Onkel den Georg auf dem Lagerplatz. Da mußte er mit Kies aufladen und bei Kleinbeziehern gleich kassieren. 1930 kostete ein Kubikmeter weißer feiner Isarkies fünf Reichsmark, gewöhnlicher Isarkies 4,50 RM, gelber Donaukies zwischen 2,50 und drei RM. Für die Kies- und Sandbaggerei brauchte man eine Jahresgenehmigung des Wasser- und Schiffahrtsamtes Deggendorf, an das man auch je Kubikmeter gewonnenes Material 50 Pfennige bezahlen mußte. Doch dies wurde meist pauschal abgegolten. Urlaub gab es natürlich keinen. Doch zwischen Sommer und Winter konnte man immer einige Wochen pausieren. Im Winter war Georg Veit dann vielfältig tätig. Da wurde im Hafen für die Brauereien Eis herausgeschnitten und in die großen Bierkeller gebracht. Damals gab es in Deggendorf noch vier oder fünf Brauereien. Auch große Gasthöfe und Metzgereien wurden mit Eis beliefert. Dann hatte der Onkel im Winter auf der alten Donau bei Fischerdorf eine Eisbahn. Da mußte der Georg auskehren, daß das Eis glatt und sauber war. Er verkaufte warme Würstel und half feinen Damen und Herren auch beim Schlittschuhanschrauben.

Da sprach ihn einmal der Sohn Josef von der Reederei Wallner an und fragte, ob er nicht Lust hätte, auf einem Schiff der Wallner-Flotte zu fahren, „Du bist a Wasserratz, Du g'fallst ma!" meinte er. Ja, das wär schon was, meinte der Georg, der damals gerade 22 Jahre alt war. Im April 1934 war es dann soweit: Die Reederei forderte ihn auf, nach Wien zu fahren, wo ihn ein Schiffszahlmeister am Bahnhof abholte und nach Korneuburg brachte. „Im Gasthaus an der Anlegestelle wurde mir die Besatzung vorgestellt. Ich bekam meinen Kabinenplatz zugewiesen und mir wurde gleich gesagt, daß ich früh zuerst einmal das Schiffsdeck waschen müßte. Durch den Tau war dies stets ganz naß."

Dann ist der Veit Georg als Matrose mit einem Ölschiff zwei Jahre lang die Strecke Korneuburg, da war eine Raffinerie, nach Giurgiu in Rumänien gefahren, dorthin kam das Rohöl von den Ölfeldern von Ploesti mit Kesselwagen. Drei Stunden Dienst an Deck, drei Stunden Freiwache, und das ohne jegliche Unterbrechung tagaus tagein, denn auf der unteren Donau wurde auch des Nachts gefahren. Urlaub gab es nur, wenn das Schiff in die Werft kam oder wenn man krank war, aber der Georg war als Matrose nie krank.

Die Besatzung bestand aus 13 Leuten: Kapitän, Zahlmeister, 1. und 2. Steuermann, ein Lotse von Ungarn bis Korneuburg, drei Maschinisten, Bootsmann, zwei Matrosen, Köchin und Küchenmädchen. Die Köchinnen waren meist Ungarinnen, die kochten mit viel Paprika und so scharf, „da hat dir am nächsten Tag noch der Hintern gebrannt, so scharf war oft das Essen“, erinnert sich Georg Veit. Nach zwei Jahren machte er erst einmal eine Pause und baggerte wieder Kies. Als jedoch ein Bayerlloydschiff vorbeifuhr, rief der Lotse herüber: „He, Du alter Faulenzer, in Regensburg brauchen sie einen Matrosen auf dem Motorschiff 'Röntgen'!“ Das ließ sich der junge Mann nicht zweimal sagen, nahm sein Fahrrad und radelte zur Vorstellung die 80 Kilometer hinauf nach Regensburg. Er wurde sofort genommen; also schwang er sich wieder auf sein Radl und strampelte die gleiche Strecke am selben Tag zurück, wohlgemerkt, damals gab es noch keine Teerstraße von Deggendorf nach Regensburg, und es hat ganz schön gestaubt bei der Radlerei.

Am nächsten Tag ist er mit Gepäck und Radl wieder hinauf nach Regensburg. Was ein echter Matrose ist, der war eben zu Wasser und zu Lande zu gebrauchen. Mit der „Röntgen“ fuhr er nun die Strecke Regensburg – Braila ans Schwarze Meer, sechs Wochen eine Tour hin

Auch im Ruhestand zog es Georg Veit immer ans Wasser.

und zurück, jeweils im Dreistundenrhythmus. Es dauerte nicht lange, da war Georg Veit Bootsmann. Der Bootsmann gibt die Anordnungen an die Matrosen und übernimmt alles, was zum Schiff an beweglichem Gut außer der Ladung gehört, also von der Schlafmatratze bis hin zu Farbe und Pinsel. Ganz gleich, wo damals das Schiff fuhr: am frühen Morgen wurde die deutsche Flagge gehißt und die Besatzung mußte mit dem „Deutschen Gruß", mit erhobener Hand, dem Zeremoniell beiwohnen.

Am liebsten hat er auf Stückgutschiffen Dienst getan, da wurde oft angelegt, und man hatte Kontakt mit der Bevölkerung. Die schlimmste Ladung war einmal ein Schiff voller Ofenruß in Säcken aus Bulgarien nach Deutschland, der kam in Schuhcremefabriken. „Da sind wir den ganzen Tag wie die Kaminkehrer herumgelaufen" erinnert sich der alte Fahrensmann. Es würde zu weit führen, wenn man alles schreiben würde, was der Veit-Georg zu erzählen weiß. „Wenn wir nach drei Wochen endlich in einem rumänischen Hafen angekommen sind, da waren wir schon recht ausgehungert. Da haben dann schon immer einige 'Damen' am Hafenkai auf uns Matrosen und Schiffsleut gewartet. Da gab es feste Tarife: Wenn oane für a Stund' mit aufs Schiff komma is, hat dös a Fuchzgerl kost. Für eine Reichsmark sans a dö ganze Nacht dabliebm!"

Später haben sie in Österreich einmal Papierholz geladen. Es wurde von Fuhrwerken in den Schiffsleib gekippt, wo es junge Frauen aufstapelten. Ein österreichischer Finanzinspektor hat dies zollamtlich überwacht. Der empfahl ihm, doch auch einmal ans Heiraten zu denken und hatte hierzu auch ein Rezept: Am besten wär's, wenn er eine Theresia nähme, da hätte er für den ganzen Tag etwas: Früh einen „The", mittag ein „re" und am Abend „Si a"! Sofort fragte der Georg die Holzstaplerinnen, wie sie denn hießen. Doch es war keine Theresia darunter. Doch eine, die Rosa, meinte, ihre Schwester heiße so. Also ging der Georg am Abend mit der Schwester zu deren Bauernhof, wo sie herausstammte und da kam auf der Straße ein junges Mädchen mit dem Fahrrad daher. „Das ist die Theresia!" stellte die Rosa ihre Schwester vor, und die hat der Georg nach zwei Jahren Probe geheiratet.

Ganze 19 Jahre ist sie mit ihm auf der Donau und nach dem letzten Krieg auch beinahe zwei Jahre auf dem Rhein gefahren und hat alle Freuden und Leiden einer Schiffersfrau miterlebt.

In Au, einem kleinen Donauort zwischen Linz und Mauthausen, wo die Theresia herstammt, findet seit Jahren im Sommer ein internationales Zillenrennen statt. Daran und an anderen Bootsrennen beteiligt sich der Veit Georg regelmäßig und wurde 1980 Meister. Er war die 270 Kilometer Donaustrecke mit einer Zille mit einem 25-PS-Außenbordmotor bei einer Internationalen Motorboot-Zielsternfahrt als Bestbewerteter gefahren. Um Mitternacht war er losgefahren, um 18 Uhr legte er in Au an. Im nächsten Jahr will er sich die Bedingungen besser zunutze machen; denn es werden Bootslänge, PS-Zahl des Motors, Zahl der durchfahrenen Schleusen und ähnliches gewertet, und da hat sich der Georg ausgerechnet, daß er mit einem 6-PS-Motor und einer 6-Meter-Zille

Das Wohnzimmer von Georg Veit ist voll von Urkunden und Pokalen, die der Schiffsführer während seiner langen Fahrenszeit verliehen oder errungen hat.

echte Siegchancen hat, wenn er um sechs Uhr in Deggendorf startet.

Was macht ein alter Schiffer im Ruhestand? Georg Veit angelt. Er ist seit 40 Jahren beim Anglerbund, und ist nebenbei Hafenaufsicht bei der Hitzlerwerft in Regensburg, wo es im Sommer immer einige flotte Boote zu betreuen gibt. Selbst baut er auch Schiffe: einen nachgebauten Missisippidampfer, eine Donauzille oder einen Angelkahn. Die Wände in Georg Veits Wohnung sind voller Urkunden, die Borde voller Trophäen und Pokale, die er sich als Angler, Schiffer, Wasserretter erkämpft hat. „Ja, dös Wasser, dös is mei Leb'n!" meint er, und es gibt sicher niemanden, der ihm dies nicht glaubt.

Am 27. Dezember 1984 ist Schiffsführer Georg Veit in Regensburg verstorben.

Der Schöllenkönig vom Bayerischen Wald

In Griesbach bei Zwiesel wohnt der Schafhauser Franz, im ganzen Zwiesler Winkel als Original und im ganzen Bayerischen Wald als Schöllenkönig bekannt. Erst vor wenigen Wochen hat er beim Münchner Oktoberfest mit seinen Schöllen neuen Ruhm geerntet. Und jetzt hat er bald wieder Hochbetrieb, denn zu Martini, am 11. November, wird der Wolf ausgetrieben.

Als ich endlich sein Wohnhaus direkt am Wald gefunden habe, ist er erst recht mißtrauisch. Sogar einen Ausweis will er von mir sehen, gesteht aber dann lachend, daß er ihn ohne Brille gar nicht lesen könne. „I bin da Schofhausa und da herhint kennt mi jeda. I bin der Schöllenköni vom ganzen Wald". So begrüßt er mich und dann darf ich eintreten.

Vor vier Monaten ist ihm sein Weib gestorben und so haust er ganz allein in seinem Anwesen, denn seine Kinder sind irgendwo auswärts. Offen meint er, daß seit dem Tode seiner Frau niemand mehr seine Wohnung saubergemacht habe, aber das ließe sich eben jetzt nicht ändern. Schöllen sammelt der Schafhauser Franz seit seiner Kindheit. Schon in der Volksschule hat er seine Fünferl zusammengespart und hat sich eine Schölle gekauft, wie sie die Kühe auf der Weide umgehängt bekommen. Inwischen umfaßt seine Schöllensammlung 60 Stück. Die Schwerste wiegt einen halben Zentner und ist so groß wie ein ABC-Schütz. In erster Linie hat er natürlich die Bayerwaldschöllen gesammelt, die flach sind im Gegensatz zu den Schöllen im Allgäu, die man Froschmaulschöllen nennt, und die eine runde Form haben. Auch von dieser Sorte hat er aber noch zwanzig Stück. Für diese Glockensammlung, von der die Hälfte schon jahrelang in Benützung war, hat er schon einige Preise erhalten. Sie ist sicher ein kleines Vermögen wert. Aber der Franz verkauft sie natürlich nicht, denn „alle Tog, ob Sunnda oda Werkatog, probier i oamol die oana, dann wieda die selln", sagt er. Und lachend fügt er hinzu: „Dann sogn dö Nachbarn, iazt treibt da Schofhausa wieda an Wolf aus!"

Und da wären wir beim Stichwort: Früher hatten nämlich die Gemeinden rund um Zwiesel, also Lindberg, Flanitz, Griesbach, Bärnzell, Außenried, Innenried, Rabenstein und Klautzenbach Waldweiderechte. Sie hüteten im Sommer, teilweise bis in die Jetztzeit, auf hochgelegenen Waldwiesen ihre Kälber und Jungstiere. Zu Martini war dann Schluß mit dem Hüten, der Hirt brachte die Herde ins Tal und holte sich seinen Hüterlohn ab. Das war schon einige hundert Jahre so und damals gab es bekanntlich im Bayerischen Wald noch allerhand wilde Tiere, wie Bären und Wölfe.

Um diese wilden Tiere zu vertreiben, erhielt das Vieh Schöllen umgehängt und die Hirten hatten Peitschen mit kurzen Stielen, aber langen Peitschenschnüren, Goaßeln genannt, mit denen sie wild schnalzten. Das klingt beinahe wie Gewehrfeuer und vertrieb die wilden Tiere. Dieses Wolfvertreiben oder „Wolfaustreiben" wird heute noch geübt. Am Abend vor Martini wird der Wolf angemeldet. Da gehen die Dorfbuben von Hof zu Hof und lassen sich ein Trinkgeld geben, das je nach Hofgröße zwischen fünf und zehn Mark beträgt. Am eigentlichen Martinstag wird dann der Wolf ausgelassen. Diese Nacht ist im Waldland auch heute noch eine Freinacht. Da bleiben die Burschen nicht nur im Dorf, sondern gehen auch in die Nachbardörfer. Manchmal kommen die Burschen aus drei oder vier Dörfern an einem Platz zusammen. Da geht es hoch her. Die ganze Nacht wird gesungen und getrunken und keiner geht vor dem Morgenrauen nach Hause.

Das Wolfaustreiben

Zum Wolfaustreiben gibt es ein festes Ritual. Der Anführer der Burschen ist der Wolferer. Die übrigen Burschen haben sich Kuhschöllen am Halfter so um die Schultern gehängt, daß diese vor der Brust geläutet werden können. Der Wolferer braucht eine kräftige Stimme und schreit laut in die dunkle Nacht:

„Buama, da Wolf is dooo, hats allzam dooo?" Im Chor antworten die Burschen: „Joooo!" Darauf der Wolferer: „Göt koana mehr ooo?"

Antwort: „Naa!" Und jetzt kommt das Kommando des Wolferers: „Riegelts enk!" Auf die-

Der Schafhauser Franz, der „Schöllenkönig" vom Bayerischen Wald, richtet seine Schöllen zum Wolfaustreiben her.

sen Ruf hin setzt ohrenbetäubendes Scheppern und Klappern der Schöllen ein. Gleichzeitig beginnen einige kräftige Burschen mit dem „Kreuzweis-Schnalzen". Dabei schwingen sie ihre Peitschen im Takt kreuzweis hin und her, so daß ein Knattern wie von einem Maschinengewehr entsteht.

Der Schafhauser Franz hätte mir das Kreuzweis-Schnalzen gern einmal vorgemacht, aber dazu hat er mit seinen 70 Jahren nicht mehr genügend Kraft, denn dazu braucht man allerhand Schmalz. Die Peitschenschnüre sind einige Meter lang und werden mit Pech und Wagenschmiere eingerieben, daß sie entsprechend geschmeidig und trotzdem hart werden. Man muß das einmal erlebt haben, wenn die

So werden die schweren, großen Schöllen getragen, wobei man sie durch entsprechende Körperbewegungen zum Scheppern bringt.

Waldlerburschen durch die Nacht ziehen und mit ihren Schöllen und Geißeln einen ohrenbetäubenden Lärm machen. Da glaubt man gern, daß sogar die wilden Tiere früher vor solchem Lärm Angst bekamen.

Er weiß aber auch sonst allerhand zu erzählen. In Glasberg, südlich von Zwiesel ist er aufgewachsen. Sein Vater hatte einen Hof und der Franz war eines von acht Kindern, von denen aber zwei starben. Nach der Volksschule sollte der Franz Bäcker werden. Seine Schwester nahm ihn mit nach Darmstadt. Aber der junge Waldlerbursche kam beinahe um vor Heimweh. Als ihn der Meister einmal überraschte, wie er auf das Dach des Hauses gestiegen war, um vielleicht von dort den Bayerischen Wald zu sehen, da kam er wieder nach Hause.

Hier erlernte er das Fuhrwerken mit Roß und Wagen, denn damals gab es ja noch keine Lastautos. 1920 heiratete der Schafhauser Franz und ging von Zuhause fort, da ihm der Vater den Hof nicht übergeben wollte. Er kaufte sich am Ende von Griesbach 78 Dezimal Grund, kaufte Wald dazu, tauschte wieder Grundstücke und baute sich schließlich ein schönes Anwesen, in dem er heute noch wohnt. Allerdings meinten damals seine Bekannten: „Der Schafhauser ist jetzt ganz narrisch worden, der baut in die Wildnis." Sein Grund ist so groß, daß er leicht zehn Stück Vieh versorgen kann. Und von seinen Prachtochsen, von denen er erst vor einigen Jahren die letzten weggab, schwärmt er noch in den höchsten Tönen. Sogar ein großes Farbfoto hat er sich von ihnen anfertigen lassen und es gerahmt an die Wand gehängt.

Der Schafhauser Franz ist aber nicht nur Landwirt, er hat auch mit Vieh gehandelt, gelegentlich auch einmal mit einem Feld oder einer Wiese. Wie es halt gerade kam. Jedenfalls, so erzählt er stolz, hat er für das Haus keinen Pfennig vom Staat erhalten und das ist ihm zu glauben.

Natürlich mußte der Franz früher eisern sparen. Sechs Kinder schenkte ihm seine Frau, drei sind schon gestorben. Da war Schmalhans Küchenmeister. Einmal starb ihm in einem Jahr ein Kind und gleichzeitig verendeten fünf

Rinder im Stall. Aber er hat sich wieder durchgebissen, denn er ist ein zäher, genügsamer Waldler. Noch heute schläft er mit seinen 70 Jahren sommers wie winters bei offenem Fenster. Er hofft, daß er einmal wie sein Vater 94 Jahre alt wird, oder gar wie sein Großvater 101 Jahre. Aber eine Frau braucht er halt wieder. Bis jetzt lebt er mit seinen beiden letzten Kühen, einem Hund und einem Hahn allein unter seinem Dach. Die Hühner hat alle der Fuchs geholt und der Hahn ist auch nur dreimal am Tag zum Futterholen auf dem Hof. „A Gockl ohne Henn' und a Baua ohne Wei', dös is nix" meint er und nimmt sich eine riesige Prise Schnupftabak, den er bis vor nicht allzulanger Zeit noch selbst gerieben hat. 25 schöne Schnupftabakgläser umfaßt seine Sammlung, darunter ein besonders schönes Hochzeitsglas. Natürlich hatte er früher, besonders beim Viehhandel, auch gern einmal getrunken. 33 Halbe von früh 9 Uhr bis nachmittags um 4 Uhr sind sein Rekord, aber heute schafft er nur noch 3 bis 4 Halbe.

Als ich fragte, warum er an seiner Türe ein großes Schild mit der gedruckten Aufschrift: „Franz Schafhauser. Ich verkaufe mein Haus nicht für Südfrüchte und Bananen. Ich befürchte die Giftspinne" anbringen ließ, meint er nur: „Gefallen läßt sich der Schafhauser nix, aber i bin auch noch nie wegen Betrugs, Diebstahl oder derartigem eingesperrt worden. Einmal habe ich tausend Mark im Schalterraum einer Bank gefunden und habe sie sofort abgeliefert." Tatsächlich zeigt er eine entsprechende Erklärung einer Bank, nach der er sogar auf den Finderlohn verzichtet hatte.

Der einsame Mann lebt derzeit fast nur von saurer Milch und Reis. Reis ist nämlich sein Lieblingsgericht, Eine Bäuerin wußte dies und als er einmal dort einkehrte, machte sie ihm aus zwei Pfund Reis eine große Pfanne voll Auflauf. Der Franz haute rein, aber er wollte nicht unhöflich sein, ein Stück ließ er noch in der Pfanne. Da meinte die Bäuerin: „I woas, daß'd den Reis gern ißt, i gib den Rest in an Topf mit." Als aber der Schafhauser nach Hause kam, da war der Topf leer, denn er hatte den Rest gleich unterwegs verzehrt.

Zum Schluß erzählt er mir noch, daß er die Prophezeiungen des Stormberger für den Zwiesler Winkel von einem alten Mann bekommen habe, als er in Rabenstein 1912 an der Poschinger Villa mitbaute. Der Stormberger war ein Bärentreiber-Kind und keineswegs mit dem Mühlhiasl identisch, wie manchmal behauptet wird. Zusammen mit 600 Goldmark hat der Schafhauser diese handgeschriebenen Prophezeiungen während der Nazizeit vergraben, weil man schon mehrmals bei ihm Haussuchungen gemacht hatte. Leider fand er nach dem Kriege das Versteck nicht mehr. Ja, damals, 1911 – 1912, war eine harte Zeit, als er auf dem Bau in Rabenstein arbeitete. Früh um 3 Uhr ging er täglich fort, arbeitete dann von 6 – 18 Uhr mit einer Stunde Mittagspause für einen Stundenlohn von 37 Pfennigen.

Als ich mich verabschieden will, macht er mir noch ungebeten eine kleine Freude. Er holt seine Mundharmonika aus der Schublade, klopft sie aus, schlägt vier Vortakte mit dem Fuß und dann spielt er mir zwei alte Zwiefache, die er früher gern getanzt hatte. Und wie er spielt! Ein wahrer Meister! Und zum Abschied sagt er mir: „Mei Mo, i kunt Dir ja an ganzen Tag verzähln, dös gebat a ganz' Biachl. Kimmst halt a mol wieda!" Ich versprachs und sagte diesem Original, dem Schöllenkönig des Bayerwaldes, Lebewohl.

Später bin ich noch zweimal beim Schafhauser zugekehrt. Es war immer ein Erlebnis, mit diesem, am 21. März 1896 geborenen Waldler zu sprechen. Als ich ihn das letzte Mal besuchte, meine Frau Gertraud war auch dabei, war er schon etwas kränklich. Als wir uns verabschiedeten, rief er uns noch unter der Haustüre nach:

„Im Bayerischen Wald bin ich geboren,
im Wald will ich begraben sein
und nicht in Köln am Rhein!"

Er wurde wunschgemäß auf dem Friedhof in Zwiesel beigesetzt.

Ein leidenschaftlicher Porträtmaler

Am 4. März 1980 verstarb in seiner Geburtsstadt Kötzting der bekannte Maler August Philipp Henneberger. Der Ehrenbürger dieser Stadt wurde am 8. November 1902 geboren als drittes von fünf Kindern eines Fleischbeschauers. Zu seinem Tode schrieb ich einen Nachruf in verschiedenen Zeitungen mit der Überschrift: „Der Wald verlor einen seiner größten Maler!" Und das stimmte genau. Doch Henneberger war ein Bayerwaldler und ein Weltmann zugleich. Daß er als Künstler solche Anerkennung erreichte, ohne jemals einer Künstlervereinigung anzugehören, verwundert. Er verdankte sein Können zunächst seiner großen künstlerischen Begabung, dann seinem immensen Fleiß und sicher nicht zuletzt seiner Tatkraft, die ihm in entscheidenden Augenblicken seines Lebens das Richtige tun ließ. Henneberger wußte, daß er zu seiner Zeit unter den ostbayerischen Künstlern ein

Der Maler August Philipp Henneberger

Großer war, und darauf war er auch stolz. Ich habe ihn im Frühjahr 1970 in seinem Atelier besucht und darüber die nachfolgende Reportage geschrieben, der sich noch ein lebhafter und erfreulicher Briefwechsel anschloß:

Einer der bedeutendsten Porträtisten

In der Landshuter Straße in Kötzting wohnt einer der bekanntesten Maler des Bayerischen Waldes: August Philipp Henneberger. Der am 8. November 1902 in Kötzting geborene Künstler zählt zu den bedeutendsten Porträtisten in Bayern. Daneben sind besonders seine Landschaften und Blumenbilder berühmt und von Kennern gesucht. Unlängst wurde diesem Manne als besondere Anerkennung der Kulturpreis Ostbayern der Energieversorgung Ostbayern verliehen.

Die Landshuter Straße in Kötzting ist eigentlich eine Sackgasse. Sie führt nicht in die Hauptstadt Niederbayerns, sondern ist nur eine Konzession an die Niederbayernmetropole. An der Südseite dieser Straße mit einem nach Süden abfallenden großen Garten steht das schöne und stilvolle Haus des Malers. Das Atelier ist nicht nur Arbeitsraum, sondern bietet in einer gemütlichen Ecke auch Platz zur Entspannung, zur Unterhaltung, zur geistigen Sammlung. Der Hausherr ist keine auffällige, jedoch eine sehr bemerkenswerte Erscheinung. Der Kopf mehr der eines Römers, als der eines Bayerwaldlers, was noch durch das silberleuchtende Haar auf der breiten Stirn unterstrichen wird. Er macht Konzessionen an die Mode: Koteletten an den Schläfen, Rollkragenpullover, doch geht dadurch nicht das Geringste an Individualität verloren, im Gegenteil, diese wird noch unterstrichen. Wenn er beim Gespräch gelegentlich die goldgeränderte Brille aufsetzt, könnte man auch meinen, einen Professor vor sich zu haben. Es ist ein Vergnügen, dem Künstler zuzuhören. Er spricht niemals nur mit dem Mund. Da sprechen die Augen mit, die Hände vervollständigen die Rede und die Gebärden unterstreichen die Worte. Die tiefe Stimme formuliert die Gedankengänge flüssig, die Worte sind wohlgesetzt. Als ich diese Tatsache berede, bekomme ich sofort die Erklärung: Der Künstler hat schon häufig Vorträge gehalten und nicht wenige Zuhörer fanden in der Vortragsart eine Parallele zu der von Luis Trenker.

Künstlerblut in den Adern

Die Lebensgeschichte August Philipp Hennebergers ist stark von der Zeit geprägt. Sein Vater, ein Fleischbeschauer in Kötzting, hatte insgesamt fünf Kinder, August Philipp war der Mittlere. Er besuchte die Volksschule an seinem Heimatort und ging dann vier weitere Jahre auf eine technische Lehranstalt nach Nürnberg, um technischer Zeichner zu werden. Doch das befriedigte ihn nicht. So ging er nach Bonn, und wurde Porzellanmaler. Daß er einmal Maler werden wollte, stand für den jungen August Henneberger schon fest, als er noch zur Volksschule ging. Sein Vater aber war strikt dagegen. „Das kommt nicht infrage, du erlernst einen anständigen Beruf!“ war seine Antwort auf den Wunsch seines Sohnes. Jetzt muß man wissen, daß bei den Hennebergers sich das Künstlerblut schon etliche Male bemerkbar gemacht hatte. Ein Onkel war der bekannte Bildhauer Professor August Henneberger, ein Vetter, Professor Willi Henneberger, war Maler und Graphiker, zwei andere Henneberger haben an der Kunstakademie studiert. Dorthin wollte August Philipp auch und er kam hin. Aber erst nach einigen Umwegen. Zunächst ging der junge Porzellanmaler nach Berlin, arbeitete wieder in einer Porzellanfabrik, spielte beim Film kleine Rollen und schaute zu, wie er sich über Wasser halten konnte, denn es war Inflation und die Zeiten miserabel. Schließlich engagierte ihn ein Modesalon als Modezeichner. Das brachte endlich soviel ein, daß der junge Waldler nebenbei die nach dem berühmten Maler so benannte Lovis-Corinth-Schule besuchen konnte. Doch Corinth starb 1925, die Schule verlor dadurch an Zugkraft. August Henneberger hatte nur ein Ziel: Wie komme ich auf die Kunstakademie? In Berlin waren die Aussichten schlecht. Der junge Maler hatte zwar als Sportzeichner für eine Tageszeitung manchmal arbeiten können und auch schon öfter bekannte Gemälde in Galerien kopiert und verkauft. Aber das Ziel war die Akademie. So kehrte er erst einmal nach Kötzting zurück, malte dort einige Bilder, die er auch schnell verkaufte.

Da vom Vater nichts zu erwarten war, ging er auf eigene Faust nach München und versuchte, an Zeitungen Zeichnungen zu verkaufen. Von seinem knappen Bargeld kaufte er sich eine Stehplatzkarte für ein Konzert des weltberühmten Cellisten Pablo Casals. Im Konzert zeichnete er mit schnellem Stift den Musiker und sauste damit zur nächsten Redaktion. Der Feuilletonredakteur war begeistert und ermunterte den jungen Mann, öfter solche Zeichnungen zu bringen. Was er nicht zweimal zu sagen brauchte. Jetzt hatte August Philipp Henneberger endlich eine Möglichkeit, sich sein Studium selbst zu finanzieren. Er wurde an der Akademie angenommen und wurde Schüler von Hermann Gröber und später von Professor Karl Caspar. Dieser erkannte schnell die Begabung des jungen Mannes. Er nahm ihn in die Meisterklasse auf und 1932 wurde er mit dem Akademiepreis ausgezeichnet. Bis 1934 studierte Henneberger an der Akademie, mußte dann aber die Hochschule verlassen, weil ihm die damaligen Machthaber eine lästerhafte Bemerkung, wie sie in Studierkreisen an der Tagesordnung sind, übel nahmen und ihn gleich verhafteten. So ging Henneberger erst einmal ins Ruhrgebiet, kehrte aber bald wieder an die Isar zurück und profitierte dann wie fast alle Künstler von dem großen Bauboom in den dreißiger Jahren: Schulen, Fliegerhorste, Kasernen entstanden überall und brauchten auch einige künstlerische Akzente. So schuf der junge Maler Fresken innen und außen und erhielt viele Preise bei Wettbewerben. Der Kriegsbeginn machte allem ein Ende.

August Henneberger machte ihn von Anfang bis zum Ende mit. Er avancierte bis zum Oberleutnant einer Flakeinheit und wurde dreimal verwundet. Das Kriegsende traf den Maler hart: Sein Atelier in München war durch Fliegerbomben kaputtgegangen und mit ihm hunderte von Aquarellen, mehrere große Porträts und, was am schmerzlichsten war, zwei Ölgemälde und ein Holzschnitt von Emil Nolde, den der Maler in Berlin kennengelernt hatte und der ihn künstlerisch ungemein stark beeinflußte. Allein die Nolde-Bilder dürften heute, also 1970, über 200 000 DM kosten.

So hieß es wieder einmal von vorne anfangen. Allerdings war der Maler jetzt nicht mehr allein. 1942 hatte er in Stolp in Pommern eine Augenärztin geheiratet, eine gebürtige Potzdamerin. In Kötzting trafen sich beide wieder. Doch was tun. Seine Frau hatte noch keine Augenpraxis und er konnte keine Bilder verkaufen. Das sollte sich bald ändern. Henneberger ging wieder nach München und porträtierte Künstler, illustrierte Romane, zeichnete Karikaturen und Witze. Vorher hatte er schon in Kötzting die amerikanischen Besatzer porträtiert, was diese in der üblichen Zigarettenwährung honorierten.

In München richtete sich der Maler ein Atelier ein, riesengroße Räume mit durchlässigem Dach, die an kalten Tagen einen Zentner Kohle benötigten, bis es so warm war, daß man arbeiten konnte. Bald hatte sich Hennebergers ausgesprochene Porträtierkunst herumgesprochen, da ging es wieder aufwärts. In kurzer Folge entstanden eine ganze Reihe seiner bekanntesten Bildnisse, so u.a. von Professor Artur Kutscher, dem Dichter Max Halbe, dem Schriftsteller Richard Billinger, dem Münchner Oberbürgermeister Thomas Wimmer, dem Senator Borst, Männern aus der Wirtschaft wie Gustl Feldmeier, Generaldirektor Hans Dürmeier und Verleger Schwingenstein vom Süddeutschen Verlag, Regierungspräsident Johann Riederer, Wirtschaftsminister Schiller, dem Dichter Eugen Roth. Dem Künstler fallen garnicht alle Persönlichkeiten ein, die er porträtierte. Er sagt hierzu: „Porträtmalen kann man nicht lernen. Das muß man haben. Schon als Kind habe ich das gerne gemacht, habe den Kaiser oder Bismarck nach Postkarten gezeichnet. Das Porträt hat mich immer fasziniert. Zum Porträt gehört neben der Begabung aber auch eine besondere Liebe. Daher kommt es, daß oft von hundert Malern nur einer gute Porträts malen kann.“ Über seine Technik verrät er mir: „Meist mache ich von dem, den ich porträtieren möchte, mehrere Zeichnungen von verschiedenen Seiten, damit ich ihn so in mir aufgenommen habe, daß ich ihn auch aus dem Kopf malen könnte. Nach den Zeichnungen mache ich mir dann eine Komposition auf der Leinwand. Als ich Regierungspräsident Riederer von Landshut porträtierte, hatte dieser gerade wenig Zeit und zudem eine Besprechnung angesetzt. Nach eineinhalb Stunden erhob sich der Regierungspräsident und sagte zu mir: Ich bin fertig! Darauf meine Antwort: Ich auch! Während der Unterredung hatte ich in eineinhalb Stunden das Porträt gemalt.“ Der Direktor der Staatsgemäldesammlung in München, Dr. Steingraber, äußerte sich über den Maler Henneberger: „Es gibt in Deutschland nur ganz wenige gute Porträtisten. Henneberger ist einer der besten!“

Ziel erreicht: Ein unabhängiger Künstler

August Philipp Henneberger ist heute als Künstler völlig unabhängig. Seine Erfolge erlauben es ihm, das und so zu malen, wie er will. Diese Unabhängigkeit wird noch durch seine Gemahlin gefördert, die dankenswerter Weise ihre Augenarztpraxis in Kötzting wieder aufgenommen hat, so daß dieser Teil des Bayerischen Waldes wenigstens einen dieser seltenen Fachärzte besitzt. Er hat zwei Ateliers, zwei Wohnsitze, nämlich einen in Kötzting und einen in München.

Mit der Porträtmalerei erschöpft sich allerdings die künstlerische Tätigkeit dieses äußerst charmanten und produktiven Menschen keineswegs. Seine Landschafts- und Blumenbilder sind nicht weniger ansprechend. Ein Porträtmaler kann nicht gegenstandslos malen, er kann auch nur bis zu einem gewissen Grade abstrahieren. Dieser Maxime bleibt Henneberger auch bei seinem ganzen übrigen Schaffen treu. Was ich persönlich als wahrlich meisterlich empfand, das waren die einmaligen Blumenbilder. Welch leuchtender Rittersporn neben dem grellen Mohn, dort ein geheimnisvoller Fingerhut neben offenen Stiefmütterchen und im Hintergrund immer etwas von dem Geheimnis, das alles Lebendige und Leuchtende letzten Endes auch umgibt. Wenn man Hennebergers Mohn-Aquarelle sieht und kennt die Mohnbilder Noldes, so könnte man meinen, sie stammten aus ein und derselben Hand. Ich kann nur in Stichworten aufzählen, was der Künstler alles schafft und wovon ich einen Eindruck bekomme: Eindrucksvolle Holzschnitte, eine herrliche Fischerkette aus Emaille, Hinterglasbilder von seltener Eindringlichkeit, in der Kirche in Chamerau schließlich auf der Rückseite ein großes Glas-

„Waldarbeiter", Zeichnung von A. Ph. Henneberger

fenster und ein Mosaikkreuzgang und mehrere Sgraffitos, darunter eines am Wohnhaus des Künstlers.
Hennebergers Bilder hängen nicht nur in den Büros der Vorstandssuiten großer Unternehmen, sie haben ihren Platz auch in vielen Museen im In- und Ausland. Aber noch etwas Besonderes hat der Maler parat, das ich eigentlich nur rein zufällig zu Gesicht bekomme. Mehrere Zeichenblocks mit den schnell hingeworfenen Zeichenporträts aller Großen der Jetztzeit. Die Erklärung, wie der Maler zu all diesen Persönlichkeiten kam, ist einfach. Sie kamen zu ihm! Abends, vor dem Fernsehapparat, sitzt August Philipp Henneberger selten ohne Zeichenblock und Zeichenstift. Und mit dem ge-

Der Maler Philipp August Henneberger in seinem Atelier.

schulten Auge des erfahrenen Porträtisten und der von Tausenden von Porträts geübten Hand bannt der Künstler seine Bildschirmbesucher aufs Papier. „So bleibe ich am besten in Übung!“ meint er.

Ist Henneberger ein Bayerwaldkünstler? Diese Frage muß eindeutig bejaht werden. Seine Bayerwaldlandschaften und seine Waldlerköpfe verraten innigste Vertrautheit mit Land und Leuten. Er ist darüberhinaus aber auch ein Weltmann. Henneberger ist im Umgang mit den Großen der Welt geübt. Er bekommt dabei keine Minderwertigkeitskomplexe, die auch garnicht am Platze wären. Er weiß was er kann und macht daraus kein Hehl. Seine Unabhängigkeit erlaubt es ihm, in der Kunst nur soviele Zugeständnisse an die Zeitströmungen zu machen, als er selbst für gut und richtig hält.

Ob sich sein Stil noch wandeln werde? will ich schließlich noch wissen. Der Künstler glaubt es nicht. Er hat die für ihn optimale künstlerische Aussage gefunden. Regierungspräsident Johann Riederer sagte in seiner Laudation anläßlich der Kulturpreisverleihung zum Schluß: „Das Schaffen des Malers Henneberger wurzelt in der Tradition und der Landschaft seiner niederbayerischen Heimat, um deren kulturelle Fortentwicklung er sich sehr verdient gemacht hat.“

Die hübsche Tochter des Künstlers, die als die sechste Henneberger an der Kunstakademie in München studiert, hatte uns einen Campari gebracht und dann traten wir hinaus in den Garten, wo Rittersporn, Mohn und Rosen blühten, all die Modelle, die der Künstler direkt von seinem Atelierfenster aus sehen und malen kann. Und der Duft des heißen Sommertags strömte aus den Blüten, den man auch in den Blumenbildern des Künstlers zu spüren vermeint.

„Zwei Christkindlabende, die ich nie vergesse!“

„Oh mei, wos soll i denn do vazähln?“ meint Emma Fischer und schaut mich fragend an. „Da hob'n ma dol a ganz a andere Zeit ghabt!“ fügt sie entschuldigend hinzu. Emma Fischer, Jahrgang 1916, ist eine echte Waldlerin, die in Ebersried bei Kirchberg im Wald geboren wurde. Von ihr wollte ich mir einmal erzählen lassen, wie sie denn früher Weihnachten erlebt hätte, als Kind, als junge Ehefrau. Emma Fischer wohnt seit ihrer Verheiratung in Höllmannsried, einem kleinen Bayerwalddorf zwischen Kirchberg und dem großen Ruselwald. In ihrer gemütlichen Stube krachen noch die Holzscheite im Herd. Doch wenn es sehr kalt ist, dann nimmt sie doch den Ölofen in Betrieb. In der Ecke steht der Fernseher und auf dem Wandpodest das Telefon. Nein, ohne die beiden möchte sie heute nicht mehr sein. Sie verbinden sie mit der Welt draußen. Langsam wird Emma Fischer etwas gesprächiger und erzählt „vo freiers“. Also, zu Hause waren sie zwölf Kinder, zwei sind noch als Kleinkinder gestorben. Sie war das sechste Kind ihrer Eltern Johann und Franziska Bauer, welche in Ebertsried ein Holzhaus bewohnten. Daß es da an Weihnachten Geschenke gegeben hätte, daran kann sich die Waldlerin trotz ihres guten Gedächtnisses nicht erinnern. „An Weihnachten hot's nix geb'n. Da hob'n mir knierat in der Stubn an Rosenkranz beten müßn, wia an alle Samstag!“ Der Vater saß am großen Tisch und hat vorgebetet und die Kinder mußten nachbeten. Nach dem Rosenkranz kam noch eine Litanei und das Ave Maria. Dazu mußten sie sich auf dem harten Bretterfußboden hinknien. Deshalb hat man schon geschaut, daß man einen Platz an der umlaufenden Wandbank bekam, wo man sich wenigstens mit einem Arm aufstützen konnte.

Der Niklo kam öfter

„Der Niklo ist öfters kemma!“ erinnert sie sich. Der brachte immer Äpfel, die er aus seinem Sack in die Stube schüttete. Vorher hat er im Hausgang eine Mordsgaudi gemacht und manchmal hat er auch eines der Kinder geschimpft, wenn es etwas angestellt hatte. Daß der Niklo in manchen Jahren gleich mehrmals kam, klärte sich auf, als Emma Fischer schon etwas älter war. Da erfuhr sie, daß den Niklo stets die Nachbartochter Marie des Wellisch-Bauern gemacht hat. Die hatten einen großen Obstgarten, sie aber nicht einen Obstbaum. Und da sich die Marie gerne als Nikolaus verkleidete, kam sie halt gleich ein paar Mal, wenn es viel Obst gegeben hatte und hat sich sicher gefreut, wenn sich die Bauerkinder auf ihre Äpfel stürzten.

Am Heiligen Abend hat es weder für die Eltern noch für die Kinder irgendwelche Geschenke gegeben. Bis zum Jahre 1927, und das weiß Emma Fischer noch so genau als wäre es erst gestern gewesen. Wie zu ihr und ihren Geschwistern zum ersten Mal das Christkind gekommen ist, das hat sich der Waldlerin unauslöschlich eingeprägt. Und dann erzählt sie:

Das erste Weihnachtsgeschenk: Ein Zöpfel und eine Knackwurst!

„Also, das weiß ich noch wie heut! Es war Heiliger Abend und da hat uns die Mutter, als es dunkel wurde, alle auf den Dachboden geschickt. Dort standen unsere Betten. Wir schliefen immer zwei zusammen in einem Bett, diese waren aber durch einen Bretterschlag untereinander abgetrennt. Die Mutter kam schließlich zu uns herauf und tat ungeheuer geheimnisvoll. Endlich hörten wir unten ein Glöcklein läuten.

'Luust's!', rief die Mutter, 'da klingelt dös Christkindl, dös hot sicher wos eing'legt!' Wir acht Kinder, die wir noch zu Hause waren, stürmten nun wie die Wilden die Holztreppe hinunter, hinein in die Stube. Da haben wir vielleicht geschaut! Für jedes Kind hatte das Christkind ein Zöpfel und eine Knackwurst auf seinen Platz gelegt. Auf die haben wir uns mit Heißunger gestürzt und im Nu waren von jedem das Zöpfel und die Knackwurst verräumt. 'O mei, hab 'n wir eine Freud g'habt, weil das Christkind uns wos eing'legt g'habt hot!' Auch Vater und Mutter hatten das Gleiche wie wir bekommen und freuten sich über die reiche Bescherung."

Vater Johann Bauer hat Holzschuhe gemacht, bei den Bauern geholfen und am Donnerstag hat er für den Dimpfl-Bäcker in Regen Semmeln von Haus zu Haus verhandelt. Da sah der Speiseplan der Bauerschen Großfamilie natürlich mager aus. Am Morgen gab es im Sommer Sauere Suppe, im Winter Hirgstsuppe, in die Schule bekamen sie ein Stückerl trockenes Brot mit, Mittag standen abwechselnd Kartoffelnudeln oder Brei auf dem Speiseplan, natürlich ohne Fleisch. Davon gab es nur am Sonntag eine kleine Kostprobe. Abends stand wieder die Sauere Suppe auf dem Tisch, dazu vielleicht ein Stück Brot. Getrunken wurde dazu Zuckerwasser oder nur ein frischer Trunk aus dem Wassergrand vor dem Haus. „Da kann man sich vorstellen, wie wir uns über das frische Zöpfel und die Knackwurst gefreut haben!" meint Emma Fischer. Im Jahre 1929 hatten die Eltern dann schon einen Christbaum besorgt. Den haben sie mit einigen Äpfeln behängt, die sie geschenkt bekommen haben und auch mit richtigen Plätzchen, denn einer der Brüder hatte durch die Verbindung des Vaters zur Bäckerei Dimpfl dort einen Lehrplatz bekommen und durfte eine Tüte Plätzerln mit nach Hause nehmen. Die Buben mußten übrigens alle mit zwölf Jahren aus dem Haus und irgendwo Geld verdienen, in eine Lehre, oder zu einem Bauern als Hütbub, auch wenn sie noch schulpflichtig waren. Was sie früh in der Schule versäumten, das mußten sie halt abends nachlernen.

Das Kopftuch, das Emma Fischer mir 1989 zeigte, war 1936 das erste Weihnachtsgeschenk ihres Ehemanns. Nie hätte sie sich davon getrennt!

Ein Kopftüchel als Christkindl für die junge Ehefrau

Als ich noch wissen will, wie denn ihr erstes Weihnachtsfest als jungvermählte Ehetrau war, da wird Emma Fischer traurig. Sie erzählt: „Als ich 1936 heiratete, besaß ich ganze drei Mark vom Heuwazupfen. Die habe ich ganz fest in der Hand gehalten und mir immer vorgesagt: Die drei Mark gibst du nicht her! Zur Hochzeit trug ich ein schwarzes Kleid von meiner Mutter, das wir passend gemacht hatten. Mein Mann, der aus Höllmannsried stammte, war arbeitslos und hatte auch kein Geld. So waren wir erstaunt und froh, daß beim Abdanken im Wirtshaus nach der Trauung 700 Mark eingingen. Das war praktisch unsere Aussteuer. Als mein Vater von den 700 Mark hörte, meinte er: 'Kinder, da brauchts ihr ein Leben lang nimma arbaten!'

Das Haus meiner Schwiegereltern war damals ein uraltes Holzhaus in Höllmannsried. Die Schindeln waren morsch und es hat öfter hereingeregnet. Da mußten wir dann Schüsseln und Eimer unterstellen. So verbrauchten wir das Hochzeitsgeld größtenteils für die Reparatur des Hauses.“ Und dann kam das erste Weihnachten des jungen Paares. Plötzlich steht Emma Fischer auf und holt aus dem Wohnzimmerschrank ein zusammengefaltetes Kopftüchel, aus grünem Stoff mit aufgedruckten Rosen und Edelweiß. Und etwas verschämt hält sie es mir hin: „Dös war mei erstes Christkindl von mein Mo, dös Kopftüchel!“ Kein Zweifel, dieses Tuch hält sie ganz hoch in Ehren, denn schon seit 1952 ist Emma Fischer Witwe. Ihr Mann stand nicht auf der Sonnenseite des Lebens. Vor dem Krieg war er ständig arbeitslos, wo sollte er auch in Höllmannsried arbeiten. Dann mußte er in den Krieg und kam erst nach dreijähriger Kriegsgefangenschaft aus England krank zurück. 1952 erlag er seinem Kriegsleiden, doch für die nötigen Untersuchungen und Anerkennungen durch die Behörden hatte die Zeit nicht mehr gereicht. Emma Fischer bekam nur eine ganz bescheidene Rente.

Natürlich hat sie zur ersten Weihnacht als junge Ehefrau ihrem Johann auch ein Weihnachtsgeschenk überreicht: Ein Oberhemd, das sie selbst aus Stoffresten zusammengenäht hatte und über das sich ihr Mann genau so sehr freute wie sie über das Kopttüchel.
Heute ist das alte Holzhaus in Höllmannsried längst weggerissen und Emma Fischers ältester Sohn Xaver hat dafür einen großen zweigeschossigen Neubau hingestellt. Er und ihre Schwiegertochter versorgen sie mit allem, was ihr „geschrieben“ ist und auch die beiden anderen Kinder sorgen rührend für sie. Nein, so arm, wie sie einmal war, das wünscht sie niemanden, daß er einmal wird. Und doch: über das erste Christkindl, ein Zöpfel und eine Knackwurst, und das erste Geschenk von ihrem Mann, das geblümte Kopttuch, da hat sich Emma Fischer mit Sicherheit mehr gefreut als heute reiche Leute über wertvollen Schmuck oder brechendvolle Gabentische.

Emma Fischer starb am 16. Januar 2000 im 84. Lebensjahr.

Wie der Dr. Eisenbarth nach Viechtach kam!

Den Marktplatz der alten Bayerwaldstadt Viechtach umrahmt eine Reihe mächtiger Bürgerhäuser. Eines von ihnen ist die Stadt-Apotheke mit einem Treppengiebel, der das vierstöckige Haus überragt. „Gegründet 1803" steht unter dem Namen der Apotheke und seit dieser Zeit gehört sie der Familie Gareis. Großvater und Vater Gareis haben die stilvolle Apotheke aufgebaut und der jetzige Inhaber Karl Gareis hat sie weiter ausgebaut und im geschäftlichen Sinne erweitert.

Dieser Mann zählt zu den bekanntesten Persönlichkeiten des Bayerischen Waldes. Dabei ist es gar nicht einfach, seine Bedeutung in einem Satz zu sagen. Karl Gareis ist Heimatforscher, Volkskundler, Kunstfreund, Schriftsteller, Kunstmäzen, Kammermusiker, Apotheker, war rund zwanzig Jahre lang Bürgermeister von Viechtach, Festspielleiter und noch vieles andere mehr. Er ist gleichsam einer der Motore, die dem Bayerischen Wald immer neue Impulse geben.

Rastlos kreisen seine Gedanken darum, wie man den Bayerischen Wald noch attraktiver machen könnte, sein altes Volks- und Kulturgut bewahren, seinen Menschen helfen und dem Waldler das Leben lebenswerter gestalten könnte. Eine unwahrscheinliche Vielseitigkeit kommt ihm dabei ebenso zustatten wie seine Fähigkeit, andere für seine Ideen zu begeistern.

Ein Gang durch das große Haus gleicht eigentlich mehr der Führung durch ein kleines Museum: Schöne alte Figuren, Stiche, Drucke und Gemälde, alte Vasen und wertvolle Bücher. Jeder Kunstfreund gerät dabei in Entzücken.

Karl Gareis in seiner Stadtapotheke in Viechtach. An der Decke hängt eine alte Holzfigur: Jonas im Maul des Walfischs.

Dann sitzen wir im großen Musikzimmer. An den Wänden hängen mehrere Gemälde, darunter für den Bayerwaldfreund einige Sehenswürdigkeiten. Das bekannte Gemälde „Der Rachelsee“ von Karl Alexander Flügel, dem bekannten Maler aus Ulrichsberg, befindet sich darunter. Noch zwei andere „Flügel“ hängen an der Wand, „Grumeternte im Vorwald“ und „Mondlandschaft“. Im Zimmer stehen ein richtiger Flügel, ein Cembalo, ein Spinettino und im Zimmer nebenan noch ein Hammerklavier. An der Wand hängen einige alte Lauten, ein Horn, in mehreren Kästen sind einige wertvolle Geigen, Bratschen und Zithern untergebracht. Die dunkle Holzdecke läßt den Klang der Instrumente besonders gut zur Wirkung kommen und Bilder der Ahnen, Stilmöbel und schöne Teppiche schaffen eine gemütliche Atmosphäre und zeugen vom Geschmack und auch vom Wohlstand seiner Bewohner.

Ein Original

Karl Gareis ist das, was man landläufig eine originelle, markante Erscheinung nennt. Er ist mittelgroß, wuchtig, doch nicht schwerfällig, sondern ungemein lebhaft, geistsprühend. Über der energischen Nase erhebt sich eine hohe Stirn und die vorne etwas schütteren, ansonsten aber vollbelockten Haare geben dem Mann eher das Aussehen eines Künstlers, als das eines Apothekers. Mancher Operenintendant wäre über einen Bassisten begeistert, der so aussähe wie Karl Gareis.

Der Lebenslauf von Karl Gareis ist nicht gerade typisch für einen Waldler, im Gegenteil. Am 10. Oktober 1906 in Viechtach geboren, Apothekerssohn, vier Schwestern, Volksschule, von 1916 bis 1923 im Gymnasium in Metten. Besonders in musischer Hinsicht sei diese Zeit sehr anregend gewesen. Er habe viel Geige gespielt und habe oft bei Theaterstücken mitgewirkt. Die Liebe zur Musik hatte er mitgebracht, denn im Elternhaus wurde viel und gut musiziert.

Nach dem Abitur in Metten studierte er einige Semester Germanistik und Theaterwissenschaft in München und Wien. Das Theater zog ihn so an, daß er sich sogar einige Monate als Schauspieler auf einer kleinen Bühne in der Schweiz versuchte. Darüber waren die Eltern natürlich alles andere als glücklich, zumal keine der Schwestern Apothekerin wurde. So ließ sich Karl Gareis schließlich „bekehren.“ Er studierte Pharmazie, praktizierte in der Regensburger Löwenapotheke und famulierte zu Hause bei seinem Vater. Sein Examen an der Universität München machte er mit der seltenen Note „eins“. Dann ging er in die elterliche Apotheke.

Das Leben eines Apothekers im Bayerischen Wald füllte ihn zwar aus und befriedigte ihn auch. Doch seine weitreichenden Interessen, seine musische und musikalische Begabung bewirkten, daß es dabei nicht blieb. Und jetzt muß man den Lebenslauf in Fachrichtungen aufteilen.

Der Bürgermeister

Da ist der Kommunalpolitiker Karl Gareis. Er ging 1937 in die Kommunalpolitik und wurde

– noch nicht 31jährig – Bürgermeister seiner Heimatstadt. Er blieb es bis 1945. Es spricht flür ihn, daß die Besatzungsmacht ihn bat, über das Kriegsende hinweg noch vier Monate die Geschicke der Stadt zu leiten. Vorübergehend zog sich Karl Gareis dann aus der Politik zurück, wurde aber 1956 als Parteiloser wieder zum Bürgermeister Viechtachs gewählt und blieb es bis 1966. Der Rückzug 1945 hatte auch persönliche Gründe. Der Vater war gestorben und jetzt mußte Karl Gareis die Apotheke allein führen.

Sein Hauptbemühen während seiner ersten Amtszeit galt der Industrieansiedlung in Viechtach. Darin war ihm auch sein erster Erfolg beschieden, denn eine Tubenfabrik errichtete in Viechtach ein Zweigwerk. Die nächsten Anliegen waren die Ortsverschönerung und die Belebung des Fremdenverkehrs, was ebenfalls gelang. Damals wurde auch der schöne Marktplatz gepflastert. Ohne Erfolg waren jedoch die Bemühungen von Karl Gareis, größere Eingemeindungen durchzuführen. Für die Verbesserung der Straßenverhältnisse nach St. Englmar und Arnbruck hat er sich mit Erfolg eingesetzt.

Karl Gareis war als Bürgermeister so beliebt, daß er ohne Mühe im Jahre 1956 neuerdings auf den Bürgermeisterstuhl gewählt wurde. Jetzt trieb er die Industrieansiedlung weiter voran. Das bereits vorhandene Werk erweiterte seine Anlagen und eine neue Fabrik für Plastikchemie kam hinzu. Um den Fremdenverkehr anzukurbeln, erbaute Karl Gareis das schöne Viechtacher Schwimmbad an einem Waldrand mit Südhang unweit der Stadt, das bald beispielhaft für den Bayerischen Wald wurde. Er reiste durch ganz Deutschland und hielt Lichtbildervorträge über Viechtach und den Bayerischen Wald und zog so viele Fremde in den Mittleren Bayerischen Wald und das Regental.

Karl Gareis beim Geigespielen

Seine Freundschaft mit Dr. Hans Schellerer kam der Stadt sehr zugute. Dessen Mutter war Viechtacherin gewesen und Karl Gareis konnte den wohlhabenden Mann so für die Geburtsstadt seiner Mutter begeistern, daß er zum größten privaten Wohltäter Viechtachs wurde. Er stiftete 30 000 Mark für die Pfarrkirche, 80 000 Mark für das Altersheim, 100 000 Mark für einen sehr schönen Park, der zu Ehren des Spenders den Namen „Dr. Schellerer-Park" erhielt. Schließlich ließ er noch am Riedbach eine Kneippanlage errichten. Dankbaren Herzens ernannte die Stadt Viechtach Dr. Schellerer zu ihrem Ehrenbürger. Ehrenbürger wurde inzwischen auch Karl Gareis nach zwanzigjähriger Amtszeit als Bürgermeister.

Die Dr. Eisenbarth-Festspiele

Der Name Karl Gareis wurde im Bayerischen Wald richtig populär mit den „Dr. Eisenbarth-Festspielen". Die Sache begann so: Im Jahre 1927 war der 200. Todestag Dr. Eisenbarths. Aus diesem Anlaß bot ein Archivrat Mitschke aus Weimar einen Vortrag über seinen berühmten Landsmann an, wenn man die Fahrtkosten übernähme. Die Stadt hatte aber vorerst kein Interesse, zumal man den Namen des ehemaligen Wunderarztes nicht im Pfarrarchiv finden konnte. Der Grabstein steht in Hannoversch-Münden. Dort steht als Geburtsjahr 1651, in Wirklichkeit war er aber erst 1663 geboren, wie sich später herausstellte. Da schrieb eine Berliner Illustrierte an die Stadt Viechtach, man hätte gerne ein Foto des Geburtshauses. Da es ein solches nicht gab, antwortete die Stadt nicht. Zwei Anfragen blieben unbeantwortet, bei der dritten wurde es einem Stadtoberinspektor zu dumm und er bestimmte einfach das älteste Häuschen von Viechtach zum Geburtshaus des Dr. Eisenbarth. Ein Fotograf machte eine Aufnahme von dem Häusel und die Illustrierte bekam ihr Foto. Ein Dekorationsmaler mußte ein Bild des Dr. Eisenbarth malen und so kam die Geschichte ins Rollen. In einem Trauschein hatte jemand die Bemerkung gefunden, daß der Dr. Eisenbarth in Viechtach „unweit Regensburg" geboren worden sei. Das alte Haus gehörte einem Weißgerber. Wenn den jemand fragte, woher er wisse, daß in seinem Häuschen der Wunderarzt geboren sei, so antwortete dieser nur: „Da Vata hots gsagt, da Großvata hots gsagt, da Urgroßvata hots a gsagt, daß er da geboren is!" Und so hatte Viechtach einen berühmten Sohn.

Der Weißgerber ging nun bald noch weiter. Er zeigte verschiedene alte Gegenstände, die dem Dr. Eisenbarth gehört haben sollen. Bald hatte er auch seine eigene Eisenbarth-Stube eingerichtet. Eines Tages rief er seinen Bürgermeister und sagte: „latz hob i die Wiagn a!" Er hatte hoch droben am Berg bei einem alten Bauern eine alte Wiege billig gekauft und zeigte sie als die Eisenbarthsche vor. Das war dem Karl Gareis doch etwas zu viel und er bremste den Tatendrang dieses Mannes. Gleichzeitig überlegte er sich aber, wie er für Viechtach Kapital aus der Sache schlagen könnte. Die Lösung war einfach: Man müßte „Eisenbarth-Festspiele" aufziehen. So geschah es auch und von 1935 bis zum Kriegsbeginn lockten sie viele Fremde in die schöne Stadt.

Dabei ereignete sich manches Lustige und Aufregende. Zu einer Operation benötigten die Schauspieler auch eine richtige Schlange. Die entkam ihnen aber kurz vor dem Festspiel. Telegrafisch bestellte man eine neue, die gerade noch per Expreß vor der Vorstellung eintraf. Beherzt langte der Bürgermeister und Festspielleiter in die Kiste und holte das Reptil heraus. Doch die Schlange entkam. Zwei Jahre später fand man unweit des Marktplatzes die entkommene Schlange wieder. Sie war aber so von Mäusen und Ratten angefressen, daß sie bald darauf einging. Gleich zu Beginn der Festspiele erfuhr Karl Gareis, daß der Medicus Joh. Andr. Eysenbarth in Altenburg in Thüringen geheiratet hatte. Er fuhr sofort hin, um die Trauurkunden einzusehen. Zu seinem Schrecken mußte er dabei feststellen, daß diese Urkunde auf den im „Oberen Viechtach" geborenen Eysenbarth lautete. Da wußte Karl Gareis, daß seine Stadt gar nicht Geburtsstadt des Wunderarztes war. Jetzt hatten aber die Viechtacher schon so große Opfer für die Festspiele gebracht, sie hatten Tribünen und Kostüme angeschafft, technische Apparaturen für die manchmal komplizierten Operationen gebaut, so daß eine Beendigung der Festspiele ein schwerer Schaden gewesen wäre. So spielte er halt seine Festspiele immer weiter. Er nahm nur nach und nach alles heraus, was auf die Stadt Viechtach am Regen gemünzt war.

Nach dem Kriege begann man 1958 wiederum mit den Aufführungen. Sie brachten noch mehr Menschen nach Viechtach als früher und der Fremdenverkehr bekam kräftige Impulse, zumal alle Zeitungen von diesen Festspielen berichteten. Allerdings merkte Bürgermeister Karl Gareis bald, daß man sie in der bisherigen Form nicht werde weiterführen können. Während der Ferienzeit wollten die Mitwirkenden selbst in Urlaub gehen. Dann brachte die Absperrung des Marktplatzes ein wahres Verkehrschaos mit sich, so daß man es fast als eine Fügung des Geschicks betrachtete, als die Oberviechtacher auf ihren Dr. Eisenbarth selbst Anspruch erhoben. Damit ging aber auch der Dr. Eisenbarthkult zu Ende, denn in Oberviechtach fehlte ein solcher Motor wie Karl Gareis.

Karl Gareis ist noch heute voll des Lobs über die Erfindungsgabe seiner Schauspieler und technischen Assistenten. Schon damals wurde mit Raketen gearbeitet, die himmelhoch flogen und Amputationen sowie Zahnziehen wurden in schrecklicher Manier vorgeführt, so daß den Zuschauern das Gruseln kam.

Ein vielseitiger Bayerwaldler

Viel ließe sich über den Volkstumspfleger, Heimatschriftsteller, Dialekt- und Trachtenforscher Karl Gareis sagen. Liest man alte bayerische Zeitschriften aus dem Ende der zwanziger Jahre, so stößt man erstmals auf seinen Namen als Heimatschriftsteller. Immer wieder erschienen fundierte Beiträge aus seiner Feder und auch manches tiefsinnige und lustige Gedicht.

Seit drei Jahrzehnten ist Karl Gareis auch Naturschutzbeauftragter des Landkreises Viechtach. Er hat sich besondere Verdienste um die Erhaltung des Pfahls, aber auch um dessen Sicherung erworben. Ohne Karl Gareis wäre sicher dieses einmalige Naturdenkmal nicht mehr in seiner heutigen Form in der Umgebung Viechtachs zu bestaunen, wenn ihm auch diese Bemühungen manchen Ärger einbrachten. Der Vollständigkeit wegen muß noch angeführt werden, daß Karl Gareis Vorstand des Volksbildungswerks, des Kneippvereins und der Waldvereinssektion in Viechtach ist. Durch viele Lichtbildervorträge warb er für den Bayerischen Wald, brachte aber auch Künstler und

Karl Gareis vor dem Gemälde von Karl Alexander Flügel: „Rachelsee".

Kunstwerke den Menschen nahe. Über 7000 Farbdias umfaßt sein immer weiter wachsendes Farbbildarchiv.

Nicht vergessen werden darf, daß Karl Gareis als Kunstmäzen für manchen Bayerwaldkünstler von Bedeutung wurde. Er kaufte dem bekannten Bayerwaldmaler Karl Alexander Flügel schon Gemälde ab, als dieser erst anfing, sich einen Namen zu machen. Auch von dessen Schwiegervater Admund Steppes hängt ein Bild in der Wohnung von Karl Gareis, dem ein sicheres Urteil schon früh erlaubte, wahre Kunst von modischen Kunstrichtungen zu unterscheiden.

Der 61jährige hat jetzt zwar keineswegs „aufgesteckt", wie man im Wald sagt, er tritt aber etwas langsamer. Von seinen drei Kindern studiert der Sohn Mathematik, eine Tochter Physik und eine Tochter will Apothekerin werden. Größtes Vergnügen bereiten Karl Gareis die Kammermusikabende, die er regelmäßig in seinem stilvollen Musikzimmer mit einigen Freunden veranstaltet. Er selbst spielt hervorragend Bratsche und Violine. Er ist ein Mann, der einerseits zuzupacken weiß, der andererseits aber in der Kunst und Musik Entspannung findet und Anregungen für seine vielseitigen Tätigkeiten sammelt.

Besuch bei Karl Gareis

Im Herbst 1958 – ich war damals Pressestellenleiter bei der Bundesbahn in Regensburg – wurde als Termin für die Aufnahme des elektrischen Zugbetriebs auf der Hauptbahnstrecke Regensburg – Passau der 26. Mai 1959 festgesetzt. Dazu wurden hohe und höchste Persönlichkeiten aus dem In- und Ausland erwartet. Was wird den Gästen im Eröffnungszug auf den Haltebahnhöfen geboten? Schließlich wurde folgendes Programm festgelegt: In Regensburg Eröffnungsfeier mit den Verkehrsministern Deutschlands und Österreichs, unterwegs jeweils Begrüßung durch die städtischen Abordnungen und in Straubing durch Agnes Bernauer und Herzog Ernst, in Plattling durch den Dr. Eisenbarth, der einige Operationen vorführt, in Vilshofen durch einen Fischermeister, der den Ministern einen lebenden Waller übergibt.

Damals waren die Eisenbarth-Festspiele in Viechtach noch weithin berühmt. Um diesen Auftritt zu besprechen reisten Bundesbahnrat Wilhelm Hofmann und ich im Herbst 1958 zu Apotheker Karl Gareis nach Viechtach. Diese Besprechung bleibt mir unvergeßlich. Karl Gareis empfing uns in seinem Privathaus, der Apotheke am Stadtplatz. In einem größeren Salon stand ein Möbel, ein solches hatte ich noch nie gesehen: ein kardinalroter Lederpolster etwa zwei mal zwei Meter Seitenlänge und einen halben Meter hoch, auf dem aber nichts lag. Als ich dieses Stück etwas erstaunt betrachtete, klärte mich Karl Gareis sofort auf. Also, dieses Polster sei nicht zu weich und habe kein oben und kein unten. „Wenn ich mich darauf legen will, dann springe ich einfach darauf, dabei ist es gleich, wie ich zu liegen komme!“ Dann trat er zurück, nahm einen kurzen Anlauf und sprang mit Schwung auf sein“Ruhekissen“.

Als das Dienstliche besprochen war, zeigte er uns noch seine Kunstschätze und sein Musikzimmer. Da staunten wir nicht schlecht. Er habe ein ausgezeichnetes Quartett aufgebaut, bei dem er Geige und Bratsche spiele. Ob wir das hören wollten? Und schon sauste Karl Gareis ans Telefon und nach drei Anrufen und etwa zehn Minuten saßen die übrigen drei Quartettmusiker auf ihren Plätzen. Wir waren verblüfft und ehrlich begeistert. Was die vier Herren spielten war konzertreif! Kein Wunder, daß am 26. Mai 1959 auch die Operationen des Dr. Eisenbarth – dargestellt von Karl Gareis in historischem Gewand – ein voller Erfolg wurden.

Karl Gareis als Römer

Mit der Zeit hatte ich mich mit diesem Mann richtig angefreundet. Wir wurden in seinem Haus zum Essen eingeladen und er bot uns sogar sein Ferienhaus am Regen als Feriendomizil an.

Eines Tages lud er meine Frau Gertraud und mich ein, ihn in seinem Gewürzgarten zu besuchen. Dort pflanzten seine Schwester und deren Ehemann Gewürzpflanzen, die sie in ihrer Domdrogerie in München verwerten konnten. Am unteren Ende dieses Gartens stand eine Art römisches Atrium. Karl Gareis hatte aus alten, abgebrochenen Bauernhäusern granitene Futtertröge und Granitsäulen zusammen-

gekauft und diese in einem Viereck als römischen Innenhof wieder aufbauen lassen. Wir sollten oben Platz nehmen, er komme gleich wieder. Und dann kam Karl Gareis, angezogen als römischer Dichter: Eine weiße Toga um den Leib, darüber eine gleichfarbige Tunika, an den nackten Füßen Riemensandalen, auf dem Haupt einen Blätterkranz. Und dann begann er alte Verse in Griechisch und Lateinisch zu deklamieren und als Höhepunkt trug er seine Ballade vom „Türkischen Dampfbad" vor. Wir waren tief beeindruckt. Dieser Mann war eine wirkliche Persönlichkeit!

Alois Eckmüller, Schindelmacher
Ludwig Eckmüller, Musiker (1975)

Das einfache Leben zweier Ur-Waldler

Gibt es eigentlich noch die alten, die echten Waldler, wie sie Schrönghamer-Heimdal, Max Peinkofer und manche andere beschrieben haben? Gibt es noch die echten Waldler mit Holzschuhen, Bart, einem „eisernen Gsund" in alten Holzhäusern oder sind sie schon ausgestorben? Keine Angst: Es gibt sie noch. Der Alois und der Ludwig Eckmüller aus Frauenberg bei Haidmühle sind noch zwei von dieser leider aussterbenden Rasse der Urwaldler. Wenn man von der Straße auf das alte Holzhaus zugeht, kann man dessen Größe und sein Alter gar nicht richtig einschätzen, dazu muß man schon einmal rundherum laufen. Am

Der Schindelmacher Alois Eckmüller beim Lesen: Vorn putzt seine Lieblingskatze ihr Junges, hinten am Fenster spielen zwei andere Katzen.

Fenster sehe ich einen alten Mann beim Zeitunglesen. Ich trete in den Hausgang, Klingel hat das alte Waldlerhaus selbstverständlich keine und als mir auf mein Klopfen niemand öffnet, trete ich ein. Ja, das ist schon sehenswert. In der großen, schwarz verrauchten Holzstube sitzen zwei Männer, der eine auf einer Bank am Fenster, der andere auf einem Stuhl vor einem dunklen Vorhang, hinter dem ich später ein einfaches, dunkles Bett ausmache. Es ist anheimelnd warm. „Grüß Gott!" sage ich, dann setze ich mich und dann ist Stille.

Beide alten Männer schauen mich kurz an und schweigen. Niemand will wissen, wer ich bin, was ich hier treibe, warum ich kam. Erst nach und nach erkenne ich all das was hier herumliegt, hängt, kriecht. Da liegt auf einem Brett direkt auf dem Herd ein halbes Dutzend reizender Katzen verschiedenen Alters. Später erfahre ich: Es leben insgesamt acht Katzen im Haus. Also: Mäuse gibt es hier bestimmt nicht. Neben der Türe eine „Hoazelbänk", daneben Schnitzmesser, ein kleiner Stapel Schindeln, eine elektrische Glühbirne ohne Schirm. Ein Sofa, das man aber nur an den herauslugenden Lehnen erahnen kann und dann kommt die Leseecke des Alois Eckmüller. Er ist 83 Jahre alt und sozusagen der Ernährer im Hause, er macht die Schindeln und er bekommt eine bescheidene Rente, 17 Jahre habe er hineingezahlt. Alois hört schlecht, doch sehen tut er noch wie ein Fuchs. Er liest seine Zeitung oh-

Das ist die „gute Stube" der Eckmüller-Brüder

Verstohlen gelang mir doch noch ein Foto des fotoscheuen Ludwig Eckmüller mit seiner 1920 gekauften Harmonika.

ne Brille und auch zum Schindelmachen braucht er keine, wie ich später feststelle. Neben der Tageszeitung liegt ein Groschenroman „Mustang-Fänger", den hat er aber gerade ausgelesen. Und vor dem Tisch türmt sich so alles, was der Alois in den letzten zehn Jahren gelesen hat. Er dreht sich bedächtig eine Zigarette und dann erzählt er mir etwas von ihrem einfachen Leben. Also, sie sind zwei unverheiratete Brüder. Der Ludwig ist mit 74 Jahren neun Jahre jünger.

Als ich einwerfe: Das ist aber ein altes Haus, gibt er mir lachend zurück: „Ja, das ist noch ein Haus aus dem alten Testament!" Ja, schlagfertig ist er, der Alois. Warum hast Du denn nicht geheiratet, Du warst doch ein sauberes Mannsbild? will ich wissen. Auch hierauf bekomme ich sofort Antwort: „Uns hot koane g'möcht, weil wir so schiagelt war'n'" Während der Alois noch über seinen Witz lacht, meint der Ludwig aus dem Dunkeln: „Ich war a Musikant und hab immer spielen müass'n, bis der letzte furt war, dann war'n aber auch die Weiber furt!"

Also, gehen wir zu einem anderen Thema über. Zum Haus gehören 40 Tagwerk Grund und an lebendem Inventar zwei Kühe, vier Stallhasen, vier Hühner, acht Katzen. Die Stallhasen habe ich schon vor dem Haus gesehen, sie laufen frei herum und als ich Alois dies sage, meint er nur: „Die gengan zu mei'm Brudern, der wohnt gleich in der Näh'!" Am Abend kämen sie sicher wieder, das ist alle Tage so. Überhaupt sind die beiden unheimlich tierlieb. Die älteste Katze klettert zum Alois hinauf und setzt sich neben ihn, wo er sie zärtlich streichelt, auch wenn er sich gerade unterhält oder liest. Ja, früher waren sie fünf Brüder und eine Schwester. Ein Bruder ist im Krieg gefallen, einer nach Amerika ausgewandert und dort gestorben.

Während der Alois raucht und auch eine Halbe Bier liebt, legt der Ludwig auf solche Genüsse keinerlei Wert. Kochen tun sie selbst, doch lassen die Küche und die Kücheneinrichtung in der großen Stube vermuten, daß dies nicht häufig der Fall ist. Man geht halt zum Metzger und kauft sich ein Stück Wurst und im nächsten Laden Brot und das reicht. Übrigens: Selbstverständlich haben die beiden, die nicht nur äußerlich grundverschieden sind, getrennte „Schlafzimmer". Während der Alois sich ohne Umstände gleich auf sein Bett in der Wohn-Schnitz-Schlaf- und Kochstube legt, muß der Ludwig einen Stock höher steigen. Doch hier erschienen mir die Bretter schon reichlich altersschwach und längs des blech- und schindelgedeckten Dachfirstes konnte man ungehindert in den trüben Winterhimmel schauen. „Ja, da wachelts schon manchmal stark rei!", meint er nur. Doch in Kürze soll diese Lücke geschlossen werden.

Alois Eckmüller ist bekannt als einer der wirklich letzten guten Schindlmacher im ganzen Bayerischen Wald. Man muß den alten Mann einmal dabei gesehen haben. Einen mächtigen Fichtenstamm, fast ganz astrein, hat er in 40 Zentimeter lange Stücke geschnitten. Mit einem Langeisen kerbt er die Klötze oben ein und dann treibt er mit Wucht zwei Keile in das Holz und, wie mit dem Messer geschnitten, fallen die Klotzhälften auseinander. Früher habe er 20 000, manchmal sogar 30 000 Schindeln im Jahr gemacht. Jetzt fehlt es nicht an Aufträgen, aber an gutem Holz. Und dann hat natürlich auch die Kraft nachgelassen. Schindeln werden in den Längen 25, 33, 40 und 50 Zentimeter hergestellt. Für Wegscheid hat er auch einmal einen Auftrag mit 60-cm-Schindeln ausgeführt. Viel kann man heute nicht mehr machen, meint der Alois, drei Packeln am Tag, wenn es hochkommt, das sind 150 Schindeln. Arbeiten tut er nur noch, wenn er Lust hat. Aber ihm ist die Arbeit oft die schönste Unterhaltung, denn der Alois schläft schlecht. Meist wird er nachts um zwei oder drei wach, dann steht er auf und fangt auf der Hoazelbänk einfach zu arbeiten an. In Brettchenstärke hergehauene rohe Schindeln werden in die Schnitzbank eingeklemmt und dann saust das Schnitzmesser nur so darum herum. Wenn sie schön glatt sind, werden sie noch geschrönzt. So bezeichnet man das Abschrägen der Ecken zum besseren Ablauf des Wassers. Natürlich geht der Alois nur in selbstgemachten hölzernen Böhmschuhen und seine Eltern haben noch alles selbst aus Holz gemacht: Rechen, Siebringe, Stühle und Bänke, Schüsseln und Löffel.

Nach längerem Bitten bringe ich den Ludwig doch noch soweit, daß er seine Handharmoni-

Alois Eckmüller beim Schindelmachen

ka holt, auf der er schon auf unzähligen Hochzeiten gespielt hat. Es ist ein Bandonium, das er 1930 gebraucht gekauft hat. Baujahr 1920, Marke Hohner! Den im Laufe der Jahre glänzend gewordenen Hut läßt er selbstverständlich auf und dann beginnt das Nachmittagskonzert. Zur Einleitung höre ich „Mein Herz, das ist ein Bienenhaus“. Ich bin erstaunt, wie musikalisch der Ludwig heute noch ist. Und jetzt, da er erst einmal in Fahrt ist, ist er auch nicht mehr zu bremsen. Als ich aber meine Kamera auspacke, ist der Ludwig fort. Ich denke, er will sich vielleicht etwas anderes anziehen, doch von diesem Gedanken komme ich nach zehn Minuten Wartens wieder ab, denn sicher hat er in den letzten zehn Jahren nie einen solchen „Gelust“ verspürt. Auf meine Frage an Alois werde ich aufgeklärt: „Der kimmt nimma, der loßt se nöt fotografier'n!“ Na, ich habe dann hoch und heilig versprochen, daß ich meine Kamera einpacke und dann bekam ich doch noch mein Konzert.

Der Ludwig hat gespielt, der Alois hat geraucht, die Katzen schnurrten behaglich, der Ofen summte und draußen zog langsam der Nebel ans Haus.

Ich gestehe, es war eine eigenartige Stimmung, man war zufrieden und manchmal lachte der Ludwig sogar ein wenig. Ihn machte die Musik absolut glücklich.

Mein zweiter Besuch

Ich bin nach zwei Wochen wieder vorbeigekommen und hatte Glück, ein alter Bekannter der beiden, der Wagner Ludwig aus Duschlberg, war mit seinem Sohn da, um die Weisen des Ludwig auf Tonband aufzunehmen. Und dabei wurde der Musikant, der noch heute einen ausgezeichneten Rhythmus hat, fast etwas gesprächig, was bei ihm bedeutet, daß er alle zehn Minuten einen Satz sagt. Ja, früher habe er ständig auf den Waldler- und Holzhauerhochzeiten gespielt. Etwa hundert Stückeln hatte er auf Lager. Getrunken habe er dabei nie. Das eine Bier habe er meist nicht einmal ausgetrunken. Zwei Dinge kann der Ludwig nicht leiden: Das man ihm den Hut abnimmt und daß man ihn fotografiert. Als echter Musikant und Waldler ist er nur mit Hut vollständig. Ein Musikant brauchte ja auch zwischendurch etwas zum Sammeln, wenn er den Hochzeitsgästen früher besonders flott aufgespielt hatte. Ein Bekannter von mir, der mich auf den Ludwig aufmerksam gemacht hatte, konnte nicht genug rühmen, wie fleißig dieser früher gespielt habe. Kaum hatte er ein Stücklein gespielt, fing er schon mit dem nächsten an und das im Alleinbetrieb eine ganze Nacht lang. Wenn ihm aber einer den Hut wegnahm, ging er.

„Das san zwoa ganz Helle!", sagte mir der Wagner Ludwig noch zum Schluß, „döi wiss'n ois!"

Ausgelesene Hefte und Zeitungen hat der Alois einfach auf einen Haufen in die Ecke geworfen, der hinter dem Besucher Ludwig Wagner aus Duschlberg zu sehen ist.

Um mit der Zeit zu gehen, kauften sie sich vor einiger Zeit einen Handmotormäher. Um ihn auszuprobieren, ließen sie ihn in der Stube an. Doch das Ergebnis war unerwartet: Der ratternde Mäher riß sich auf dem Bohlenboden los, schlitterte an den Tisch, sägte diesem ein Bein ab und versuchte sich dann am eisernen Fuß des Küchenherdes, bis er sich selbst abstellte. Den nächsten Versuch starteten die beiden dann auf der Wiese, diesmal mit vollem Erfolg.

In der Stube steht zwar ein Radio, doch seine Einstellschrauben sind ebenso dick verstaubt wie die mächtigen Deckenbalken. Den brauchen die beiden nicht mehr. Der Ludwig, der auch Trompete, Zither und Violine spielt, sorgt für Musik, der Alois informiert sich über das, was draußen geschieht und sorgt mit Rente und bescheidenen Nebeneinnahmen für den Lebensunterhalt. Landwirtschaftliche Rente bekommen sie keine, da sie die erst bekämen, wenn sie übergeben, aber an wen sollen sie ihre Sach' übergeben? So gehen halt die Tage dahin beim „Jogl-Alois" und beim „Jogl-Ludwig", wie die beiden mit Hausnamen heißen. Sie sind zufrieden und es fehlt ihnen auch nichts Ernstliches. Als ich dabei auf Alois' Finger deute, die schon einige Gichtknoten zeigen und bei denen einige Finger eingekrümmt sind, meint der Alois nur: „Dös is nöt schlimm! Wenn's ma die Finger einziagt, dann schlag is halt mit der Faust wieder grad!" Und das zeigt er mir gleich: Er legt die Hand mit den gichtgekrümmten Fingern flach auf die Tischplatte und macht mir vor, wie er dann mit der freien Faust die krummen Finger geradeschlägt.

Ja, das sind schon noch die wirklich letzten alten Waldler, zwei liebenswürdige und in ihrer Art einmalige Männer, richtige Originale, wie es nur noch ganz, ganz wenige gibt. Als ich gehe habe ich das Gefühl, zwei völlig Zufriedene zurückgelassen zu haben. Im Hausfletz rauscht das klare Wasser armstark in einen Granitgrand, vor dem Stadeltor ist ein kleiner Teich, wo der Alois vergeblich versuchte, Fische zu züchten und an der Westseite des Hauses steht das unvermeidliche Häuschen. Es ist mit einem hölzernen Reiber verschlossen, doch die Rückseite ist offen. Hier sind die Bretter weggemorscht und so haben die beiden von ihrem Häusl aus einen herrlichen Blick auf Wiesen und Walder des Bayerwaldes, zu dem sie gehören, wie alte, sturmerprobte Urwaldtannen!

Die Jogl-Brüder kamen bei einem Brand um

Am Freitag, den 11. Dezember 1981, gellten früh 6.45 Uhr die Feuersirenen über die tiefverschneiten Dächer von Frauenberg und Haidmühle am Dreisessel. Das alte Holzhaus der Jogl-Brüder stand in hellen Flammen. In wahrlich letzter Sekunde konnte der 81jährige Ludwig Eckmüller, der jüngere der beiden Brüder, aus dem Flammenmeer gerettet werden. Der ältere Alois Eckmüller, fast 90 Jahre alt, verbrannte in dem mehrere hundert Jahre alten Holzhaus. Im Brandschutt fand man seine verkohlte Leiche. Und am 23. Dezember 1981 meldete die Presse, daß auch der jüngere der Jogl-Brüder im Kreiskrankenhaus Waldkir-

In ihrem Haus in Frauenberg sind die „Jogl-Brüder" verbrannt. An der Stirnwand sieht man noch das schöne Hauskreuz, oben sind Schindeln aufgeschlichtet, um das etwas morsche Dach auszubessern.

chen verstorben ist. Dem Alois wurde sicher zum Verhängnis, daß er im Erdgeschoß schlief und beim Einstürzen des Hauses unter der Glut begraben wurde. Der Ludwig schlief im Obergeschoß und wurde vielleicht dadurch gerettet.

Viermal war ich bei den Jogl-Brüdern. Zu ihnen konnte man zu jeder Zeit kommen. Immer waren sie zu Hause. Jeder saß auf seinem Platz, der Alois in der Ecke vor seinen Zeitungen, Heften und Katzen, der Ludwig auf der Bank in Ofennähe. Miteinander sprachen sie kaum ein Wort. Jeder wußte, was er zu tun hatte und tat dies auch. Der Alois machte Schindeln und las, der Ludwig versorgte die beiden Kühe und spielte Harmonika. Wenn man sie besuchte, ging man einfach ins Haus, setzte sich auf einem freien Platz, legte eine Zeitung unter und wartete. Wenn man Glück hatte, wurde man angesprochen. Vielleicht nach einer Viertel- oder halben Stunde. Hatte man kein Glück, so schwieg man eben zu Dritt. Zeit spielte bei ihnen keine Rolle.

Außen an ihrem Haus hing eine sehenswerte Christusfigur. Sie verbrannte in der verhängnisvollen Dezembernacht 1981 ebenso, wie die Harmonika des Ludwig, auf der er seinen Bruder beim Lesen musikalisch unterhalten hat, falls dieser das bei seiner Schwerhörigkeit überhaupt gehört hat. Die beiden Jogl-Brüder bleiben mir zeitlebens unvergessen.

40 000mal auf den Bogenberg gestiegen

Am 22. Februar 1991 starb in Bogen der Obermesner Josef Grill, 89 Jahre alt und über 50 Jahre Wallfahrtsmesner der Wallfahrt Bogenberg. Die Trauer und die Nachrufe waren für einen Mesner ungewöhnlich zahlreich und herzlich. Das Katholische Pfarramt Bogenberg betrauerte einen „erfahrenen, umsichtigen und beliebten Mesner, der 52 Jahre lang das ihm anvertraute und liebgewordene Amt in der Wallfahrtskirche Bogenberg mit Hingabe und großer Demut versehen hat“, die Freiwillige Feuerwehr Bogenberg trauerte um ihr Ehrenmitglied, der 64 Jahre der Wehr angehört habe und von 1929 bis 1945 ihr 1. Kommandant war, die Stadt Bogen würdigte seine Verdienste als Erster Bürgermeister der ehemaligen Gemeinde Bogenberg von 1945 bis 1966.

Wenige Monate vor seinem Tod erzählte er mir aus seinem Leben und seiner Arbeit auf dem Bogenberg:

Josef Grill wurde am 19. April 1902 in Hörabach östlich vom Bogenberg geboren. Doch sein Vater fiel im Ersten Weltkrieg, der Großvater verkaufte das elterliche Anwesen und so lebte der junge Josef Grill beim Großvater in Breitenweinzier auf, wo er von diesem auch das Schusterhandwerk erlernte. Der kleine Josef war gerade 15 Jahre alt, da kam er erstmals mit dem Beruf eines Mesners in Berührung. Als der Wallfahrtsmesner auf dem Bogenberg 1915 eingezogen wurde, schickte Pfarrer Lang nach dem 15jährigen Burschen und erklärte ihm einfach, daß jetzt er einstweilen den Mesner machen müsse. Das ging recht und schlecht bis 1918, bis eben der alte Mesner aus dem Krieg zurückkam.

Josef Grill hatte 1924 geheiratet und in der Deggendorfer Straße in Bogen genau unterhalb der Wallfahrtskirche ein Anwesen gekauft. Er pachtete sich Felder, einen Stall und eine

40 000mal ist Mesner Josef Grill vom Fuß des Bogenbergs links bis zur Kirche hochgeklettert, im Winter oft mit Steigeisen an den Füßen.

Scheune und betrieb sozusagen als Nebenerwerbslandwirt neben seiner Schusterei mit einem Ochsen und drei Kühen die Landwirtschaft. Als 1936 die Mesnerstelle neu zu besetzen war, übertrug der damalige Bogenberger Pfarrer Philipp Beck diesen Posten dem Josef Grill. „Ich kann mi noch genau erinnern, es war der 2. Februar 1936, der Lichtmeßtag!" meint der alte Mann. Der Anfang war hart, denn der Dienst auf dem Berg begann im Sommer schon um 5 Uhr, im Winter um 5.30 Uhr. Da mußte der Mesner natürlich gebetläuten. Vorher hieß es aber, den steilen Berg mit 115 m Höhenunterschied zu erklimmen. Josef Grill blieb dann meist gleich oben, denn es gab beinahe täglich viel zu tun: Meßgewänder herrichten, Altartücher auflegen, Kerzen auswechseln, Kirche aufsperren, Weihwasser nachfüllen, Wasser und Meßwein bereitstellen. Nach dem Frühgottesdienst konnte er dann heimgehen. Im Frühjahr und Sommer war aber Wallfahrtsbetrieb und das bedeutete Schwerstarbeit. Das morgendliche Gebetläuten nahm ihm allerdings ab 1936 ein automatisches Läutewerk ab.

Hauptwallfahrtsmonat war natürlich der Mai. Die Wallfahrer kamen meist in Gruppen zu 70 oder 80 Personen und zwar zum Teil von sehr weit her, von Eschlkam, Cham, Otterskirchen, Windorf, Passau, Ruderting und anderen Orten. Oft waren es reine Pfarrwallfahrten und diese wurden bis nach dem Zweiten Weltkrieg zu Fuß absolviert. Die Wallfahrer kamen meist gegen Abend an und gingen dann gleich in die Gasthöfe zum übernachten. Am nächsten Morgen war Andacht, Beichte, Gottesdienst, dann Einkehr und Essen und am frühen Nachmittag zogen sie betend wieder heimwärts. Einige Pfarreien, die es besonders weit hatten, begannen mit den Wallfahrtsgottesdienst bereits um 3.30 Uhr oder 4.30 Uhr. Da war dann schon ab 2 Uhr Beichte. Um 6 Uhr früh zogen die schon wieder heimwärts. Manche Wallfahrergruppen waren drei oder gar vier Tage unterwegs.

Josef Grill erinnerte sich: „Kerzen brauchte man da früher im Gegensatz zu heute nie kaufen. Da wurden Unmengen gespendet, wie auch die Opferstöcke oft reichlich gefüllt waren." Das Geld brauchte man aber auf dem Bogenberg, denn dort war meist nur ein Pfarrherr und bei großem Andrang mußten mehrere Aushilfen, oft sogar für die nächtlichen Beichten und Gottesdienste, verpflichtet werden. Für die Wallfahrer machten die kleinen Wallfahrtsstanderln vor der Wallfahrtskirche mitunter schon des nachts auf und da wurden dann Rosenkränze und Kruzifixe beim Schein von Petroleumlampen verkauft.

Natürlich war der größte Tag des Jahres der Pfingstsonntag, wenn die Holzkirchener mit ihrer „Langen Stang" heraufkamen. Diese Kerzenwallfahrt lockte damals und lockt heute Tausende an. Früher kamen die Holzkirchener oft schon am Freitag oder Samstag hier an, neuerdings aber nur noch am Pfingstsonntag. Da herrschte vielleicht ein Betrieb auf dem Bogenberg! Tausende kamen herauf und wenn es besonders heiß war, dann floß auch das Bier in Strömen. An solchen Tagen kamen auch die Pater von Windberg und halfen beim Beichtsitzen und Zelebrieren mit aus. Da kam es schon vor, daß Josef Grill manchmal drei Tage über-

Ein Mesner in einer so besuchten Wallfahrtskirche wie die auf dem Bogenberg hat immer zu tun. Hier legte Josef Grill gerade ein Meßgewand bereit.

haupt auf dem Berg blieb und gar nicht mehr heimkam.

Der steile Aufstieg auf den Bogenberg machte es den Wallfahrern kurz vor dem Ziel besonders schwer, so daß sie umso inbrünstiger in ihren Anliegen beteten wie gute Ernte, schönes Wetter hierfür, oder den zahllosen persönlichen Anliegen. Josef Grill hat in den über 50 Jahren Mesnerdienst auf dem Bogenberg 620 Taufen, 500 Beerdigungen und über 3050 Hochzeiten betreut. Da ist er an manchen Tagen drei- und viermal die halbe Stunde hinaufgelaufen. 1986 verlieh im Bischof Manfred Müller von Regensburg die „Goldene Mesner-Ehrennadel" und vier Geistliche zelebrierten für den Geehrten einen Festgottesdienst.

Wochenlang kein „Grüß Gott"

Der langjährige Wallfahrtsmesner hat acht Pfarrherrn als unmittelbaren Vorgesetzten gehabt. Darüber könnte er stundenlang erzählen. Jeder hatte andere Eigenschaften. Einer unter ihnen hat mit ihm manchmal sechs Wochen lang nicht ein Wort gesprochen, nicht einmal „Grüß Gott" hat der gesagt. Doch Josef Grill wußte, was er zu tun hatte und zu tun hatte er immer. „Ich habe keinen Urlaub nicht gehabt, ich habe keinen Urlaub nicht gekannt!" sagt er in bestem Niederbayerisch. Im Sommer konnte er nicht weg, im Winter hat er ihn nicht gebraucht. So hat er über 50 Jahre als Mesner auf dem Bogenberg durchgearbeitet, jede Woche sieben Tage lang! Übrigens: Eine Rente bekam er als Mesner nicht, dafür hatte er selbst einbezahlt. Aber zur Krankenkasse hatte ihn die Pfarrei angemeldet.

Erinnerung an schwere Kriegsjahre

„Im März 1942 passierte mir folgendes: Am Morgen tauchten drei Männer auf und gaben sich als Mitarbeiter der NS-Kreisleitung zu erkennen. Sie verlangten von mir, daß ich ihnen den letzten Hirtenbrief aushändige, der in der Wallfahrtskirche verlesen worden war. Ich sagte nur: 'Ich habe ihn nicht!' Nach kurzer Besprechung zogen die Männer wieder ab, aber am Montag darauf erhielt ich den Stellungsbefehl und mußte am Mittwoch darauf einrükken. Ich war dann bis Juli 1945 beim Militär. Die Zeit habe ich einigermaßen überstanden, wenn ich auch als Soldat einen Finger verloren habe."

Seine letzten Lebensjahre verbrachte Josef Grill dann unten in Bogen. Sein einziges Vergnügen war der Stammtisch am Nachmittag von 15 bis 18 Uhr, dabei trank er zwei Halbe

Einziges Vergnügen des Wallfahrtsmesners: Eine Halbe Bier nach getaner Arbeit!

Bier. Dann ging er heim und legte sich um 8 Uhr abends ins Bett. Rund 40 000mal ist Mesner Josef Grill auf den Bogenberg gestiegen, und zwar den steilsten Weg direkt vom Donauufer aus und trotzdem meinte er rückblickend, als ich ihn danach fragte: „Ja, ich würde es wieder machen, wenn es oft auch sehr schwer war!“

Früher war alle anders

Als ich Kamera und Stenoblock längst weggepackt habe, taut Josef Grill bei einem Glas Bier in der Wallfahrtsgaststätte nochmals richtig auf. Ja, der Pfarrer Lang, der hatte im Ersten Weltkrieg noch die Landwirtschaft beim Pfarrhof. Drei Kühe hatte der. Eine Dirn versorgte die Kühe, ein Bauer die Landwirtschaft.

Für die Gottesdienste gab es noch in den 30er Jahren nur vier Ministranten, heute seien es elf, allerdings hauptsächlich Mädchen. Und einen eigenen Kirchenchor gab es früher auch. Den stellten meist Lehrer und andere Beamte aus Bogen. Wenn die keine Zeit hatten, dann mußten die Wallfahrer eben selbst einen Chor mitbringen oder selbst singen. „Im Sommer hatten wir an manchen Tagen bis zu vier Hochzeiten. Bei großen Bauernhochzeiten gab es manchmal auch gutes Trinkgeld, es gab aber auch welche, die sagten nicht einmal Dankschön. Zur Pfarrei Bogenberg gehörte früher auch ein Kooperator, der mußte die Gottesdienste in der Klause halten. Dahin sind auch viele Leute gegangen.“

Und noch etwas fällt Josef Grill ein: „Im Winter war oft Glatteis, da bin ich auf allen Vieren heraufgekrochen oder mußte Steigeisen anlegen. Damit die Schulkinder rechtzeitig auf den Berg kamen, wurden die oft mit Pferdefuhrwerken heraufgefahren. Josef Grill war auch noch Feuerwehrkommandant und 21 Jahre lang Erster Bürgermeister von Bogenberg. Ich wollte mir später aus dieser Zeit noch einiges von dem arbeitsamen Mann erzählen lassen, doch leider, einige Monate später las ich in der Zeitung von seinem Tod.

„Greislich war das Schlafen zu zwoat in oan Bett!"

Zell im Landkreis Regen ist ein kleines Dorf. Oben auf der Anhöhe steht das Anwesen des Franz Bauer, der 1919 im Dorf Ebertsried ganz in der Nähe geboren wurde. Hier genießt Franz Bauer seinen Ruhestand in seinem über 200 Jahre alten Bauernhaus und mit einer weiten Aussicht auf die Bergkette vom Hirschenkopf über den Breitenauer Riegel bis zum Einödriegel. Jetzt kann er es etwas langsamer angehen lassen, denn sein Leben hier mitten im Bayerischen Wald verdient wirklich das Prädikat „arbeitsreich".

Also, zu Hause waren sie elf Kinder. Wer aus der Volksschule kam, musste umgehend hinaus zur Arbeit, wenn es überhaupt welche gab. Daheim hatte man dann einen Esser weniger. So stand er eben in Ebertsried bei einem größeren Bauern als Hütbub ein. Sein Tagesablauf war im Sommer so: Um 4 Uhr aufstehen und die 20 Jungstiere und Kälber austreiben, meist in die umliegenden Waldungen, wo halt etwas Gras gewachsen ist. Gegen 8 Uhr trieb er nach Hause, hängte das Jungvieh an und spannte ein Roß ein, um Futter heimzufahren, das Knechte und Mägde inzwischen gemäht hatten. Anschließend gab es andere Arbeit auf dem Feld oder im Wald und gegen 17 Uhr trieb er sein Vieh wieder hinaus, bis es dunkel wurde. Das war manchmal erst um 9 Uhr abends. Das Vieh musste er „oi Dog, bis da Schnöi kumma ist" austreiben. War das Vieh wieder im Stall, dann ging's ins Bett, denn zum Bauern und seinen Kindern durften sich die Dienstboten nicht in die Stube setzen. Im Winter, wenn das Vieh nicht ausgetrieben wurde, musste er mit Streuhacken oder mit dem Kleinknecht Holz schneiden und zerkleinern, im Spätherbst den Futterrüben das Kraut abschneiden. Wenn es zu kalt war, dann bekamen sie den Auftrag, das Vieh im Stall zu putzen. Jedenfalls, nie wurde da unter zwölf Stunden gearbeitet, meist aber ganze 17 Stunden lang! Natürlich gab es keinen freien Sonn- oder Feiertag und von Urlaub war niemals die Rede. Dafür gab es im Jahr 52 Mark Lohn, also für jede Woche eine Mark. Geschenke an Weihnachten gab es nicht, zu Ostern ein paar Eier und Kücheln.

Die „freie Station" sah so aus: Früh Hirgstsuppe, mittags Baunzerln und Kartoffeln, im Sommer nachmittags draußen Brot und Wasser, zu Hause Brotsuppe, abends Kartoffeln, vielleicht mit Schwarzbeerwasser, also ausgedrückten Schwarzbeeren. Zum Abtrocknen von Gesicht und Händen gab es jeden Samstag für die beiden Knechte, den Hütbuben und die Magd, ein einziges Handtuch, das nach zwei Tagen meist schwarz war. Natürlich hatte das Dienstpersonal nur Holzschuhe. Beim wochenlangen Mistaufladen und -ausbreiten im Frühjahr sahen die Füße entsprechend aus. Doch zum Füßewaschen hatte man zu allen Jahreszeiten den Wassergrand. In ihn hielt man Füße und Holzschuhe so lang, bis sie einigermaßen sauber waren.

„Des greislichste war des Schlafen zu zweit!" erinnert sich Franz Bauer. Er musste mit dem „kleinen Knecht" in einem Bett direkt unter dem Dach schlafen, wo die Dachbretter schon einige Löcher hatten und nur wenig Licht durch das kleine Fensterchen hereindrang. Von überall her zog es, im Winter eiskalt. „O mei, do hob i vielleicht gfrorn!", berichtet der Waldler. Natürlich durfte der Knecht als der Ältere zuerst ins Bett steigen und wickelte sich dann den größten Teil des Zudecks herum. Für den Hütbuben blieb nur ein kleiner Zipfel. Und das Klohäusl stand im Hof!

Nach dem Jahr als Hütbub blieb Franz Bauer noch zwei Jahre als Zweitknecht auf diesem Hof, half zwei Jahre daheim dem Vater und machte nochmals auf dem gleichen Hof zwei Jahre Knecht, bis 1939 der Krieg ausbrach. Vater Johann Bauer schrieb eine Eingabe, dass sein Sohn Franz als einer von sieben Söhnen zu Hause bleiben dürfe, damit er Hilfe habe. Das wurde mit der Auflage genehmigt, dass Franz Bauer die Milchkontrolle in der Gemeinde und der Umgebung übernehme.

Im Krieg Milchkontrolleur

Jetzt war er eine „Amtsperson"! Jeder bäuerliche Haushalt und jedes Stück Rindvieh wurde erfasst, und zwar einmal im Monat. Da musste

Franz Bauer vor seinem Haus. Er wurde am 16. Oktober 1919 geboren und starb am 28. März 2001.

notiert werden, wie viele Personen und in welchem Alter in einem Haushalt wohnten, wie viele Rinder im Stall standen und was diese Milch gaben. Franz Bauer musste auch beim Melken früh und abends daneben stehen. Er wog und maß, notierte und addierte. Oft schaffte er es nicht mehr, am Abend nach Hause zu kommen. Dann blieb er gleich bei den Bauern zur Nacht. Da wurde meist noch etwas Karten gespielt und vor allem wurden „Waihazgeschichten" erzählt. Es war Krieg, gab kaum elektrisches Licht auf den Höfen, die zudem weitab und verkehrlich unerschlossen im Waldland lagen. Da geisterte es noch an allen Ecken und Enden.

Früh 4 Uhr brach Franz Bauer täglich auf, im Sommer mit dem Fahrrad, im Winter zu Fuß. Abends gegen 10 Uhr war er wieder zu Hause. Jeder Bauer musste pro Rind 25 Pfennige bezahlen, 20 Pfennige bekam Franz Bauer als Lohn, fünf Pfennige musste er pro Kuh mit den Unterlagen an das Viehleistungsamt Passau abliefern. Wenn er übernachten durfte, verzichtete er bei diesem Bauern auf die 20 Pfennige.

Nach dem Krieg heiratete Franz Bauer und zog 1949 nach Zell in das Anwesen seiner Schwiegereltern. Das alte Haus hatte keine Odelgrube, keinen elektrischen Strom, nur Karbidlicht, keine Wasserleitung. Jeden Tag musste die Frau mit der Hand waschen, bei insgesamt acht Kindern eine schwere Arbeit! Heute hat Franz Bauer sein Anwesen mit 22 Tagwerk übergeben. Auf dem Hof sind acht Kalben, 20 Hühner, zwei Katzen und ein Hund und daneben stehen zwei neue Häuser von Kindern des Ehepaares Franz und Anna Bauer.

Doch nach dem Kriege musste Franz Bauer zusehen, wie er seine umfangreiche Familie ernährte. Er tat das Gleiche wie sein Vater: Er widmete sich dem Landhandel, vornehmlich dem Eieraufkauf. Hierzu baute er sich einen Spezialschubkarren mit einem breiten Gummireifen und einem Spezialaufbau für die Eier. Mit einem breiten Rückengurt konnte er die Last besser auf seinen Körper verteilen. So brachte er manchmal in einer Woche bis zu 20 000 Eier zusammen. Am Ei verdiente er genau einen Pfennig. Immerhin waren nach der Währungsreform 200 Mark schon ein schönes Stück Geld! Die Eier wurden vom Vertreter einer Münchner Firma aus Deggendorf abgeholt. Nebenbei handelte Franz Bauer auch mit anderen Dingen, die ein Bauer produzierte oder brauchte wie Brot, Gockerln, Gänsen und Zigaretten.

Neuer Beruf: Sauschneider

Vater Johann Bauer hatte neben dem Eierhandel noch ein anders für die Landbevölkerung wichtiges Gewerbe: er kastrierte Schweine, Hunde und Katzen. Da Eberfleisch nicht schmeckt, jedes zweite Schwein aber als Eber zur Welt kommt, muss praktisch jedes zweite Jungschwein kastriert werden. Einmal brachte Vater Johann zwei kleine Eber nach Hause und sagte zu seinem Sohn Franz: „Das eine hältst du jetzt und ich zeige dir, wie man eine Sau schneidet, beim anderen machen wir es umgekehrt!“ Auf Anhieb hatte Franz Bauer die Griffe und Schnitte heraus, die man dazu brauchte. Als er am nächsten Sonntag an der Zeller Kirche stand, bat ihn ein Bauer, seinen Vater vorbeizuschicken, er habe einen Sau zum Schneiden. „Das mach ich auch!“,meinte der Franz, ging gleich mit und hatte von Stund an einen neuen Beruf: Sauschneider.

Schon der Großvater von Franz Bauer hat Schweine geschnitten und das Spezialmesser verwendet, das noch in seinem Besitz ist. Es schneidet wie ein Rasiermesser und wird auf der Lederhülse und am Arm vorher abgezogen. Gut 3000 Schweine hat Franz Bauer in seinem leben wohl kastriert. Für das kastrieren eines Schweines gab es eine Mark.

Wer Schweine kastrieren kann, kann dies auch bei Hunden und Katzen. Das war die landläufige Meinung der Bauern, und so war es auch. Wenn man die Methoden hört, die dabei angewandt wurden, so läuft einem ein Schauder über den Rücken. Die Haushunde wurden deswegen geschnitten, damit sie nicht vom Haus wegliefen, denn was nützte ein Wachhund, der kilometerweit auf Brautschau lief? Bei den Hunden arbeitete man so: Der Hund wurde aus der Stube gelockt. War er zur Hälfte durch den Türspalt, so drückte man die Tür zu und man konnte die Prozedur ohne Gefahr für die eigene Sicherheit am Hinterteil vornehmen, während die unbetäubten Hunde natürlich wild kläfften und um sich bissen. Es gab aber auch Bauern, die zogen die Sackmethode vor: Dem Hund wurde über das Vorderteil ein Sack gestülpt und dieser zugehalten, so dass man am freien Hinterteil arbeiten konnte.

Bei den Katzen gab es eine noch einfachere Methode: Die steckte man einfach mit Vorderpfoten und Kopf in einen Stiefelschaft und dann ging die Prozedur vonstatten.

Hunde und Katzen werden heute nur noch vom Tierarzt nach einer Narkose operativ und schmerzlos kastriert. Bei den Schweinen müssen meist die Bauersfrauen ran. Schon im zarten Schweinealter von drei Wochen wird die Kastration vorgenommen. Da gibt es eine Spezialschere und alles geht schnell und schmerzlos. Die Kastration von Hund und Katze kostete ebenfalls eine Mark. Bis 1955 hat Franz Bauer seinen Landhandel betrieben und Schweine

Mit diesem Messer, das so scharf war wie ein Rasiermesser, hat Franz Bauer 3000 Schweine und unzählige Hunde und Katzen kastriert.

kastriert, dann gab er beides auf. Der Grund für die Aufgabe des Eierhandels war die Motorisierung. Es gab immer mehr Autos und daher auch immer mehr überfahrene Hühner in den Dörfern, so dass viele Bauern ihre Hühner ganz abschafften. Zudem kamen die Legeställe auf, der Eierhandel rentierte sich nicht mehr.

Nun kam der vierte Lebensabschnitt für Franz Bauer: Er ging zum Straßenbau und arbeitete nun einige Jahre in einem Textilwerk bei Deggendorf, bis er in Rente gehen konnte.

Natürlich will ich nochmals etwas von den Waihaztgeschichten hören. Ja, im Kriege, da sei er schon einmal „angewaihazt" worden. Einmal sei eine rote Kugel über ihn darüber und einmal ist er als Lediger aufs Kammerfenster gegangen. Er hatte die Leiter schon angelehnt und rauchte nur noch eine Zigarette an der Stalltür, da schreckte er im Dunkeln auf: Plötzlich kam eine zottige schwarze Frau auf ihn zu, ganz langsam bis auf fünf Meter Entfernung etwa, da blieb sie stehen, drehte sich um und ging. Dem Franz reichte das. Er packte sein Fahrrad, ließ Kammerfenster Kammerfenster sein und raste davon, so schnell er konnte.

Schon vor achtzig Jahren hat man im Bayerwald Fasching gefeiert!

„Ja freili hot's bei uns a an Fasching gebn", meint lachend Eduard Wiederer, der heute mit seiner Frau Theres in Gmünd bei Innernzell im Austrag lebt. Aber das war natürlich noch alles viel bescheidener als heute. Die einfachste Form war der „Hausfasching" bei einem Nachbarn. Das ging so vor sich: Ein paar Burschen und Mädchen taten sich zusammen und zogen nach der abendlichen Stallarbeit zu irgend einem Anwesen. Dort stieß man die Türe auf, voran ging ein Mundharmonikaspieler und hinterher marschierte die Gruppe junger Leute, alle so zwischen 17 und 25 Jahren. In der großen Stube fing man dann einfach zu tanzen an und es dauerte meist nicht lange, da war die Stube voller faschingsfroher Menschen. Ohne

Eduard Wiederer aus Gmünd zeigte mir 1982 an einem Modell, wie eine Flachsbrechel funktioniert.

Telefon hatte sich das Vergnügen in Windeseile in der ganzen Gegend herumgesprochen und Tänzer angezogen. Die meisten tanzten gleich zur Türe hinein. Die Bäuerin hat dann eine kleine Brotzeit gebracht, irgend einer hatte auch noch ein Körbel mit Eßbarem dabei, das wurde verteilt und so tanzte man, bis die Hausleute ins Bett gingen. Dann zog man auch wieder heimwärts. Da gab es viel Spaß, es wurden Gstanzeln gesungen, Schnadahüpfeln, manchmal veranstaltete man eine Faschingshochzeit mit Vater, Jungfrauen, Braut und Bräutigam, und zu allem leuchtete eine Petroleumlampe und eine Mundharmonika machte die Musik.

Ins Wirtshaus zum Faschingsball ging man höchstens dreimal. Damals bezahlte nicht der Gastwirt die Musik, sondern die Tänzer. Ein Tanz kostete ein Fuchzgerl oder später 1 DM. Die kassierte der Kapellmeister und dann legten seine Männer los. „Musik-Einstechen" nannte man das. Trotzdem kostete es noch 30 oder 50 Pfennig Eintritt in den Saal. Das war kein billiges Vergnügen, wenn man bedenkt, daß Eduard Wiederer damals gerade 4,50 Mark Wochenlohn hatte. Allerdings: Wer maskiert kam, der durfte drei Touren kostenlos mittanzen. Und tanzen durfte jeweils nur die Gruppe, für die einer der Kavaliere bezahlt hatte.

Damals waren die Familien noch viel größer als heute und fast in jeder gab es ältere Geschwister, die den jüngeren das Tanzen beibringen konnten. Zuerst hat man als junger Bursch zugeschaut, dann selbst mit einem Besen geübt, dann kam das Umtreten und schließlich hat sich schon einmal eine Schwester oder ein Nachbardirndl erbarmt und einen richtigen Walzer oder eine Polka mit dem Anfänger versucht. Im Wirtshaus hat man natürlich mit Lederschuhen getanzt, aber zu Hause, besonders im Sommer, da wurde meist barfuß getanzt, denn mit den polternden Holzschuhen ging es doch nicht so gut.

Eduard Wiederer hat die rasante Entwicklung der Landwirtschaft in diesem Jahrhundert unmittelbar miterlebt und kann darüber anschaulich erzählen. Zu Hause waren sie sieben Kinder und hatten ein kleines Anwesen mit 25 Tagwerk Grund. Als ältester Bub mußte der kleine Eduard schon mit fünf Jahren beim Akkern das Vieh einweisen, Kühe hüten und was es sonst gab. Als der Vater in den Ersten Weltkrieg zog, wurden die Aufgaben für den Achtjährigen gleich größer: Mähen, Säen, Füttern gehörte zu seinem nunmehrigen Aufgaben. Nach dem Krieg sollte er das Schusterhandwerk lernen.

Die Lehrstelle hatte er nur durch Glück bekommen, denn für die vielen Kinder der Waldler gab es an sich kaum Lehrstellen. Doch als die Inflation kam, konnte der Meister nicht mal mehr das Leder bezahlen und so endete die Schusterlehre vorzeitig. Übrigens fand die Lehre nur im Winter statt, im Sommer mußte der Bub auf dem Hof helfen. Angebaut haben seine Eltern damals Roggen, Hafer, Kartoffeln, Flachs und Kraut. Verkauft wurde davon nichts, denn die große Familie brauchte dies alles selbst. Im Stall standen drei Kühe, dazu etwa 20 Hühner. Im Winter war man natürlich auch nicht untätig. Da wurden Besen gebunden, Holzschuhe gemacht, Schwingen gezäunt, Getreide gedroschen und der Flachs ver-

Auch das „Kirmzäuna" beherrschte Eduard Wiederer perfekt, Eduard Wiederer, geb. am 29.9.1906, starb am 21.1.1990.

arbeitet und schließlich „gsahlt", also Seile gemacht.

„Der Flachs war mit viel Arbat verbunden", meint der alte Bauer rückwirkend. Im Mai oder anfang Juni wurde er mit der Hand gesät, möglichst in aller Frühe. Nach dem Austreiben mußte er ausgegrast werden, was meist die Dirndln tun mußten. In der Blütezeit boten die grün-blauen Flachsfelder ein prächtiges Bild. Im September wurde der Flachs schließlich ausgerissen, denn auch die Wurzeln enthielten Fasern. Er war dann etwa einen halber Meter lang. Nachdem er einige Tage auf dem Feld getrocknet war, fuhr man ihn ein und riffelte ihn in der Scheune. Die Riffeln hatten kantige Eisenzähne durch die man handvollweise den Flachs durchzog, wobei das Harte und die Samen ausfielen. Die Samen wurden auf dem Dachboden getrocknet, später gesiebt und dann im nächsten Jahr wieder zur Aussaat verwandt.

Dann wurde der geriffelte Flachs etwa zwei Monate geröstet. Das geschah auf einer möglichst feuchten Wiese. Durch die Witterungseinflüsse löste sich der Pflanzenleim auf, der die brauchbaren Fasern mit den Stengeln verband. Schließlich wurde er zu Büscheln gebunden und heimgefahren. Beim Wiederer wurde er im

Stall aufgehoben bis er „gebrechelt“ werden konnte. Das war eine harte Winterarbeit. Vorher wurde er im Backofen gedörrt, bis er „rösch“ war. Zum Brecheln ging man früher ins Brechhaus. Da begann man schon um 2 Uhr nachts mit der Arbeit, die übrigens sehr staubig war. Da das Brechhaus nur mit Kienspan oder einer Petroleumlampe beleuchtet war, sah das sehr gespenstisch aus und war ein ausgezeichneter Hintergrund für Geister- und Waihetzgeschichten.

Zum Brecheln gab es eine große und eine kleine Brechel. Dies war ein etwa ein Meter hohes Gestell auf dem ein beweglicher Arm, der Brechschlegel, befestigt war. Diesen schlug man ständig auf das Büschel Flachs, das man mit der anderen Hand langsam durch den Brechl zog. Dabei wurden die Stengel so oft geknickt, daß sie endlich als Häcksel unten herausfielen, während der Hanf übrig blieb. Mit der großen Brechel arbeiteten die Männer, die die Grobteile der Stengel entfernten, während die Frauen mit der kleinen Brechel nacharbeiteten. Damit der Flachs aber ganz sauber wurde kam er noch auf den Schwingstock und wurde geklopft.

Dann wurde der Flachs gesponnen, und zwar der feine zu feinem Leinen, der mittlere zu gröberen. Der ganz grobe, wurde zum „Seiln“ verwendet. Die Waldbauern waren ja beinahe in allem Selbstversorger, so machten sie sich auch die Kälberstricke und sonstigen Seile selbst, die in großer Zahl auf einem Bauernhof gebraucht wurden. Zum Seilen waren drei kräftige Männer nötig. Einer mußte den Seilbock festhalten, einer war am Seilwagen und der dritte arbeitete am Stock oder Schragen. Natürlich hatte Vater Wiederer die ganze Seilanlage selbst gebaut.

Therese Wiederer, Jahrgang 1903, hatte uns lange zugehört, doch jetzt fallen auch ihr noch einige waldlerische Spezialitäten ein. Zum Waschen nahm man früher ein Waschbrett und eine Kugel aus Kuhschwanzhaaren. Jährlich zweimal schnitt man den Kühen die Haare an den Schwanzenden ab. Die waren etwa 15 Zentimeter lang. Aus ihnen machte man eine immer größer werdende Kugel, die man, nachdem man die Haare sauber gewaschen hatte, in Seifenwasser legte. Diesen Haarkumpf verwandte man wie eine Bürste. „Da san koana Haar ausgegangen, im Gegenteil, der Kumpf ist immer fester worden und hat jahrelang gehalten!“ meint Therese Wiederer.

Eduard Wiederer und seine aus Rohrstetten stammende Ehefrau Therese, geb. Schiller, wohnten 1933 in Raindorf, Kreis Regen. Das war ein ganz kleines Dorf mit etwas über hundert einwohnern. Trotzdem gab es dort einmal in einem Jahr 16 Neugeborene. Die Hebamme wohnte aber in Kirchberg. Bis die von einem Kind oder einem anderen Boten geholt wurde und dann endlich zu Fuß kam, war die Geburt meist vorbei. „Mir hat meist nur der Mann geholfen!“ erinnert sich die Austragsbäuerin. Aber die 5 Mark pro Geburt hat die Hebamme dann doch noch kassiert, wenn sie eintraf, schließlich hätte sie ja geholfen, wenn meist nicht schon alles vorbei gewesen wäre. Unter ihren Kindern waren auch Zwillinge. Als sie zur Schule gingen, hatten sie nur einen Schulranzen zu zweit. Da kam es manchmal vor,

daß der eine dachte, der andere hat den Ranzen und umgekehrt und sie schließlich ohne ihren Schulranzen dastanden, den natürlich der Vater aus Holz selbst gemacht hatte.
Und dann erzählt mir Eduard Wiederer noch von den Kinderspielen, die sie früher getrieben haben, vom „Fackerltreiben", vom „Goaßwerfen" und vielem anderen und seufzt dabei: „Ja, früher war's scho schö im Woid!" Eduard und Therese Wiederer haben 1933 nach der Heirat gleich ein kleines Anwesen mit 13 Tagwerk erworben. Acht Kinder hatten sie, davon fünf Söhne und alle acht leben noch. Später übernahmen sie den Hof eines entfernten Verwandten, der kinderlos war und zogen von Raindorf nach Gmünd um. Jetzt gehörten ihnen 65 Tagwerk Felder, Wiesen und Wald, die sie inzwischen einem Sohn übergeben haben, der den Betrieb auf 86 Tagwerk vergößerte. Ein Aufstieg vom „Häuslmo" zum Großbauern, geschafft hat ihn Eduard Wiederer durch Fleiß, Tüchtigkeit und Glück und hat dabei die waldlerische Landwirtschaft kennengelernt vom Kühehüten und Flachsbrechen bis zum Einsatz modernster Maschinen. Jetzt ruht er sich aus, bastelt eine Flachsbrechel, damit er frühere Arbeitsweisen auch anderen zeigen kann oder etwas Nützliches, in dem er „Kirm zäunt" oder Besen bindet.

„Meine Kindheit im 1107 Meter hoch gelegenen Leopoldsreut“

Von den vielen Menschen, mit denen ich im Bayerischen Wald gesprochen, die ich interviewt habe und mir aus ihrem Leben erzählen ließ, ist mir Franz Bloechl in besonders guter Erinnerung. 1965 traf ich ihn zum ersten Mal. Und dann noch mehrmals und jedesmal war ich tief beeindruckt, von dem geradezu phänomenalen Gedächtnis dieses Mannes. 1967 schrieb ich dann erstmals einen Bericht über ihn. Daraus der folgende Text:

Franz Bloechl ist 79 Jahre alt, aber man sieht dem alten Forstmann sein Alter nicht an. Er geht völlig aufrecht, raucht seine Virginia und erzählt mit einer Genauigkeit, daß man nur staunen kann. Sein Vater war Waldwärter in Leopoldsreut und dort wurde Franz Bloechl am 5. Dezember 1887 geboren.

Die Familie – außer den Eltern noch drei Mädchen und vier Buben – wohnte in dem kleinen Forstdienstgebäude, das heute noch steht, aber inzwischen aufgestockt und modernisiert wurde. Alle Kinder wurden in Leopoldsreut geboren und sind auch dort zur Schule gegangen. Natürlich unterrichtete nur ein Lehrer an der siebenklassigen Volksschule. Nie gab es mehr als zwanzig schulpflichtige Kinder. Damals, also 1894, hatte Leopoldsreut, zwanzig Häuser, davon neun Großbauernhöfe, das Forsthaus, die Schule, die Kirche und drei Wirtshäuser. Die Großbauern waren dies nur nach der Größe ihres Besitzes, nicht aber nach ihrem Vermögen, denn der Grund in 1100 Metern Höhe war karg und steinig und brachte nur geringen Ertrag. Ein Großteil des Grundbesitzes war natürlich Wald. Die anderen Leopoldsreuter waren entweder Waldarbeiter oder verdienten ihren Lebensunterhalt als Holzbitzler.

In den kleinen Häusern war natürlich bei der großen Kinderzahl nicht allzuviel Platz. Daher

Franz Bloechl im Alter von 79 Jahren. Er wurde 1887 in Leopoldsreut geboren und lebte dort bis 1900.

gab es bei den meisten Familien für die Kleinsten sogenannte Radlbetten. Das waren niedrige Kastenbetten mit kleinen Rädern, die man einfach unter die großen Betten hinunterschob. Auch eine Theatergruppe gab es in Leopoldsreut, die mehrmals im Jahr meist biblische Stücke aufführte. Zu diesen Aufführungen kamen Besucher aus der ganzen Umgebung, denn viel war natürlich um die Jahrhundertwende in dieser Gegend nicht los.

Besonders schlimm waren die Winter in Leopoldsreut, denn der Wind blies oft unbarmherzig über die Hochfläche. Oft mußte Vater Karl Bloechl vom Dach hinunterspringen, wenn Türen und Fenster eingeschneit waren und von außen ausschaufeln. Die Familie wartete in der Küche, bis es an den Fenstern lichter wurde. Ein besonderes Vergnügen für die Kinder war das Schlittenfahren vom Dach des großen Wirtshauses.

Am Ostersonntag war es Brauch, daß die Kinder von der Kirche in Grainet Holzscheite mitbrachten, die dort am geweihten Feuer gebrannt hatten. Wer als Erster ein solches Holzscheit brachte, bekam ein Osterei, die es übrigens nur in roter Farbe gab. Franz Bloechls Bruder Loisl wollte sich an einem Osterfest unbedingt den ganzen Lohn verdienen und schlich sich bei Dunkelheit in den Wald. Unter einer großen Fichte zündete er eine „Hadernsau“, einen getrockneten Baumschwamm, an und hielt seine Holzscheite hinein. Als er glaubte, in Grainet könnte der Gottesdienst zu Ende sein, ging der Loisl los und brachte den Bauern das „geweihte Holz“, das sie dann, zu kleinen Kreuzen verarbeitet, auf den Feldern aussteckten. Er erhielt überall ein rotes Ei und war der Held des Tages. Doch bald kam es heraus, daß der Loisl gar nicht in der Kirche gewesen war.

Die meisten Schulkinder hatten damals Leinensäcke oder Schulranzen aus Kistenbrettchen. Alle gingen natürlich barfuß, wenn kein Schnee lag.

Natürlich gingen die Kinder im Sommer barfuß zur Schule. Ihre Schulsachen steckten sie in einen Salzsack, in den die Schwestern fromme Sprüche gestickt hatten. Der Sack wurde an einem Strick über dem Rücken getragen. Manche hatten auch einen Schulranzen aus dünnen Kistenbrettern. Die Schule von Leopoldsreut hatte damals nur einen faustgroßen Globus. Europa war gar nicht mehr zu sehen, das hatten hunderte von Kinderfingern schon abgekratzt.

Für seine große Familie hatte Vater Bloechl auch Kühe angeschafft, die im kleinen Stall im Forsthaus standen. Da kam eines Tages der Forstmeister mit Frau und letztere mußte einmal austreten. Mutter Bloechl zeigte ihr also die „Toilette", die aus einem Bottich mit einem Brett bestand, der im Stall stand. Da bekam der Herr Forstmeister aber einen schönen Krach, weil er ein Forsthaus ohne Abort hatte bauen lassen. Und bald darauf bekam das Staatsgebäude auch ein richtiges „Häusl", natürlich ohne Wasserspülung.

An Allerseelen gab es wie überall im Bayerischen Wald den Allerseelenwecken. War man mit dem Geber verwandt, so bekam man einen aus weißem Mehl, sonst nur einen aus Roggenmehl.

Mit vier Jahren war Franz Bloechl übrigens schon zum ersten Male von zuhause fort. Sein Vater fuhr zu Verwandten nach Herzogsreut, um Haferstroh zu holen. Den Franzl nahm er mit und der blieb auch gleich bei der Tante über ein Jahr lang. Den Sommer über hütete er mit Kühe. Damals trug er wie alle Waldlerkinder einheitlich einen Rock, „aus sanitären Grunden", wie er lachend meint. Röcke waren

Diese Aufnahme machte Erich Fischer aus Dresden im Jahre 1929 von Schulhaus und Kirche in Leopoldsreut. Neunzehn Kinder haben sich vor der Schule aufgestellt. Sie wurden alle von einem Lehrer unterrichtet.

Das waren die letzten vier Schulkinder in Leopoldsreut 1955. Die Jüngeren hatten Schulranzen, die älteren Schultaschen. 1955 wurde die Schule aufgelöst, die Kinder mußten nun nach Bischofreut zur Schule.

für die Kinder beiderlei Geschlechts das einheitliche Kleidungsstück bis ungefähr zum siebten Lebensjahr.

Kleinstkinder nannte man nur „Hadernkeia“. Das kam so: Wenn die Mutter im Sommer mit aufs Feld oder in den Wald mußte, dann wußte sie oft nicht, wohin mit den Säuglingen. Schnuller gab es damals noch nicht und so wandte man folgendes Rezept an: Die Frauen zerkauten Kandiszucker und Brot im Mund zu einem Brei, den sie in ein Leinenfleckchen wickelten, zusammenbanden und den Kindern in den Mund steckten. Bis zu drei Stunden hatten die Kleinen nun etwas zu kauen und solange schrieen sie meist auch nicht.

Gegessen wurde früh eine Suppe aus sauerer Milch und Kartoffeln. Manchmal kamen auch etwas Reis oder Nudeln hinein. Abends gab es kalte Suppe, meist aus Topfen. Mittags kam oft Kartoffelbrei auf den Tisch, der für alle in einer Schüssel serviert wurde. Die Mutter hatte in der Mitte eine Vertiefung gemacht und Butter von der eigenen Kuh darin ausgelassen und genau neun kleine Kanäle nach außen gemacht, damit jeder etwas von der Butter bekam. Natürlich machte jedes Kind sofort seinen „Breikanal“ so tief als möglich, damit recht viel Butter hineinfließen konnte. Fleisch gab es fast in keinem Haus. Höchstens einmal an Sonntagen ein dreiviertel Pfund Suppenfleisch für die ganze Familie. Der Vater verdiente als Forstwirt im Jahre 1894, wie Franz Bloechl aus einer alten Aufstellung feststellen konnte, mit sieben Kindern nicht ganz 65 Mark im Monat.

Wichtige Arznei: Eine Auerhahnzunge

Natürlich gab es damals weit und breit keinen Arzt, so daß die Waldler allerhand Hausmittel verwendeten. Für Halskrankheiten und Diphterie hatte fast jede Familie eine getrocknete Auerhahnzunge bereitliegen. Dem kranken Kind wurde die Zunge einfach umgehängt. Franz Bloechls Mutter Kreszenz hatte auch eine getrocknete Auerhahnzunge im Schrank liegen und daneben einen getrockneten Kien. Der war sehr harzreich und vertrieb mit seinem Geruch die Motten und anderes Ungeziefer. In einem Walddorf in der Nachbarschaft erkrankten einmal die zwei Buben des Lehrers an Diphterie. Als einer starb, war die Familie völlig verzweifelt. Überall suchte der Vater nach einer Hilfe. „Meine Mutter", so erzählte Franz Bloechl, „gab ihm schließlich unsere Auerhahnzunge, aber sie half nicht mehr, auch der zweite Bub starb".

Franz Bloechl weiß aber auch lustige Erlebnisse, wie beispielsweise dieses: „Die Mutter bekam eines Tages eine Handnähmaschine von einem Passauer Händler. Schließlich nähte sie für die Kinder selbst. Diese Maschine ging plötzlich eines Tages kaputt und mein Vater schrieb eine Postkarte nach Passau, man möge kommen und die Nähmaschine reparieren.

Wir Kinder spielten gerade auf der Dorfstraße, als ein unheimliches Gefährt den Weg entlang kam. Wir rannten, so schnell wir konnten, in die Häuser und Schupfen und versteckten uns. Aus den Ritzen sahen wir, daß dieses unheimliche Ding zwei Räder hatte und mit einem Menschen darauf auf uns zufuhr. Wir dachten, da kommt einer und reißt das Haus ein. Aber es war halb so schlimm, denn es war nur der Mechaniker aus Passau, der mit einem Hochrad zu uns nach Leopoldsreut heraufgekommen war und gehörig bestaunt wurde. Den Schaden hatte er übrigens bald behoben, denn an der Maschine war lediglich die Nadel abgebrochen".

Obwohl Vater Bloechl Tag für Tag in den Wald mußte, hatte er, wie alle einfachen Männer damals, keinen Mantel. Nur die Mutter hatte ein großes Umschlagtuch, das sie geschenkt bekommen hatte. Wenn sie nicht mit nach Grainet in die Kirche ging, so nahm es der Vater zum Kirchgang.

Franz Bloechls ältester Bruder Heinrich, geboren 1885, kam nach der Schule nach Freyung in die Schlosserlehre. Damals war es noch so, daß der Vater für einen Lehrling Lehrgeld bezahlen mußte. Das konnte der Vater aber nicht aufbringen, und so mußte halt der Bub statt drei zum Ausgleich vier Jahre lernen. Ja, das waren noch Zeiten.

Im Sommer gingen die Kinder mit ihren Schultaschen Heilkräuter sammeln, hauptsächlich Arnika und wohlriechende Veilchen. In großen Mengen wurden die gepflückten Pflanzen auf dem Dachboden getrocknet. Später holte sie ein böhmischer Händler in großen Säcken ab.

„Wegen des Akkords wurde auch bei Mondschein Holz gefällt!“

Franz Bloechl hatte gerade seine Volkschulzeit beendet, da zog die Familie aus dem unwirtlichen Leopoldsreut in die Gegend von Kelheim. Und Vater Bloechl schickte seinen Sohn Franz umgehend, auf die Waldbauschule Kelheim, wo der junge Waldler zum Forstdienstaspiranten ausgebildet wurde. Nach bestandener Prüfung begann für den jungen Forstmann zunächst ein bewegtes Wanderleben. Ein junger Forstmann durfte nämlich nicht ohne weiteres heiraten. Er mußte nachweisen, daß er im Stande sei, eine Familie zu ernähren und für seine Zukünftige brauchte er ein Vermögens- und Sittenzeugnis und auch sonst noch einige Nachweise, damit er später auch die Heiratserlaubnis erhielt. Übrigens: Nur die Hälfte seiner Kurskollegen erhielt sie auch.

Also ging der junge Mann zunächst wieder in den Bayerischen Wald. Er war mehr oder weniger lang bei den Forstämtern Schönberg, Pas-

Spiegelau im Jahre 1964. Hier war Franz Bloechl 19 Jahre stationiert. (Foto 1966)

In Franz Bloechls Revier gab es damals noch vielen natürlichen Urwald.

sau-Nord und Viechtach sowie bei den Forstdienststellen Ergoldsbach, Thyrnau, Kötzting, Hofkirchen, Münchsmünster, Klingenbrunn, bis er endlich nach Spiegelau kam. Und dort blieb er von 1907 bis 1926, also bis zu seinem 39. Lebensjahr.
Zunächst war er dort beim Bau der Spiegelauer Waldbahn tätig, die der Bayerische Staat auf eigene Kosten bis nach Mauth und hoch zur St. Oswalder Diensthütte baute. Doch ab 1909 wurde er zur Beaufsichtigung des Holzeinschlags der Forstdienststelle Spiegelau II zugeteilt. Und über das Leben und Arbeiten damals im Wald erzählt er ausführlich:

„Am 1. September 1909 wurde ich zum Forstschutzaspiranten ernannt und mußte am 1. Oktober 1909 meinen Dienst bei der Forstdienststelle Spiegelau II antreten. Meine Aufgabe war praktisch die Überwachung des Holzeinschlags im Revier von der Grenze zur Tschechoslowakei bis fast nach Siebenellen. Der andere Bezirk reichte von der Grenze bis Guglöd. Bei unserer Dienstelle arbeiteten 40 Holzhauer. Die Arbeitszeit war sechs Tage in der Woche, also von Montag bis einschließlich Samstag. Wir Forstschutzaspiranten wohnten meist auf der Oswalder Diensthütte, manchmal blieben wir aber auch in den Waldhütten bei den Holzhauern, wenn der Weg zur Diensthütte zu weit oder das Wetter zu schlecht war.

Auf der St. Oswalder Diensthütte wohnte ein Holzhauer, der auch die Genehmigung hatte, Bier auszuschenken, das mit Ochsen- oder Pferdefuhrwerken hier heraufgefahren wurde. Er war zudem auch Schleusenwärter bei der Schachtenbacher Klause, die er zur Triftzeit bedienen mußte. Die Diensthütte war übrigens in einem sehr schlechten Zustand, und so war mein erster Auftrag: Instandsetzung der Diensthütte, schließlich stand der Winter vor der Tür.

Unser Bezirk war 650 Hektar groß und damals wurde nur Weichholz geschlagen. Es wurde Holz geschlagen, bis der erste Schnee fiel. Ich kann mich genau an meine erste Partie erinnern. Partieführer war Felix Melch, der noch drei Söhne dabei hatte, der Schreiner Johann und der Spindler, beide Guglöd, der Strohmeier Josef von der Diensthütte und der Schreiner Karl aus Siebenellen.

Schon vor hundert Jahren nahmen die Holzhauer Ziehhunde mit in den Wald. Viele Hunde taten dies mit Leidenschaft und wurden von ihren Herren später auch zur Heimfahrt auf Skiern „vorgespannt". (Aufn. von 1958)

Jede Partie hatte im Wald eine Blockhütte mit einem Feuerofen. Über dem Ofen waren zwei Balken, auf denen das Feuerholz getrocknet wurde. An den Wänden waren umlaufende Pritschen zum Schlafen. Damit man weicher lag, wurden sie mit Gras, Heu, Moos, Seegras oder Farnkraut bedeckt. Durch die Wände zog es natürlich immer herein, so daß man vorn warm und hinten kalt lag.

In diesen Hütten wohnten die Männer auch im Winter wenn Holz gezogen wurde. Da kam es des öfteren vor, daß sie am Morgen beim Aufstehen eingeschneit waren. Ja, manchmal gab es soviel Schnee, daß man einen Tunnel in die Schneeberge graben mußte, um aus der Hütte hinauszukommen. War der Schnee so hoch, dann reichten die Akkordsätze für das Holzziehen mit den Schlitten nicht mehr aus. Da kam dann Regierungsrat Max Jägerhuber von der Regierung in Landshut und wollte sich überzeugen, ob die Forderung nach Änderung des Akkordlohns zu recht besteht. Aber der Mann war so dick, daß er nicht durch den Tunnel kriechen konnte, um in die Holzarbeiterhütte zu gelangen. Jedenfalls: Umgehend wurden höhere Akkordsätze für das Holzziehen genehmigt. Beim Holzzug mit dem Schlitten wurde das Holz zur Grubenbrücke gebracht zwischen

Vorderen und Hinteren Schachtenbach und der Tiefen Seige. In diesen Bacherln waren überall Schwellen für die Trift angelegt. Links und rechts des Rachelsees hat man das Bergwasser abgefangen und durch Zuleitungskanäle in den See geleitet.

Getriftet wurde nach der Schneeschmelze, aber meist hatten wir auch noch Schnee liegen. Damals wurde bereits geplentert, das heißt, man hat den Wald nicht abgeräumt, sondern nur brauchbare Stämme herausgeschlagen. Das triftbare Holz wurde dann an den Triftkanälen aufgestapelt.

Fast alle rauchten und schnupften

Geraucht und geschnupft haben die Holzhauer fast alle. Die Älteren hatten meist noch Zunder und Kieselstein dabei und entzündeten damit ihren Tabak. Der Tabak wurde in langen Holzpfeifen geraucht. Er kam als Blättertabak aus Böhmen, aber auch aus Ungarn. Der Rauchtabak aus Böhmen wurde natürlich geschmuggelt. Den Schnupftabak haben sich die Holzhauer zu Hause selbst gerieben, da hatte jeder seine Geheimrezepte.

Arbeitszeit von 6 bis 18 Uhr

Alle Wege wurden damals natürlich zu Fuß zurückgelegt. Es gab ja eigentlich nur Steige, keine befahrbaren Wege. Die Arbeitszeit war von 6 bis 18 Uhr, und das sechs Tage in der Woche. Die Holzhauer blieben bei ihrer kargen Verpflegung während der ganzen Woche draußen im Wald. Als Verpflegung nahmen sie ihre Sauere Suppe in sogenannten Pitschen mit.

Der Rachelsee, an dessen Rändern jetzt ein Großteil der Bäume durch den Borkenkäfer abgestorben ist.

Das war eine Art Holzeimer und faßte 6 bis 8 Liter. Die Hauptnahrung der Holzhauer war aber der Schmarrn, der am Hüttenfeuer gemacht wurde. Nicht selten hat es dabei auch einmal ein richtiges Feuer gegeben und eine Waldhütte ist abgebrannt. Zum Schmarrn nahm man Gries oder gewöhnliches Mehl. Getrunken wurde Frank-Kaffee oder Zichorie-Kaffee. Sonst aßen die Männer halt, was ihnen ihre Frauen mitgaben: Brot, Kraut, Kartoffeln, ein Stück Speck oder Fleisch, das war aber schon selten.

Auch bei Mondschein gearbeitet

Manche haben auch noch des Nachts gearbeitet. Die Partie Schober aus Riedlhütte arbeitete oft bei Mondschein, wenn es noch einigermaßen Sicht im Wald gab. Die haben sogar bei Mondschein Holz gezogen, es wurde ja im Akkord gearbeitet.“ Der sei, so sagte mir 1968 Franz Bloechl, jetzt vielleicht 94 Jahre alt und lebe in der Riedelhütte. Er habe ihn im Juli 1967 noch besucht. Im Winter hätten sie auch Hunde zum Schlittenziehen mitgenommen. Die hätten dann das Gleiche zu fressen bekommen, wie ihre Herrn zu essen dabei hatten.

Franz Bloechl kommt dann auf etwas äußerst Interessantes, denn, so erzählt er: „Bereits im Winter 1909 bin ich mit den Skiern gefahren. Die waren ganz einfach. Vorn war für die Zehen ein Riemen quer und einer ging nach hinten um den Schuh. Damals hieß das allerdings nicht Ski, sondern Schneeschuh im Gegensatz zu den Schneereifen, welche im Wald häufig bei Tiefschnee getragen wurden, damit man nicht einsank. Um beim Holzziehen mit den schweren Schlitten in Gräben und Feuchtstellen nicht einzusinken, haben die Holzhauer Schneeleitern gemacht. Die wurden vorausgetragen und bei diesen Stellen vor der Überfahrt ausgelegt. Bei kürzeren Schadstellen in der Ziehbahn hat man Steine oder Äste hineingelegt.

1911 war ein ganz heißer Sommer. Da war es so heiß, daß ich hier hinten nicht ein einziges Getreidefeld gesehen habe. Die waren alle ausgedörrt. In diesem Jahr bekam ich auch meinen ersten Urlaub, sieben Tage, die mußten an Weihnachten genommen werden.

Drei Bücher mußte der Förster bei sich haben Mein erster Chef war der Forstmeister Fritz Reder. Er war mit einer ehemaligen Lehrerin

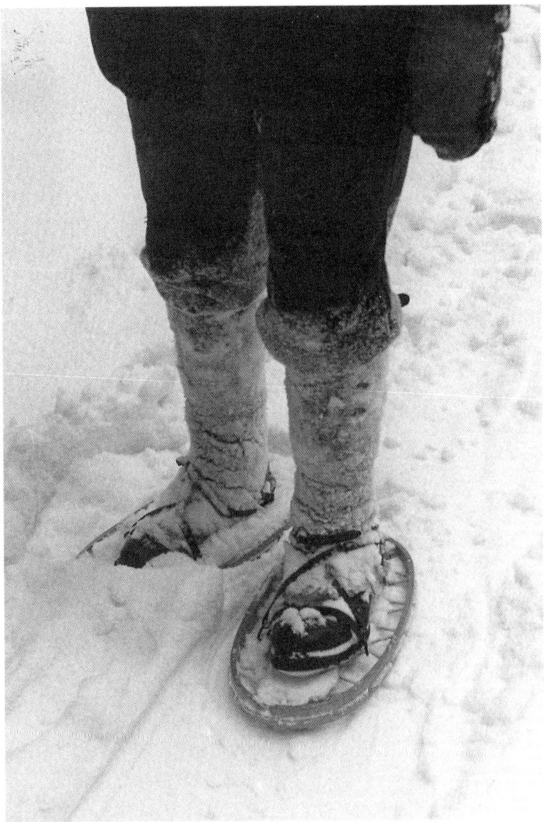

Mit solchen Schneereifen sanken die Waldarbeiter auch bei Tiefschnee nicht ein. Über Schneereifen und Schuhe trug man Stutzen aus dicker Wolle.

verheiratet. Er legte großen Wert darauf, daß man im Wald auch die wichtigsten Aufzeichnungen dabei hatte. Das waren das Arbeitsbuch, das Nummernbuch und außerdem ein Dienstbuch. In Letzteres wurden auch Forstfrevler eingetragen oder besondere Anweisungen des Forstmeisters. Bei der Holzaufnahme gab es feste Erfahrungswerte. Ein Stamm, drei Meter lang und 65 Zentimeter im Durchmesser war ein Festmeter. Natürlich gab es auch Tabellen, wo man nachschlagen konnte. Aber im Laufe der Jahre bekam man einen Blick, um das Maß richtig zu schätzen

Komplizierte Lohnzahlung

Ich mußte auch die Lohnliste für die Holzhauer machen. Die ging an das Forstamt. Da hat dann der dritte Forstassistent die Zahlungsanweisung für den Rottmeister ausgefertigt. Mit dieser ist der Rottmeister dann ins Rentamt Schönberg. Dort hat er das Geld in Empfang genommen und ist wieder in den Wald, um es den Holzhauern auszubezahlen. Geld gab es am Samstag oder auch am Sonntag in einer Gastwirtschaft, bei Akkordarbeit auch im Wald. Extra abgerechnet wurden vom Rottmeister nach einer Liste die Beiträge für die Invalidenmarken. Das wurde ganz genau genommen

In den zwanziger Jahren war die Not der Waldler groß. Viele Frauen und Kinder verdienten sich einige Pfennige im Wald durch das Beerensuchen. Das Bild zeigt eine Waldlerin mit einem großen Kamm beim Schwarzbeerzupfen.

und die entsprechende Liste wurde mit Durchschlag geführt. Drei Mark Lohn pro Tag war schon ein Spitzenverdienst. Davon wurden aber noch einige Pfennige für die Invalidenrente abgezogen. Man glaubt es heute kaum noch, aber nicht selten haben Mann und Frau zusammen als Holzhauer gearbeitet, auch zusammen Holz gezogen oder Bäume gefällt.

Holz wurde am Schlag versteigert

Meist wurde das geschlagene Holz am Schlagort versteigert. Dann wurde für jeden Käufer ein Lagerplatz ausgesteckt, natürlich meist in der Nähe des Baches. Aber der Platz mußte so sein, daß die Holzstapel bei Hochwasser oder Schneeschmelze nicht einstürzten. Verantwortlich hierfür waren die Partieführer, die meist gestandene Männer waren. Da wurde kaum getrunken und auch nicht gerauft. Auf die konnte man sich verlassen. Und von denen konnte ich als junger Forstmann noch allerhand lernen.

Damals gab es auch schon 30 bis 40 Frauen in der Kulturarbeit. Das waren meist junge Mädchen. Aber auch junge Burschen arbeiteten da mit, die nach der Schule noch keinen Arbeitsplatz gefunden hatten. Die haben Löcher gegraben, Erde getragen, Pflanzen gesetzt. Die gingen aber alle abends nach Hause. Meist hatten sie eineinhalb Stunden Anmarschweg und abends den Weg wieder zurück. Doch für sie galt die gleiche Arbeitszeit von 6 bis 18 Uhr!

War die Pflanzzeit vorbei, so sind die Kulturfrauen in der St. Oswalder Diensthütte zusammengekommen. Der Strohmeier Sepp hat

Die Forstdiensthütte am Tummelplatz 1978, sie gehört jetzt zum Nationalpark Bayerischer Wald.

seine Mundharmonika genommen und hat aufgespielt: Jägermarsch, Walzer, Polka, Schottisch, Eisenkeilnest. Da sind dann auch etliche Burschen von den Dörfern gekommmen und auch etliche Holzhauer und es wurde getanzt. Allerdings: Tanzen durften nur die Mädchen und Burschen, die schon aus der Feiertagsschule gekommen waren. Mit 13 Jahren kamen sie aus der Volksschule, drei Jahre später aus der Sonntagsschule. Tanzen durfte man also erst etwa nach dem 16. Lebensjahr.

Jagd und Wild

Für die Jagd besaß ich einen Drilling. Für den 9,3 mm-Lauf mußte ich die Kugeln aus Weichblei selbst gießen. Dazu hatte die Waffe noch zwei 16 mm-Schrotläufe. Da gab es eine Model, in die man die Kugeln gießen konnte. Die ganze Munition hat man selbst hergestellt. In die drei Führungsringe des Kugellaufes rieb man Rehtalg ein. Mit einem Pulverhörndl und einem Pulvermaß hat man dann das Gewehr geladen. Die Messinghülse hat man durch eine Kapselzange herausgezogen und eine neue Kapsel eingesetzt. Das hat man auch bei Schrot so gemacht. Herrschte Nebel, so hatte man nach einem Schuß eine schwarze Rauchwolke vor sich. Da konnte man bei Windstille schnell nochmals nachladen. Wir hatten keinen Hochsitz. Wir pirschten nur mit dem Wind und oft auch barfuß. Äsung gab es damals im Hochwald überall.“ Was gab es an Wild? will ich schließlich wissen. Rotwild gab es keines, Rehwild häufig, Auerwild, Haselhuhn und Birkhühner recht selten.

Geselligkeit wurde groß geschrieben

„In Spiegelau war das gesellschaftliche Leben abwechslungsreich und vielseitig. Da gab es viele Vereine, die Glasmacher, die Sägewerker, die Papierfabrik Millitzer und Münch, der Rauchclub Luisenfels in der Steinklamm, die Schützengesellschaft. In Pronfelden kam man am Sonntag beim Haslbeck zusammen, da hatte auch der Gesangverein seine Zusammenkünfte. Die Haute volée traf sich bei Heiß, der Waldverein hatte sein Vereinslokal, da fanden auch ab und zu Bälle statt. Es war also durchaus für einen jungen Menschen ganz unterhaltsam.

Im Winter war die Zeit der Ausfahrten. Die Schlitten wurden mit Stroh ausgelegt und dann fuhr man nach Kirchdorf, Kirchberg, Schlag oder Grafenau. Dort wurden Bälle besucht. Da wurde Bier und auch Sekt getrunken. Sekt aber meist nur verstohlen aus dem Maßkrug.

Der Sommer war die Zeit der großen Scheibenschießen bei den Feuerschützen in Zwiesel und Grafenau. Ein großes Schützenfest gab es bei Baron von Poschinger in Oberfrauenau beim alten Schloß. Mehrmals gab es ein Scheibenschießen auf dem Tummelplatz. Der war in 1200 m Höhe zwei Kilometer südlich des Lusen. Da mußten wir um 5 Uhr früh losgehen, denn man brauchte bis dorthin 5 – 6 Stunden

Die Rachelkapelle über dem Rachelsee, der von unten heraufscheint.

zu Fuß. Das Gewehr mußte man natürlich mitnehmen. Dann nahm man am Schießwettkampf teil. Meist spielte dort eine böhmische Musikkapelle, es wurde auch getanzt. Auf dem Tummelplatz stand ein Haus, da gab es Bier und Brotzeit. Die besseren Herrschaften kamen mit dem Fuhrwerk, so manchmal auch der Forstmeister aus Schönberg. Am späten Nachmittag sind wir dann wieder nach Spiegelau zurückgelaufen und nach vier Stunden Schlaf ging es wieder hinauf in die Rachelwälder.

Auf dem Bürstling knapp jenseits der Grenze standen zwei Forsthäuser. In dem einen wohnte der Heger Geisbauer, ein Junggeselle mit einem großen Kopf. Er war bei Fürst von Schwarzenberg angestellt. Er lud uns einmal zu einer Hochzeit ein, zu der ich mit meinem Kollegen Meier hinging. Waffen durften wir jenseits der Grenze nicht tragen, so schnallten wir nur unsere Hirschfänger um. Dort erfuhren wir, daß der Geisbauer selbst heiratet. Drei Tage haben wir das gefeiert, bis wir völlig kaputt wieder nach Hause gingen. Ich hab' ihm dann eine Kuckucksuhr geschenkt.

1920, daran erinnere ich mich noch genau, kam die Tochter des Wirtes vom Böhmischen Rachelhaus zur Oswalder Diensthütte und las die von den Kirschbäumen heruntergefallenen Blätter auf. Die sammle sie für ihren Vater, damit er etwas zum Rauchen habe!

Ende der 20er Jahre hingen in der Oswalder Diensthütte noch einige Schützenscheiben, welche Alfred Kubin und Reinhold Koeppel zweiseitig bemalt hatten. Die Farben waren ganz dick aufgetragen, wie gespachtelt. Da habe ich die Schützenscheiben auseinanderschneiden lassen. Forstinspektor Leythäuser hat sie dann zu einer Ausstellung nach Nürnberg mitgenommen, von wo sie leider nicht mehr zurückkamen."

Erlebnisse und Eigenheiten der Waldler

Ein Mann, der 39 Jahre im tiefsten Bayerischen Wald gelebt, gelernt und gearbeitet hat, der hat natürlich allerhand erlebt. Franz Bloechl hat zudem seine Umgebung stets mit wachen Sinnen beobachtet. Was ihm so an Besonderheiten einfällt, frage ich ihn schließlich. „O mei, da gibt's allerhand", antwortet der alte Forstmann. „Frühers war unter den Holzhauern das Vogelfangen weit verbreitet. Da kannte ich gleich mehrere. Die hatten Kreuzschnabel, Stieglitz, Kohlmeisen und andere Vögel in ihren selbstgebauten Vogelbauern. Übrigens: Die Kohlmeisen hießen bei ihnen Drehmeisen, weil in ihren Käfigen ein Drehrad stand, in dem sie herumlaufen konnten. Das Vogelfangen ging so: Man nahm eine junge Fichte. Die wurde entastet und Bohrlöcher anstelle der Äste gebohrt. Dort hinein steckten sie künstliche Leimruten. Der Vogelfänger saß hinter einer Hütte aus Fichtenreisig. Er hatte in einem kleinen Käfig einen Lockvogel dabei, einen Gimpel oder Zeisig, auf deren Rufe dann ande-

Alter Holzhauer an seinem Vogelkäfig.

re Vögel kamen, setzten sie sich auf die Leimruten, so fielen die gleich herunter, da sie nur ganz leicht eingesteckt waren. Den Baum mit den Leimruten nannten die Waldler Reisbaum.

Da gab es noch ganz anderes. Ich kannte einen, der aß Katzen- und Hundefleisch. Aus den Katzenbälgen machte er Tabaksbeutel, aus dem Hundeleder Schuhriemen.

Damals gab es noch Uhus, die man „Auf" nannte, weil er aufschreit. Auch Füchse und Marder. Die Marder waren unser Christkindl. Die Marder wurden im Oktober in den Prügelfallen gefangen, aber auch mit der Schlinge. Damals war das durchaus waidgerecht. Dabei wurde er sofort getötet. Das war ein einfacher Mechanismus: Man richtete zwischen zwei Baumstämmen eine Schlinge. Sprang der Marder da hinein, war der Marder gefangen. Ein mit der Schlinge verbundener Stein zog ihn dann ins Wasser und er war tot. 1910 habe ich noch einen Fischotter geschossen, im Seebach, in dem gab es viele Forellen.

Füchse gab es noch viele. Ich habe in einem Jahr zehn Stück im Tellereisen gefangen. Zum Jägerrecht gehörte damals Geweih, Aufbruch und das Raubwild. Das durfte er von seiner Jagdbeute behalten. Später, in der Inflation, mußte aber auch dies teilweise abgeliefert werden. Viele Tiere kamen auch so um, durch die Kälte, den Tiefschnee. Viele Rehe stiegen in den Seebach, um dort nach Brunnenkresse zu suchen, die sie gerne fraßen. Oft kamen sie nicht mehr heraus und wurden dann im Frühjahr mit der Trift tot angeschwemmt. 1911 gab es besonders viele Marder. Ich hatte einmal zwei gefangen, die waren von der Nase bis zur Rutenspitze 1,08 m lang. Für beide erhielt ich damals 90 Mark. Das war sehr viel damals, daher waren die Marder, die wir im Herbst erbeuteten, unser Christkindl.

Licht im Dunkeln

Einmal ging ich nachts nach Hause. Da sehe ich am Waldrand einen ganz hellen Schein. Nanu, denk ich, vielleicht sind das Zigeuner, die Feuer gemacht haben. Als ich hinkam, war es eine zersplitterte Buche. Die war schon teilweise in Fäulnis übergegangen und leuchtete jetzt so stark. Ich nahm ein Stück mit nach Hause, wo sie im Stadel noch einige Tage weiterleuchtete.

Die verunglückte Auerhahnjagd

Im Jahre 1913 wurde mir ein Forstassessor Fritz Weidenthaler angekündigt, den ich betreuen sollte. Er dürfe einen Auerhahn im Bärenloch schießen. Wir trafen uns auf der Diensthütte. Ich habe ihn eingewiesen. Im Wald lag teilweise noch viel Schnee. Der Forstassessor hatte seine Frau dabei, die jedoch nicht für Schnee und Eis angezogen war. Nach der Balz wollten wir uns auf der Diensthütte zum Kaffee treffen.

Ich wartete dort verabredungsgemäß. Doch 8 Uhr, 9 Uhr verging, niemand kam. Da schickte ich einen meiner Leute los, um nach den Beiden zu suchen. Er kommt nach zwei Stunden zurück. Er habe Spuren im Schnee gesehen, die gingen aber zur Grenze. Am Grenzstein hätten sie anscheinend verhalten, seien aber dann weiter „ins Böhm". Sofort schickte ich

Der Touristenstützpunkt Mader in der CSR. Bis dahin hatte sich das Ehepaar Weidenthaler verlaufen.

den Mann wieder los: Gehen Sie nach Guglöd und melden Sie dort, daß der Assessor ins Böhm hineingeraten ist. Den Heger Strohmeier in der Diensthütte beauftragte ich, den Spuren von der Grenze aus so lange nachzugehen, bis er die beiden gefunden habe. An der Maderer Brücke arbeiteten Männer, die bestätigten, daß „ein Jager vorbeikemma is, der hot a Gwir g'habt und a Wei a!" Ich melde dies nach Guglöd, wo aber von dort eine Streife die beiden bei der Sagwasserklause bereits entdeckt hatte.

Assessor Fritz Weidenthaler und seine Frau hatten sich in der Dämmerung und der schlechten Sicht verlaufen. Sie irrten im Hochwald und teilweise im Tiefschnee umher. Um 3 Uhr früh waren sie von der Diensthütte losgegangen und jetzt wateten sie schon beinahe sechs Stunden umher. Die Frau war am Ende ihrer Kräfte, beide waren verzweifelt. Da beschlossen sie, aus dem Leben zu scheiden. Sie knieten nieder, beteten, erweckten Reue und Leid. Da sahen sie plötzlich einen Mann vorbeilaufen. Als sie ihn anriefen, wurde er erst auf sie aufmerksam und lief weg, so schnell er konnte. Es war nämlich ein Schmuggler, der sich verfolgt fühlte. Erst, als sie ihm nachriefen: „Helfen Sie uns!" blieb er stehen und zeigte ihnen dann den Weg nach Finsterau. Eine Lokomotive der Spiegelauer Waldbahn hat dann die beiden total Erschöpften von Mauth abgeholt."

Dank

Franz Bloechl bin ich noch heute zu tiefsten Dank verpflichtet, daß er stundenlang meine Fragen beantwortet und spannend erzählt hat. Er war ein wahres Lexikon über das Leben im Bayerischen Wald vor über hundert Jahren. Meine Notizen, die ich mir über seine Erzählungen machte, würden ohne weiteres noch einige Druckseiten mehr hergeben. Franz Bloechl, der in den Briefen an mich seinen Namen stets mit „oe" schrieb, wurde in den amtlichen Akten der Forstbehörden mit „ö" geschrieben, also Blöchl. Er war am 5. Dezember 1887 in Leopoldsreut geboren und trat nach Erreichen des 65. Lebensjahres am 31. Dezember 1952 als Revierförster der Forstdienststelle Waldthurn in der Oberpfalz in den Ruhestand. Wann und wo er verstorben ist konnte ich leider nicht ermitteln.

Der letzte Leopoldsreuter war ein Berliner aus Augsburg

Als ich 1953 beruflich nach Passau kam, las und hörte man häufig von dem „sterbenden Dorf Leopoldsreut“. Zeitung, Illustrierte, Radio berichteten über Leopoldsreut, dem höchstgelegenen Schul- und Kirchort im Bayerischen Wald, der nunmehr zum Sterben verurteilt sei. Im Frühjahr 1958 machten wir uns zu Dritt auf, dieses viel zitierte Dorf einmal zu besuchen: Mein Freund Hans Eigner, der Bundesbahn-Werkmeister Anton Grebl, der das Auto fuhr, und ich. Es wurde ein erlebnisreicher Tag und der Beginn meiner stillen Liebe zu diesen armseligen paar Häusern im tiefsten Bayerwald.

Begründet wurde das Dorf von Fürstbischof Leopold I. von Passau 1618. 1640 ist das Jahr, in dem es erstmals urkundlich erwähnt wurde. Leopoldsreut lag in einer Höhe von 1107 m und war ursprünglich für neun Großbauernhöfe geplant. Das Dorf diente zur Sicherung des „Goldenen Steiges“ von Passau nach Prachatitz, auf dem Salz aus den Alpen nach Böhmen auf Saumpferden transportiert wurde. Damals muß es den Leopoldsreutern gar nicht so schlecht gegangen sein, denn bald standen hier 21 Häuser und auf dem Saumpfad von Grainet zur Grenze nach Böhmen wurden pro Woche 1300 Pferde gezählt. Leopoldsreut war Rast-, Maut- und wohl auch Pferdewechselstation. Als man aber 1705 das Dorf Bischofsreut gründete, gingen nach und nach diese Funktionen auf das tiefer gelegene Bischofsreut über, bis die Salzeinfuhr nach Böhmen so erschwert wurde, daß der Säumerverkehr schließlich zum Erliegen kam. Die Leopoldsreuter mußten sich mehr und mehr auf die Landwirtschaft umstellen, soweit sie nicht in den weiten dem Staat gehörenden Wäldern Arbeit fanden. Lange Zeit nannte man Leopoldsreut auch die „Sandhäuser“, weil hier für einige Glashütten der Umgebung Quarzsand gewonnen wurde.

Doch die wirtschaftliche Lage wurde für die Leopoldsreuter immer schlechter und so begann um 1850 die erste Abwanderungswelle. Zuerst zogen die Großhäusler weg, dann die Kleinhäusler und schließlich die Waldarbeiter. Das ist nicht verwunderlich. Die durchschnittliche Jahrestemperatur lag bei 4 Grad Celsius, die Zahl der Schneetage bei 160, die der Nebeltage bei 150. Anbauen konnte man nur Korn, Flachs und etwas Kartoffeln, wobei man Letztere wegen der vielen Hirsche, welche sie aus dem Boden scharrten, kaum selbst ernten konnte. 1924 heißt es in einer Chronik von Grainet, daß in Leopoldsreut eine Ernte, welche das Dreifache des Saatgutes erbringt, durchaus als nicht schlecht gilt.

1834 bekam Leopoldsreut die erste Schule, 1905 wurde sogar ein neues Schulhaus erbaut. Die erste Kirche, eine Holzkapelle, wurde 1748 errichtet. Sie wurde später von der Pfarrei Grainet in Stein erneuert und 1821 begann man mit dem Bau der jetzigen St. Johann Nepomuk-Kirche, die heute noch steht. Sie und das Schulhaus daneben sind die letzten Zeugen des einstigen Dorfes Leopoldsreut.
Am 13. Oktober 1962 ist der letzten wirkliche Leopoldsreuter, der Waldarbeiter Hubert Wachtveitl mit seiner Familie, aus dem ehemaligen Gasthaus nach Grainet abgezogen und ab 1964 galt das Dorf als erloschen. Doch ganz stimmt das nicht.

Ein Berliner aus Augsburg zieht nach Leopoldsreut

Als nur noch vier Kinder die Leopodsreuter Schule im Jahre 1956 besuchten, mußte sie geschlossen werden. Der Staat schrieb das Schulhaus für 2000 DM zum Verkauf aus und – siehe da – es meldete sich ein Interessent. Es war der Pensionist Friedrich Quast, ein gebürtiger Berliner, der mit seiner Gattin hierher in die Einsamkeit zog. Der Leopoldsreuter Neubürger von Augsburg war nicht besonders kontaktfreudig. Ein Schild an der Gartentüre warnte: „Betreten verboten – Vorsicht bissiger Hund!" Ich habe ihn trotzdem mehrmals ge-

Friedrich Quast, ein Berliner, der nach Leopoldsreut zugezogen war, hielt es einige Jahre in Leopoldsreut aus.

sprochen, mit ihm auch einen längeren Briefwechsel geführt und über ihn Reportagen geschrieben. Hier in Auszügen die aus der Zeitung „Der neue Tag“ in Weiden vom 11. August 1964:

Friedrich Quast erzählt: „Hätte ich vor sieben Jahren denen vom Forst geglaubt, so hätte ich gleich mit dem Möbelwagen in Bischofsreut wieder umkehren können. Leopoldsreut wurde mir als eine Hölle geschildert. Ich habe mich aber nicht einschüchtern lassen und bin trotzdem hierher gezogen. Das habe ich noch niemals bereut. Das Höhenklima hat mir so gut getan, daß ich bereits wenige Wochen nach meinem Herzug keine Herzspritzen mehr benötigte, die ich bis dorthin regelmäßig brauchte. Noch niemals gab es in den letzten Jahren hier auch soviel Schnee, daß nur mehr die Kamine aus den Schneemassen herausragten und die Einwohner nur noch durch Tunnels von Haus zu Haus gelangen konnten. Überhaupt war alles ganz anders, als uns geschildert wurde. Sehen Sie die Blumen in unserem Garten. Fremde aus dem Ruhrgebiet, aus Berlin und Hamburg kommen hierher und machen Fotos von unseren Blumen, weil sie solche schöne zu Hause nicht hätten.

Vor zwei Jahren habe ich Mohrrüben, also gelbe Rüben, angesät. Ein größeres Beet. Obwohl meine Tochter ständig roh welche wegaß, haben wir im Herbst noch 80 Pfund geerntet. Das ist das vom Forst immer wieder als völlig unfruchtbar geschilderte Dorf Leopoldsreut!“

Friedrich Quast hat sich nun in Wut geredet. Er fährt fort: „Ich brauchte wirklich hier nicht zu wohnen. In Augsburg habe ich ein schönes Haus, sogar mit Speiseaufzug. Aber die herrliche Gegend und das gesunde Klima haben es mir angetan. Wohl muß man einige Unannehmlichkeiten in Kauf nehmen. Wir haben beispielsweise kein elektrisches Licht. Aber wir haben uns so beholfen, daß wir auch ohne dem auskommen. Ein Telefon haben wir seit einiger Zeit und zur Fahrt ins Tal steht mein VW hinter dem Haus. Ich glaube durch meine Anwesenheit bewiesen zu haben, daß man hier gut leben und wohnen kann.“

Das Sterben des Dorfes schiebt der letzte Bewohner in der Hauptsache dem Forst in die Schuhe, der hier „engstirniges forstfiskalisches Denken“ an den Tag gelegt habe.

Allerdings, einsam ist es hier ganz und gar nicht. Sehr zum Leidwesen von Friedrich Quast und wohl auch der Forstdienststellen. An manchen Tagen kommen bis zu hundert Autos in das „Sterbende Dorf“. Noch einmal, bevor ich mich verabschiede wird Friedrich Quast lebhaft. Das ist dann, als er von seiner Tochter erzählt, die gerade in London Sprachen studiert und zu Weihnachten zu Besuch ins Elternhaus hierher in den hintersten Bayerischen Wald kommen will.

„Niemand brauchte hier wegzuziehen, wenn man es nur richtig angefangen hätte!“ meint der Wahlwaldler schließlich. Die Gegend sei so herrlich, daß ohne Schwierigkeiten im Sommer und bei dem herrlichen Skigelände auch im Winter genügend Fremde hierher gekommen wären. Sogar ein Hotel hätte sich in Leopoldsreut gelohnt. „Jetzt würde es der Forst heute lieber sehen als morgen, wenn ich fortzöge. Doch ich kann bestätigen, daß dies einer

Dorfstraße von Leopoldsreut im Jahre 1958: Die endgültige Zerstörung des Dorfes hat eingesetzt: Hausruinen stehen noch neben intakten Wohnhäusern.

der schönsten Plätze des ganzen Bayerischen Waldes ist."

So verschwand Schwendreut, so wird Leopoldsreut verschwinden. Die Steinhaufen links und rechts der Dorfstraße, die einst stolze Häuser waren, lassen hieran keinen Zweifel. Allerdings scheint das sterbende Leopoldsreut nach wie vor von großer Anziehungskraft zu sein. Einige Dutzend Zivilautos und einige Bundeswehrfahrzeuge mit viel Gerät und junge Soldaten aus Franken bevölkerten bei meinem Besuch die Hochfläche, auf der einst Fürstbischof Leopold vor rund 330 Jahren ein Dorf zu errichten befahl.

Der Winter entfaltet hier alle seine Schrecken

1857 schrieb der Graineter Kooperator Josef Fischer über Leopoldsreut: „Der Winter entfaltet hier alle seine Schrecken. Der Wind, der über das Dorf hinbraust, das von zwei Seiten ganz offen daliegt, führt in dem selben große Schneemassen zusammen, so daß man bei Tage Licht brennen und den Schnee unterminieren muß, um einen Ausweg zu haben." Die kleinen Hausbalkone dienten den Leopoldsreutern daher auch nicht zum gemütlichen Sitzen an lauen Sommerabenden, sondern zum Aus-

Das Haus Nr. 6 in Leopoldsreut, die alte Mautstation. Vor dem Haus der 1876 geborene Holzhauer Ludwig Stadlbauer.

stieg aus ihren Häusern, wenn das Untergeschoß im Winter zugeschneit oder zugeweht war.

Als ich 1960, bei einem Besuch mit dem damals 84jährigen Ludwig Stadlbauer sprach, zeigte der mir eine Hellebarde, mit der als junger Mann während des Gottesdienstes auf der langen Dorfstraße Wache halten mußte. Und 1958 erzählte uns die Wirtin Maria Weishäupl in ihrer blitzsauberen Wirtsstube wahrlich Schauriges von den Schneestürmen und den Unwettern, die einst über die meist niedrigen Häuser des Dorfes rasten, deren Dächer man mit schweren Steinen vor dem Davonblasen geschützt hatte.

Kein Wunder, daß immer mehr Leopoldsreuter ihrem Dorf den Rücken kehrten, zumal die Staatsforstverwaltung nicht uninteressiert am

Das Kruzifix an der Stirnseite des Hauses stammt von dem Graineter Schnitzer Gutsmiedl.

Josef Stadlbauer, mit Holzschuhen und der unvermeidlichen langen Pfeife, zeigt mit seiner Hellebarde auf einen Türsturz eines bereits zum Teil abgebrochenen Hauses. Mit dieser Hellebarde hat er als junger Bursch während des Gottesdienstes noch auf der kilometerlangen Dorfstraße Wache halten müssen, damit niemand einbricht. Es war ja das ganze Dorf in der Kirche!

Ludwig Stadlbauer starb 1963 in Freyung mit 87 Jahren. Neben Enkeln und wahrscheinlich einer Tochter, sitzt Frau Therese Stadlbauer, geb. Berger, mit auf der Bank. Sie starb mit 78 Jahren ebenfalls in Freyung.

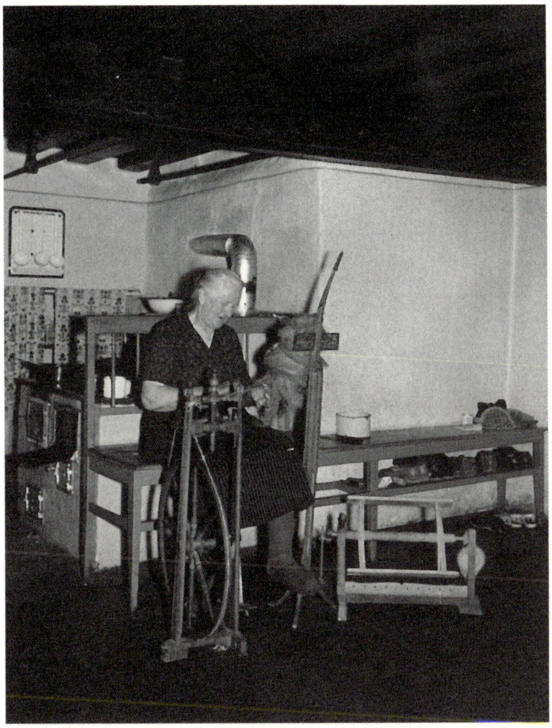

Therese Stadlbauer zeigte mir 1958 am Spinnrad, wie man Flachs spann, und die Gastwirtin Maria Weishäupl (geb. 1889) brachte uns Bier und Brotzeit.

Kauf der dadurch frei werdenden Gebäude und Grundstücke war.

Die „Süddeutsche Zeitung" in München schrieb 1958 in einem Bericht über das sterbende Dorf u.a.: „In einem Leserbrief an das Heimatblatt stellt Bürgermeister Franz Weiboltshamer aus dem nahen Bischofsreuth fest: 'Es muß offen gesagt werden, daß der Staatsforst schon eine gewisse Schuld trägt. Es stimmt, daß der Forst den Privathäusern Pflanzungen buchstäblich vor die Fenster setzt und Privatgrundstücke, die für die Menschen einen Großteil der Lebensgrundlage bilden, rundherum mit Bäumen bepflanzt. So werden die Besitzer gezwungen, das Anwesen dem Forst zu verkaufen und fortzugehen." Gastwirtin Maria Weishäupl sagte mir: „Man kann's den Leuten nicht verdenken. Was solln's denn da arbeiten? Dös bißl Waldarbeit langt nöt für soviel Leit. Und wer bleibt schon in an Ort ohne G'schäft und wohl bald auch ohne Schul?" Kein elektrisches Licht, nur das Wirtshaus hat welches vom eigenen Aggregat, dann die Hirsche, nur einmal in der Woche bringt ein Klein-Lkw Lebensmittel, wenn er fahren kann. Wer möchte zu der Zeit in so einem Ort wohnen?

Notstandshilfe für Leopoldsreut 1929

Auf einen meiner Presseberichte über das „Sterbende Dorf" meldete sich ein Pressefotograf Max Fischer aus Hamburg bei mir. Er war

Am Eingang dieses alten Waldlerhauses steht der Hausherr, die Frau spitzt aus dem unteren Südfenster neben einem Kind. Noch drei weitere Kinder sind vor dem Haus und eine Schar Hühner. Alles ist aus Holz: Dach, Hausverkleidung, der Schrot (Balkon) mitsamt Geländer, Dachrinne, Gartenzaun und dazu ein langsam zur Neige gehender Holzvorrat am Haus. (Alle Fotos 1929)

Die beiden alten Leopoldsreuterinnen sollten die Not der dortigen Bevölkerung verdeutlichen. Die Gartenzäune hatten die Dorfbewohner deshalb so hoch gemacht damit die vielen Hirsche ihnen nicht das bißchen Gemüse wegfraßen.

Erich Fischer und sein Begleiter Dr. Pötschke haben sich auf der Dorfstraße in Leopoldsreut bei ihrer Erkundungsfahrt 1929 in Motorradkleidung selbst fotografiert.

ursprünglich Lehrer in Dresden, wo er beruflich mit dem bekannten Fotografen Max Nowak zusammentraf. Sie schlossen sich zu einem gemeinsam genutzten Pressearchiv zusammen. Beide waren in einem „Volksbund Deutscher Osten" tätig. Dieser organisierte Busfahrten in die durch den Ersten Weltkrieg verloren gegangenen deutschen Gebiete und hatten sich zur Aufgabe gemacht, in den ausländischen Gebieten, wo Deutsche in Not lebten, zu helfen. Als sie Ende der 20er Jahre des vorigen Jahrhunderts von der großen Not in einigen Orten des Bayerischen Waldes hörten, beschlossen sie, einmal hinzufahren, um zu sehen, wie und wo man helfen könnte. Das hatten sie schon im Erzgebirge und in Schlesien getan. Zusammen mit dem „Schulmeister" Dr. Pötschke fuhr Max Fischer in den Bayrischen Wald, wo im gesagt wurde, daß es u.a. in Leopoldsreut ganz schlimm wäre. Die Leute wären total abgeschieden, hätten nichts zu essen und keine Arbeit. Zudem sei die letztjährige Ernte ganz miserabel ausgefallen. Also fuhren sie mit einem Motorrad nach Leopoldsreut und fanden diese Angaben voll bestätigt.

Max Fischer fotografierte nun die niedrigen Waldlerhäuser in Leopoldsreut, suchte sich die ärmsten und ältesten Leute aus und führte dann diese Bilder in Dresden vor dem „Volksbund deutscher Osten" vor. Die spontane Sammlung ergab einen für damalige Verhältnisse beachtlichen Geldbetrag und einen ganze Lkw-Ladung voll guter Kleidung und Wäsche. Für das Geld wurden Nahrungsmittelpakete zusammengestellt, welche dann mit den Kleidungsstücken auf einem Lkw verladen in den Bayerischen Wald gefahren wurden. Die Verteilung soll die Organisatoren zu Tränen gerührt haben.

Jahrelang habe ich mit Max Fischer korrespondiert und Fotos ausgetauscht. Später verzog er nach Bad Bramstedt und bot mir, er stand im 84. Lebensjahr, sein Fotoarchiv zum Kauf an. Nachdem wir uns auf einen annehmbaren Preis geeinigt hatten, bekam ich es mit der Übertragung aller Rechte daran. So kam ich auch in den Besitz mehrerer alter Aufnahmen des Dorfes und der Leute von Leopoldsreut aus dem Jahre 1929, die hier abgedruckt sind.

Das Leopoldreuter Kirchlein wurde gerettet

Am 12. Oktober 1962 zog der letzte eingesessene Leopoldsreuter mit seiner Familie aus seiner sturmumbrausten und unwirtlichen Heimat weg und am Allerheiligentag des gleichen Jahres löschte der damalige Pfarrer von Grainet in seiner Filialkirche das Ewige Licht und läutete letztmals die kleine Glocke dieses

Die Leopoldsreuter hatten trotz des Wegzugs ihr Johann Nepomuk-Kircherl nicht aufgegeben und es mit großen Opfern restauriert, so daß es am 25. September 1968 wieder neu geweiht werden konnte. Viele Leopoldsreuter waren dazu gekommen, so auch Franz Bloechl, vorn Mitte nach rechts blickend mit Brille.

Zu einem Gruppenfoto stellten sich dann die letzten überlebenden des „sterbenden Dorfes" zusammen, soweit sie an der Kirchenweihe teilgenommen hatten. 7.v.l.: Franz Bloechl.

höchstgelegenen Gotteshauses des Bayerischen Waldes. Damals standen noch drei Gebäude in Leopoldsreut: Die kleine Kirche, das alte Schulhaus und das alte Forsthaus, das Waldarbeitern als Arbeitsunterkunft diente. Doch wie sah damals die Kirche aus! Der Schwamm war in den Mauern, das Dach hatte Löcher und die Inneneinrichtung war kaum noch als Brennholz zu gebrauchen.

Drei Männer kamen damals auf den Gedanken, den Erhalt des Kirchleins zu versuchen. Der Versuch gelang und am Sonntag, dem 25. September 1968, wurde das Kirchlein frisch restauriert neu geweiht. Die letzten Einwohner des Dorfes hatten mich zu dieser ergreifenden Feier eingeladen. Hierüber schrieb ich im „Straubinger Tagblatt" u.a.:

Wohl noch nie hat die langgezogene einstige Dorfstraße so viel Autos und Omnibusse gesehen wie an diesem Tage. Von den Kirchenbesuchern bekamen nur wenige Platz in der Kirche, wo der Freyunger Männerchor die Waldler-Messe sang und vor der Kirche eine Bläsergruppe des Wolfsteiner Jägerverbands die Feier mit Jagdsignalen umrahmte. Pfarrer Herkner von Grainet nahm als Hausherr die Weihe des Kirchleins vor. In seiner Ansprache betonte er, daß Leopoldsreut solange leben werde, solange es diese Kirche noch in Leopoldsreut gibt. Er wies auf die großen Schwierigkeiten bei der

Planung und beim Bau des neuen Kirchleins hin. Um für alle Zeiten in dieser Kirche das Gedächtnis an das Dorf Leopoldsreut wach zu halten, wurde der Altar aus den granitenen Türstöcken ehemaliger Leopoldsreuter Häuser zusammengesetzt und das schöne, lebensgroße Kruzifix schnitzte der bekannte Bildhauer Friedrich Schuster aus Obergrainet aus den Traimbalken abgerissener Häuser. Die Steinplatten aus den Hausgängen wurden als Bodenbelag für die Kirche verwendet und so mancher abgewanderte Leopoldsreuter geht in dieser Kirche über die gleichen Steine, über die er einst als Kleinkind gekrochen und als Schulkind gesprungen ist.

Landtagsabgeordneter Georg Schuster aus Haslach, Landkreis Wolfstein, lobte die Bescheidenheit, Anspruchslosigkeit und den Fleiß der alten Leopoldsreuter. Leider könne man heute dies nicht mehr in diesem Maße erwarten und verlangen. Daher auch die Abwanderung der angestammten Bevölkerung. Kreisheimatpfleger Hermann aus Freyung dankte allen, die durch ihre Opfer mit dazu beigetragen haben, die Kirche wieder neu aufzurichten. Er sagte: „Der Nachwelt soll diese Kirche Mahner sein, gerade dort zu bestehen, wo es am schwersten ist!“ Pfarrer Herkner versprach, einen zweiten Schlüssel der Kirche Oberforstmeister Dr. Kriso zu übergeben, der maßgeblich mit zum Gelingen des Werkes beigetragen habe und an die Wand den Namen des Kreisheimatpflegers zu schreiben, der als Begründer des „Arbeitskreises zur Erhaltung des Leopoldsreuter Kirchleins“ die Hauptlast der ganzen Arbeit getragen habe.

Nebel zogen über die Hochfläche von Leopoldsreut, als noch einmal die Glocke der Kirche erklang, die Jagdhörner zum letzten Mal ein frohes Signal ertönen ließen und alle Anwesenden ergriffen den Choral „Großer Gott, wir loben Dich!“ sangen. Die Leopoldsreuter Kirche ist der Nachwelt erhalten!

1754 baute man die kleine, steingemauerte Kirche. Diese wurde zweimal schwer vom Blitz getroffen, nämlich 1892 und 1911. Als man nun den Turm abtrug, fand man unter den Turmbalken ein Schreiben des Mesners Georg Berger, das dieser am 1. Oktober 1911 beim Wiederaufbau nach dem Blitzschlag mit einbaute. Er berichtet darin, daß der Blitz im Jahre 1892 die ganze Orgel zerstörte. Am 27. Juli 1911 herrschte wieder ein fürchterliches Unwetter über Leopoldsreut. Ein Blitz zündete in der Kirche und brannte sie fast vollständig nieder. Dreizehn schöne Meßgewänder seien ebenfalls in den Flammen umgekommen. Der Mesner klagt dann über die hohen Lebensmittelpreise. So koste ein Pfund Rindfleisch 90 Pfennige, Schweinefleisch ebensoviel und lebende Kälber 50 Pfennige das Pfund. Ein Schaffel Korn koste 30 Mark. Allerdings sei auch der Arbeitslohn im Steigen. Eine Mannsperson habe 2,50 bis 3 Mark, eine Frauensperson 1,50 Mark, natürlich am Tage. Ein weiteres Unglück hätte 1911 ein schwerer Hagelschauer über die Kirche gebracht und 25 Fensterscheiben eingeschlagen. Berger schloß mit der Bemerkung, daß seine Hand sicher schon vermodert ist, wenn dieser Zettel gefunden werde. Damit hatte er allerdings recht. Daß aber sogar das Dorf Leopoldsreut faktisch gestorben ist, damit hatte der Mesner sicher nicht gerechnet. Als Dorf hat Leopoldsreut sicher aufgehört zu existieren. Aber die Leopoldsreuter haben ihm in der neuerrichteten Kirche ein bleibendes und lebendiges Denkmal gesetzt. Diese höchstgelegene Kirche des ganzen Bistums Passau und des ganzen Bayerischen Waldes wird den Namen von Leopoldsreut späteren Generationen überliefern und davon zeugen, unter welch harten Bedingungen einst die Menschen im Wald rodeten, arbeiteten und lebten.

Inhalt

Von einfachen und berühmten alten Waldlern 5

Josef Scheuer, Pfarrer
Von unglaublichen Grausamkeiten berichten die Pfarrmatrikel von Stallwang 7

Sänger und Schauspieler
„Für mich sang Benjamino Gigli ein Abschiedslied“ 13

Anton Pauli, Rentner
103 Jahre alt, drei Frauen, 30 Kinder 19

Johann Baptist Gerhardinger, Fischmeister
Der 93jährige J. B. Gerhardinger war einer der letzten großen Donaufischer 24

Franziska Riedl, Kramerin
Mit 91 Jahren noch täglich hinter dem Ladentisch 28

Hans Lentner, Bildschnitzer
Der Spiegelauer Holzbildhauer arbeitete im traditionellen Bayerwaldstil 32

Leopold Denk, Waldläufer und Schlangenfänger
„Komm sofort, Kreuzotter mit drei Giftzähnen gefangen“ 37

Albert Meininger, Hausmeister
Im Winter barfuß aufs Häusl 45

Otto Wiesmeier, Mesner, Totengräber, Ziegeleiarbeiter
Ein Haus für 50 Millionen gekauft 49

Franz Xaver Siebzehnriebl, Pädagoge, Komponist, Schriftsteller
Jeden Tag nur sechs Schläge für jeden Schüler 52

Johann Bachl, Schreinermeister
Wie ein Kammerwagen aussehen mußte! 58

Oskar Hutterer, Bergmann
Im Bodenmaiser Bergwerk wird kein Erz mehr gebrochen 63

Max Matheis, Dichter
Der Klassiker unter den Mundartdichtern des Bayerwaldes 69

Baptist Kramhöller, Kraftwerksbesitzer
Zur Mittagszeit wurde der Strom abgeschaltet 75

Nepomuk Blössl, Schmiedemeister
Mit 83 Jahren noch täglich am Eisenhammer 81

Martin Seitz, Gemmenschneider
Große Kunst im Kleinen 84

Josef Egginger, Landwirt
„In drei Tagen eine Milliarde vertrunken!" 90

Ferdinand Stangl, Fuhrmann
An der böhmischen Grenz' hots an Fuhrmo vawaht 93

Heinrich Stauber, Schulrektor
Der Weg zum Lehrer vor hundert Jahren 98

Oskar Langer, Maler und Unternehmer
Die Kunst des Malens ist ein Weglassen! 103

Maria Denk, Devotionalienhändlerin
„Brauchens koan Rosenkranz?" 109

Ferdinand Neumaier, Rektor
Wie die Waldlermesse entstand 114

Florian Weidacher, Berufsjäger
„I hob d'Jagd im Bluat g'habt!" 120

Josef Schreiner, Waldarbeiter und Rolf, sein Ziehhund
Eine lautlose Arbeitsgemeinschaft zwischen Mensch und Tier 125

Paul Friedl, genannt Baumsteftenlenz
Der Baumsteftenlenz war ein Stück Bayerwaldheimat 133

Josef Bscheidl, Glasschmelzer
In dunkler Nacht entstand aus glänzendem Gold rubinrotes Glas 139

Josef Fukerieder, Glasformenmacher
Glasformenmacher ist ein seltener Beruf 143

Karl Alexander Flügel, Maler
Ein Meister der Landschaftsmalerei alter Schule 147

Georg Veit, Kapitän
Vom Kieserer zum Schiffsführer 153

Franz Schafhauser, Landwirt
Der Schöllenkönig vom Bayerischen Wald 158

August Philipp Henneberger, Maler
Ein leidenschaftlicher Porträtmaler 163

Emma Fischer, Kleinlandwirtin
„Zwei Christkindlabende, die ich nie vergesse!“ 169

Karl Gareis, Apotheker und Bürgermeister
Wie der Dr. Eisenbarth nach Viechtach kam! 173

Alois Eckmüller, Schindlmacher und Ludwig Eckmüller, Musiker
Das einfache Leben zweier Ur-Waldler 181

Josef Grill, Wallfahrtsmesner
40 000mal auf den Bogenberg gestiegen 189

Franz Bauer, Sauschneider und Eierhändler
„Greislich war das Schlafen in oan Bett!“ 194

Eduard Wiederer, Landwirt
Schon vor achtzig Jahren hat man im Bayerwald Fasching gefeiert 199

Franz Bloechl, Waldlerbub
„Meine Kindheit im 1107 Meter hoch gelegenen Leopoldsreut“ 204

Franz Bloechl, Oberforstverwalter
„Wegen des Akkords wurde auch bei Mondschein Holz gefällt!“ 209

Leopoldsreut – das „Sterbende Dorf“
Der letzte Leopoldsreuter war ein Berliner aus Augsburg 221

Inhalt 234

Sauere Suppe – Hirgstsuppe – Kalte Suppe 238

Dank 239
Fotonachweis 239
Der Autor 239

Sauere Suppe – Hirgstsuppe – Kalte Suppe

In den Erzählungen alter Waldler tauchen immer wieder die „Sauere Suppe“ und die „Hirgstsuppe“ auf. Diese zählten früher bei der einfachen Bevölkerung zu den tagtäglichen Mahlzeiten. Ihr Grundstoff war die Milch. Da beinahe jeder Waldler mindestens eine Kuh im Stall hatte, waren diese Suppen das Grundnahrungsmittel. Deren Zubereitung war verhältnismäßig einfach.

Sauere Suppe

Man kocht in einem Topf Wasser auf, rührt pro Liter etwa zwei gehäufte Esslöffel Mehl darunter, dann gibt man gestöckelte Milch dazu. Läßt es kurz nochmals aufkochen, gibt Salz dazu und serviert es mit einer Scheibe Brot pro Essen. Kocht man von Anfang an mit Milch, so holt man die gestöckelten Milchteile vor dem Aufkochen heraus und gibt sie vor dem Servieren später wieder zu. Zum Würzen nimmt man Salz, wenn vorhanden Kümmel und etwas Rahm.

Die Sauere Suppe gab es am Tag meist mittags und abends. Sie wird in manchen Waldlerhäusern zur Erinnerung „an freiers“ noch ab und zu auf den Tisch gebracht. Kartoffeln als Zugabe waren beliebt. Diese Suppe war ein Allheilmittel gegen Magen-, Darm- und Leberleiden.

Hirgstmilch oder Hirgstsuppe

Im Herbst wurde die nichtverbrauchte Milch in einem Tonbottich oder Holzfass gesammelt. Der Inhalt wurde ab und zu umgerührt, dabei schöpfte man die in Gärung übergegangene Oberschicht ab und goss Rahm oder Frischmilch nach. Durch die Säuerung blieb diese Dickmilch monatelang haltbar. Für die Hirgstsuppe entnahm man das nötige Quantum, kochte es mit Mehl auf und rührte etwas Frischmilch und Salzwasser darunter. Dazu aß man heiße Kartoffeln. Wurde nicht alles verzehrt, so konnte man den Rest auch noch ein oder zwei Tage aufheben und dann aufwärmen.

Kalte Suppe

Diese wurde meist für die Leute bei der Feldarbeit zubereitet. Man nahm gestöckelte und dazu Frischmilch im Verhältnis zwei zu eins, gab noch frischen Rahm dazu, rührte das Ganze um und aß die Suppe dann kalt. Sie soll eine nahrhafte und geschmackvolle Erfrischung gewesen sein.

Der Autor

Walther Zeitler, geboren 1923 in Wiesau in der Oberpfalz, arbeitete 23 Jahre als Pressesprecher bei den ehemaligen Bundesbahndirektionen Regensburg, Nürnberg und München. Er schrieb seit 1966 39 Bücher über Land und Leute, Kunst und Kultur in Ostbayern, über die Eisenbahn und die Schifffahrt und den Roman „Wald im Sturm". Seine Bücher erreichten bisher 99 Auflagen mit rund 600 000 gedruckten Exemplaren.

Walther Zeitler lebt in Regensburg und hat einen Zweitwohnsitz in Kirchberg im Wald. 1990 wurde er mit dem Nordgaupreis für Dichtung, im Jahre 2000 mit dem Kulturpreis des Bayerischen Wald-Vereins ausgezeichnet.

Fotos:

Das Buch enthält 124 Fotos. 112 Aufnahmen sind vom Autor selbst, sieben Fotos von 1929 aus Leopoldsreut sind von Erich Fischer aus Hamburg/Bad Bramstedt, die ich von diesem mit allen Rechten erwarb. Zwei Fotos sind von meinem Freund Hans Eigner aus Passau.

Der Autor

Dank:

Ich danke dem Verlag Attenkofer, dem Verleger Dr. Martin Balle und seinen Mitarbeitern, dass er dieses Buch verlegt und gedruckt hat. Es möge die Erinnerung wachhalten, wie schwer einst das Leben im Bayerischen Wald war.

Im Verlag Attenkofer in Straubing erschienen bisher von unserem Autor

WALTHER ZEITLER

folgende Buchtitel:

„Unser schönes Niederbayern“
1. Auflage 1995, 3. Auflage 2002
(Zusammen mit Klemens Unger)

Fremdsprachenausgaben in
Englisch/Französich:
„Lower Bavaria – an enchanting
Country“, 1. Auflage 2004
„Notre belle Basse-Baviere“
Italienisch/Spanisch:
„La nostra bella Bassa Baviera“
„Nuestra hermosa Baja Baviera“
1. Auflage 2004

„Unser schönes Straubing“
1. Auflage 1996

„Der Arber – Der König des Bayerwaldes“
1. Auflage 1999

„Eisenbahngeschichte
und Eisenbahngeschichten“
1. Auflage 2000

„I bin vom Woid dahoam“
Max Binder –
Ein Leben für den Bayerischen Wald
1. Auflage 1997, 2. Auflage 1998,
3. Auflage 2003

„Fische – Fähren – Schiffe“
1. Auflage 2001
(Zusammen mit Erich Wurm)

„Jäger und Wilderer“
1. Auflage 2002, 2. Auflage 2004

„Bayerwald-Porträts“
Von Sängern, Sauschneidern,
Schindelmachern, Schlangenfängern
und anderen Menschen
1. Auflage 2006